二战经典战役丛书

兵临城下

二战三大保卫战

二战经典战役编委会◎编译

中国铁道出版社有限公司
CHINA RAILWAY PUBLISHING HOUSE CO., LTD.

图书在版编目（CIP）数据

兵临城下：二战三大保卫战 / 二战经典战役编委会编译. — 北京：
中国铁道出版社，2017.1（2022.1重印）
（二战经典战役）
ISBN 978-7-113-22138-6

Ⅰ.①兵… Ⅱ.①二… Ⅲ.①第二次世界大战战役—史料 Ⅳ.①E195.2

中国版本图书馆CIP数据核字（2016）第177705号

书　　名：**兵临城下——二战三大保卫战**
作　　者：二战经典战役编委会

责任编辑：付巧丽　　　　　　　　电　话：（010）51873005
装帧设计：艺海晴空
责任印制：赵星辰

出版发行：**中国铁道出版社有限公司**（北京市西城区右安门西街8号　邮编100054）
印　　刷：永清县晔盛亚胶印有限公司
版　　次：2017年1月第1版　2022年1月第2次印刷
开　　本：787mm×1092mm　1/16　印张：19　字数：426千字
书　　号：ISBN 978-7-113-22138-6
定　　价：69.80元

01 BATTLE

第一篇　保卫·莫斯科/1

02

BATTLE

第二篇　保卫·列宁格勒/105

03 BATTLE

第三篇　保卫·斯大林格勒/201

01
BATTLE

第一篇 ＞ 保卫·莫斯科

↓苏联外交人民委员莫洛托夫访问柏林时与希特勒会谈。

第1章
CHAPTER ONE

巴巴罗萨，
历史的骗局

★ "巴巴罗萨"是德语Barbarossa的译音，意思是"蓄有红胡子的人"，这是德国皇帝腓特烈一世的绰号。之所以将它选为对苏作战计划名称，主要用意就是要使对苏战争带有"圣战"色彩，进一步有效地"消灭俄罗斯的有生力量"。

★ 这份计划由三部分组成：第一部分是其总目标的概述，第二部分列出了德国在反苏战争中的盟邦，第三部分是有关在陆地、海洋和空中实施军事战役的计划。

No.1 以腓特烈一世的名义出击

1940年5月10日，在俯冲轰炸机震耳欲聋的吼声中，德军利用坦克的楔形攻势，突破了法军的防线，"闪电战"再次得逞。

一个半月后，法国被吞并，荷兰、比利时和卢森堡随后遭到同样的命运。

然而，仅仅一个法国是远远不能满足希特勒疯狂掠夺的野心的。希特勒认为，法国的败亡，将使英国束手就擒，只要德国伸出橄榄枝，英国人就会与德国妥协。两线作战问题将迎刃而解，苏联问题的解决也就指日可待了。

然而，希特勒这一回却失算了。

刚刚取代张伯伦担任英国首相的丘吉尔，明确指出要战斗到底，拒绝了德国和解的建议。经过几天的思考，希特勒终于得出了结论，认为英国之所以不肯和德国媾和，一是希望得到美国的支援，二是希望德苏两国互相残杀，自己可以从中坐收渔翁之利。

1940年8月1日，马克斯少将向总参谋长哈尔德呈报了对苏作战的第一份确切方案，"闪电战"思想是这一方案的基础。马克斯建议组建两个突击集团，任务是猛烈推进顿河—高尔基城—阿尔汉格尔斯克一线，尔后攻占乌拉尔。战争的重点是攻占莫斯科，因为这将导致苏联停止抵抗。计划预计击溃苏联需耗时9 17周。在此计划的基础上，德军总参谋部又进行了修订和改正。8月底，德国对苏战争计划的基本方案已制订完毕，取名为"巴巴罗萨"计划。

"巴巴罗萨"是德语Barbarossa的译音，意思是"蓄有红胡子的人"，这是德国皇帝腓特烈一世的绰号。之所以将它选为对苏作战计划名称，主要用意就是要使对苏战争带有"圣战"色彩，进一步有效地"消灭俄罗斯的有生力量"。

从1940年秋天起，德军司令部指挥官开始进行司令部演习——在地图上演练即将发动的战争行动。

12月18日，希特勒正式签署"第21号指令—巴巴罗萨计划"，批准了德国对苏战争的最终计划。

这份计划由三部分组成：第一部分是其总目标的概述，第二部分列出了德国在反苏战争中的盟邦，第三部分是有关在陆地、海洋和空中实施军事战役的计划。

指令一开头就指明，必须在英国战役结束之前，德国武装部队就准备好以快攻战击溃苏俄。计划规定的当前和最重要的战略目标是"在出其不意的战役中通过坦克的高速奔袭突破"，把红军主力消灭于西部边界地区。

指令还限定了时间条件，这实际上是希特勒惯用的欺骗手法。希特勒的部属当中有不少人都担心入侵苏联要带来种种风险，特别是要面临两线作战。因此，希特勒认为，像"巴巴罗萨"这种风险性很大的作战计划，必须用一个精心策划的欺骗方案伪装起来。

← 德陆军总司令布劳希奇（右）、参谋总长哈尔德，曾负责制订"巴巴罗萨"计划。

"巴巴罗萨"计划的理论基础是"总体战"和"闪电战"，体现了德军的主要军事学说，这两种理论被法西斯誉为德国军事艺术的最高成就。显然，希特勒也对此感到洋洋得意，在各种不同的场合都大肆吹嘘这是德国有史以来最成功的作战计划。

No.2　欺诈之战

　　希特勒深知，要想取得对苏联"闪电战"的成功，就必须采取万无一失的欺骗手段，以迷惑对手。

　　1940年7月，希特勒下令制订一份从海上入侵英国的计划，代号为"海狮"。这份计划将在天气条件良好并在德军夺得空中优势后付诸实施，以进行一次成功的两栖作战。

　　但是，令希特勒失望的是，德国空军在英国并没有捞到多少便宜，对英作战并不顺利。心情烦躁的希特勒最终作出准备进攻苏联的决定。这样一来，"海狮"计划就变成了隐蔽这一进攻企图的大骗局。

　　在希特勒的"要尽可能给英国造成最惨重的损失"的指示下，德军采取了一系列行动，以进一步增强"海狮"计划的欺骗性。德国空军最高司令部逐步加强了1940年　1941年冬季对英国的空中轰炸。这场轰炸成为一次蓄意策划的欺骗作战。

　　过了不久，德国陆军最高司令部制订了两份西线作战计划，代号分别为"鱼叉"和"鲨鱼"，目的是使英国确信，对英国的入侵已经迫在眉睫。"鱼叉"计划是一个精心策划的骗局，它要求德国驻挪威、丹麦和法国的部队着手准备对英国实施两栖作战，从而给人以德国将在1941年8月1日前后入侵英国本土的假象。"鲨鱼"计划是在英吉利海峡地区进行的重大欺骗行动，其内容与"海狮"计划相似。

　　在此期间，德军还计划并实施了其他重大行动，在不同程度上强化了"巴巴罗萨"方案的欺骗效果。希特勒下令采取措施继续进行对英战争，包括出兵干涉伊比利亚半岛的计划。这份代号为"费利克斯"的计划，目的在于把英军赶出西地中海。

　　德军采取的所有这些措施，旨在把人们的注意力吸引到对英战争上来，而事实上也的确转移了世人对"巴巴罗萨"方案的注意。

　　同时，希特勒的外交也获得了空前的成功，更迷惑了世人的目光。

　　随着时间的推移，德军的战争准备进入了倒计时，德军地面部队开始东调。如此大规模的陆军部队调到接近苏联边界的地方，自然很难瞒过法国、波兰等国家，更瞒不过德军士兵。为此，在希特勒的授意下，德军统帅部开始制造混淆视听的舆论，为部队频繁调动编造一些"合乎情理"的理由，比如保卫边境、抵御英国入侵等。

德国统帅部宣传处通过各种办法，极力制造苏德关系正在友好顺利地向前发展，进攻英国已经迫在眉睫的假象。

到柏林进行外交谈判的莫洛托夫向斯大林报告：德国人至少在明年冬季之前不会两线作战，也就是说，不会在攻占英国之前，发动对苏战争。

斯大林显然同意了莫洛托夫的分析。当天到会一起参加听汇报的还有铁木辛哥、朱可夫等人。斯大林在听完汇报后，对着铁木辛哥和朱可夫说："自今日起，边境地区的部队调动和向边境地区的部队调动，都要经我的批准。"

斯大林及苏联最高领导层尽管不知道希特勒确切的作战意图，但他们已清醒地认识到战争愈来愈迫近，同强大的德国作战是不可避免的。

据苏军情报部门统计，从1939年10月 1941年6月，德国侦察机飞越乌克兰和白俄罗斯边境达500多次。苏军统帅部十分清楚敌机的意图，但为了避免同德国发生正面冲突，还是命令边防部队禁止向入侵飞机射击。

与此同时，苏军也在紧张地制订、修改作战计划和动员计划，一直到大战爆发，这项工作一直没有间断。计划修订以后立即上报斯大林，批准以后马上下达各军区。计划由总参谋部组织实施，在朱可夫任总参谋长之前，主要是由沙波什尼科夫、麦列茨科夫和瓦杜丁负责。

但是，苏军作战计划出现了一个战略性的错误，即主要防御方向的选择出现了失误。当时认为最危险的战略方向是西南方向的乌克兰，而不是西部方向的白俄罗斯。但是大战爆发后，德军统帅部不是在乌克兰，而是在白俄罗斯方向集中使用了最强大的陆军和空军集团。1941年春天，苏军统帅部对作战计划进行了修订，遗憾的是，并没有完全纠正原计划中的错误。

斯大林分析认为，希特勒在对苏战争中首先是力图占领乌克兰和顿河流域，以夺取苏联最重要的经济地区，掠夺乌克兰的粮食、顿巴斯的煤和高加索的石油。

尽管朱可夫及一批杰出的苏军将领都在场，但都未能纠正斯大林的错误。因为当时斯大林在苏联全党、全军、全国人民中享有崇高的威望，任何人都没有想到去怀疑斯大林的意见和他对形势的分析，以至出现战略错误，在战争初期产生了极为不利的影响。

幸运的是，罗马尼亚、南斯拉夫部分军民的反德努力，还有英国在希腊克里特岛的行动，迫使希特勒调集重兵发动侵略，重新扶植亲德政权上台。1941年6月，德军在克里特岛的空降行动圆满成功，控制了地中海上的重要航线，并挽救了软弱的意大利法西斯入侵希腊的败军。但原定不迟于5月15日发动的对苏侵略，却不得不推迟了几个星期。后来，古德里安等纳粹将领估计，德军对莫斯科的进攻所缺的，正是入冬前的6 8个星期时间。

与此同时，苏军也一直在积极备战，紧张而有条不紊地进行战备工作。1940年12月 1941年1月初，苏联最高指挥部在莫斯科举行了一次重要会议，接着进行了图上军事演习。

　　这次会议得到了斯大林和整个国防机构的关心，对于提高红军高级指挥人员在战术、战役学、战略、各兵种的进攻战和防御战方面的训练水平起了极其重要的作用。

　　1941年2月1日，朱可夫正式接替麦列茨科夫大将，担任了苏联武装部队总参谋长，随后又当选为苏共中央候补委员。另外，丘列涅夫、基尔波诺斯（继朱可夫担任基辅特别军区司令员）、特里布茨、奥克加布里斯基等许多军人当选为候补中央委员和中央监察委员会委员。

　　显而易见，这一切都表明军事工作在国家生活中占有越来越重要的位置。不久，斯大林就任人民委员会主席职务，这是第一次由同一个人担任党和国家的最高领导人。

　　战争的威胁正在一步一步地向苏联逼近。

第2章
CHAPTER TWO

灾难之前的
静谧

★早在发动进攻之前，德军就派遣了大量的破坏小组破坏电线，枪击苏军联络人员，造成了苏军所有西部边境军区同部队的有线通信都遭到破坏，以致各军区、各集团军司令部无法迅速传达命令。

★6月中旬，即在战争爆发前夕，海军总司令库兹涅佐夫在斯大林的办公室向最高领袖报告说，在俄国各港口的德国商船数目正在迅速减少，这是德国准备进攻苏联的进一步证据。

No.1 山雨欲来

各种迹象越来越显著地表明，德国即将对苏联采取敌对行动。

但是，这时期的苏联防御还是很不充分的，直到1941年夏，在新的边界沿线修建筑垒地域和野战阵地的工程还没有竣工。而在前沿，本应修建更多的机场，建立更多的通信枢纽。有些地段很晚时才开始修建钢筋混凝土碉堡。自从边界有了调整以来，宽轨铁路虽已延长到新边界，但运输能力仍然很低。

1941年4月底，苏联已经意识到德军开始在俄国边界集结军队。朱可夫向苏军各部门和各集团军发出警告："整个3月和4月，德军统帅部一直紧张地把部队从西线和德国中部地区调到邻接苏联边界的地区。"

朱可夫的这番话的含义是很明显的。苏军指挥部着手重新组织西部边境的防御——这个边境是从巴伦支海到黑海，共有5个军区，即列宁格勒军区、波罗的海特别军区、西部特别军区、基辅特别军区和敖德萨军区。3个特别军区的司令部所在地分别是里加、明斯克和基辅。

就任总参谋长以后，朱可夫直接领导苏军在1941年春、夏完成了一些具有决定意义的战争准备工作。

在有限的时间里，朱可夫率领总参谋部制订了保卫苏联西部边境的详细计划。计划规定了每个集团军负责的地段和第一梯队每个师负责的防线。除去芬兰边境一段，沿边界都组织了统一的防御体系。具体设置是：每个集团军的步兵师都在靠近边界的地方展开一条线，其任务是打退敌人的进攻。每个集团军的第二梯队包括一个机械化军，其任务是消灭一切突破了边境阵地的敌人。

在制订计划时，朱可夫根据计算发现，波罗的海沿岸军区、西部军区、基辅军区和敖德萨军区的现有部队，不足以抵抗德军的突击。他感到压力很大，马上向斯大林报告，要求立即从内地军区紧急动员若干个集团军，并且无论如何应于5月初到达波罗的海沿岸、白俄罗斯和乌克兰地区。斯大林十分谨慎，担心会给希特勒发动战争的借口。

经过反复考虑，斯大林批准用野营集训的名义，向乌克兰和白俄罗斯各增调两个集团军，同时再三叮嘱朱可夫，要求他谨慎行事，并采取战役伪装措施。截至5月底，从内地军区调往西部边境的军队共计28个步兵师和4个集团军指挥机关，但每师只编有8,000 9,000人，且没有完全配备编制规定的技术兵器。5月底，朱可夫指示各边境军区司令员立即着手准备指挥所，后又于6月中旬下令各方面军指挥机关进入指挥所，要求他们在6月21日 22日到位。

5月中旬，朱可夫领导总参谋部制订了一个补充作战计划，这是一个十分重要的计划。计划规定，边境地区的部分部队将沿着边防线担任掩护任务。这些部队应顽强抵抗，掩护全国主力的动员和战略集中。主力将沿着离边界若干距离的战线展开，防御纵深约100～150公里。如敌人突破防御阵地，防御部队应由阵地防御转入机动防御，使敌人尽量长久地阻滞在

↓斯大林一着不慎，险些招致满盘皆输。

↑ 前线上的朱可夫

各条战线上。在两道防线之间，可以用设置障碍，炸毁桥梁，以小股部队进行伏击等方式减慢敌军前进的速度。按照这个计划，由帕兰加伸展到多瑙河口的1,985公里的边防线将由9个掩护集团军防守，由40个步兵师和2个骑兵师构成第一道防线。

总参谋部执行着繁重的作战、组织和动员的任务，即使在朱可夫和他的有才干的助手领导下，在运转过程中也不可能堵上所有的纰漏。战前的最后一个春天，他们才发现还没有为国防人民委员、各军兵种司令员，乃至总参谋部本身构筑战时指挥所。当战争爆发时，统帅部、总参谋部、各军兵种司令部和各个总部，都不得不在平时的办公室里承担战时繁重而又危险的工作。更紧张混乱的情况是，有关统帅部大本营的机构问题，如位置、人员、组织结构、保障机关和物质技术器材等，都没能在战前提出预案。

6月中旬，即在战争爆发前夕，海军总司令库兹涅佐夫在斯大林的办公室向最高领袖报告说，在俄国各港口的德国商船数目正在迅速减少，这是德国准备进攻苏联的进一步证据。

为此，斯大林也做了一些必要的战前准备工作：将军队同时集中在西面和东面，并在东西两面的边界都构筑了工事。1940年底和1941年初，高级指挥官的调动也表明苏联已经着手在进行战争准备。可是令人遗憾的是，直到战争爆发前夕，苏联最高当局仍然没有下达明确的战争指示。

应该指出的是，斯大林尽管知道苏德战争是不可避免的，但却一直在想方设法、竭力推迟这场战争。在这一点上，斯大林负有不可推卸的责任！对于即将发生的战争应该怎样打，斯大林没有把自己的想法告诉给那些将要参加作战的人。更重要的是，斯大林把可能发生冲

→ 德中央集团军群司令博
克元帅（左图）
→ 德南方集团军群司令伦
德施泰特元帅

突的日期估计错了，总以为战争将在晚些时候爆发。所以当事态急转直下的时候，已经来不
及把自己的主张变成明确的战略计划和具体行动计划了。

6月18日，边防分队的一名指挥官打来电话，向费久宁斯基上校报告道："上校同志，
一名德国士兵刚刚投奔到我们这边来了。他报告了非常重要的情报。我不知道我们能不能相
信他。可是他谈的情况非常非常重要。"

这位德国士兵提供了一个惊人的信息："战争不久就要开始了。"随后又说，6月22日
凌晨之时，德军将在德苏边界全线发动进攻。

当费久宁斯基把这个情报报告给第5集团军司令员时，对方显然不相信这个情报，认为
没有必要让部队进入戒备状态。

然而，事态的发展大大出乎人们的意料，德军的战争机器已经发动了。

德军的战略计划完成得很出色。早在1940年完成在西欧的作战行动以后，希特勒就开始
把部队调到东普鲁士和波兰。到1941年5月，德军沿俄国国境已经集结了差不多70个师。苏
军在其西部边界也部署了大约70个师，但其中许多师仍然缺乏必不可少的武器装备。

5月25日，德国的铁路线开始按新的时刻表运行，每昼夜开出大约100列军用列车。到6
月初，3个集团军群已经摆好向苏联发动进攻的阵势：中央集团军群由费多尔·冯·博克元
帅指挥，北方集团军群由威廉·冯·勒布元帅指挥，南方集团军群由格尔德·冯·伦德施泰
特元帅指挥。

德国方面总兵力约为140个师，组成3个突击集群，部署在苏联国境上。大体而言，它们

装备精良，特别是坦克的性能较好，总共约有3,500辆，并得到3,900架飞机的支援。苏联方面总兵力约100个师，分布在北起摩尔曼斯克北部的巴伦支海，南至黑海的多瑙河口的国境线。此外，约有60个师正从边境备军区的内陆地区调来增援边境各部队。

德军进攻前不久，朱可夫开始从内地调集5个集团军，以便编成最高指挥部预备队，打算以此进行一次反攻，可是这些部队距离即将成为战场的地区还有400　500公里。

这就是德军进攻前夕的军事形势。

No.2 突如其来的袭击

1941年6月22日凌晨3时零7分，黑海舰队司令奥克恰布里海军上将报告，有大量来历不明的飞机正向苏联海岸接近。3时30分，西部军区报告，德军空袭白俄罗斯的城市。3分钟后，基辅军区报告，乌克兰的城市遭到空袭。3时40分，波罗的海沿岸军区报告，敌机空袭考那斯和其他城市。

战争终于爆发了！

面对突如其来的战争，朱可夫首先打破沉默，建议立即用各边境军区所有的兵力强烈还击突入的敌军，制止其继续前进。铁木辛哥纠正说不是制止，而是歼灭。

斯大林毅然决然地站了起来，大声说道："下命令吧！"

战争爆发的时候，从巴伦支海到黑海的4,500公里边境上，由海岸防御部队和海军负责防御。从塔林到列宁格勒的芬兰湾海岸上根本没有军队。在3,375公里的陆地边境上，共部署了170个师，根据地形条件和各地段的重要性部署密度极不相同。在列宁格勒军区，长达1,275公里的边境上只有21个师和1个步兵旅，平均每个师的正面为61公里。而西部边境其他各军区总长2,100公里的陆地边界线上，部署了149个师和1个旅，平均每个师的正面是14公里多一点。

在这一地段的部署形势如下：

波罗的海沿岸特别军区（司令员库兹涅佐夫上将，军事委员季布罗瓦，参谋长克列诺夫少将）有25个师和1个步兵旅，其中坦克师4个，摩托化师2个；

西部特别军区（司令员帕夫洛夫大将，军事委员弗米内赫，参谋长克里莫夫斯基赫少将）有24个步兵师、12个坦克师、6个摩托化师和2个骑兵师；

基辅特别军区（司令员基尔波诺斯上将，军事委员雷科夫，参谋长普尔卡耶夫中将）有32个步兵师、16个坦克师、8个摩托化师和2个骑兵师；

敖德萨军区（司令员切列维琴科中将，军事委员科洛比亚科夫，参谋长扎哈罗夫少将）有13个步兵师、4个坦克师、2个摩托化师和3个骑兵师。

这4个军区共有48个师编在担任掩护的集团军第一梯队，配置在距国境线10　50公里的地方，其余主力部队则在距国境线80　300公里处。濒海军区的翼侧由海军和主要由炮兵组成的岸防部队掩护。需要指出的是，苏军各师多数还是平时编制，许多武器装备尚未配齐，尤其是缺乏炮兵部队的支持。

6月22日凌晨3时15分，德军在波罗的海至喀尔巴阡山脉之间分成3路大军，发动突然袭击。

德国及其盟国在苏联边境上的兵力部署如下：

德军投入的兵力共152个师，其中有118个步兵师、15个摩托化师、19个装甲师，约3,500辆坦克、3,900多架飞机，共约305万人，相当于其野战陆军的75%。

德军进攻分为3个集团群：

中央集团军群由博克元帅指挥，下辖第4、第9集团军，第2、第3装甲集群等部队。由卢布林—苏伐乌基一线出发，担负的主要任务是消灭白俄罗斯的苏联军队，然后向斯摩棱斯克—明斯克—莫斯科方向突击。

北方集团军群由勒布元帅指挥，下辖第16、第18集团军及第4装甲集群。从苏伐乌基和波罗的海出发，目标是摧毁波罗的海各国内的苏联军队，然后和曼纳海姆元帅指挥的芬兰军队一道，拿下列宁格勒，切断和摩尔曼斯克之间的交通。

南方集团军群由伦德施泰特元帅指挥，下辖第11、第17、第6集团军及第1装甲集群，部署在卢布林和喀尔巴阡山脉之间，任务是向基辅—第聂伯河河曲方向突击。

6月22日7时15分，苏联国防人民委员会向各军区发布了第2号命令。但根据力量对比和已经出现的情况，第2号命令未被执行。

10时，苏联国防人民委员会宣布，西部边境的波罗的海沿岸军区、西部特别军区和基辅特别军区相应改组为西北方面军、西方方面军和西南方面军。西北方面军由库兹涅佐夫上将指挥；西方方面军由帕夫洛夫大将指挥；西南方面军由基尔波诺斯上将指挥。后来在24日，又组建了北方方面军、南方方面军。

当天下午1时，最高苏维埃主席团发布全国动员令，要求从6月23日起，在14个军区，即除中亚、外贝加尔和远东军区以外的几乎所有军区，对1905~1918年出生的有服兵役义务的公民实施动员，并在本国欧洲部分实行军事管制。实行军事管制的地区内，国家政权机关在国防、保持社会秩序、保证国家安全方面的全部职能，均移交给军事当局。军事当局有权调派劳动者及一切交通工具。

与此同时，斯大林打电话给朱可夫："我们各个方面军司令员缺乏足够的作战指挥经验，看来有点发慌。政治局决定派你到西南方面军担任最高统帅部代表。我还准备派沙波什尼科夫和库利克去西方方面军。他们俩已到我这里接受指示。你必须马上飞往基辅，会同赫鲁晓夫到设在塔尔诺波尔的方面军司令部去。"

这时的斯大林不但已恢复了往日的镇定，而且在战争的重压之下，显得更加充满信心、精神抖擞。

面对德军席卷边境地区的严酷现实，苏联急忙从军事上和政治上采取了一系列步骤，来

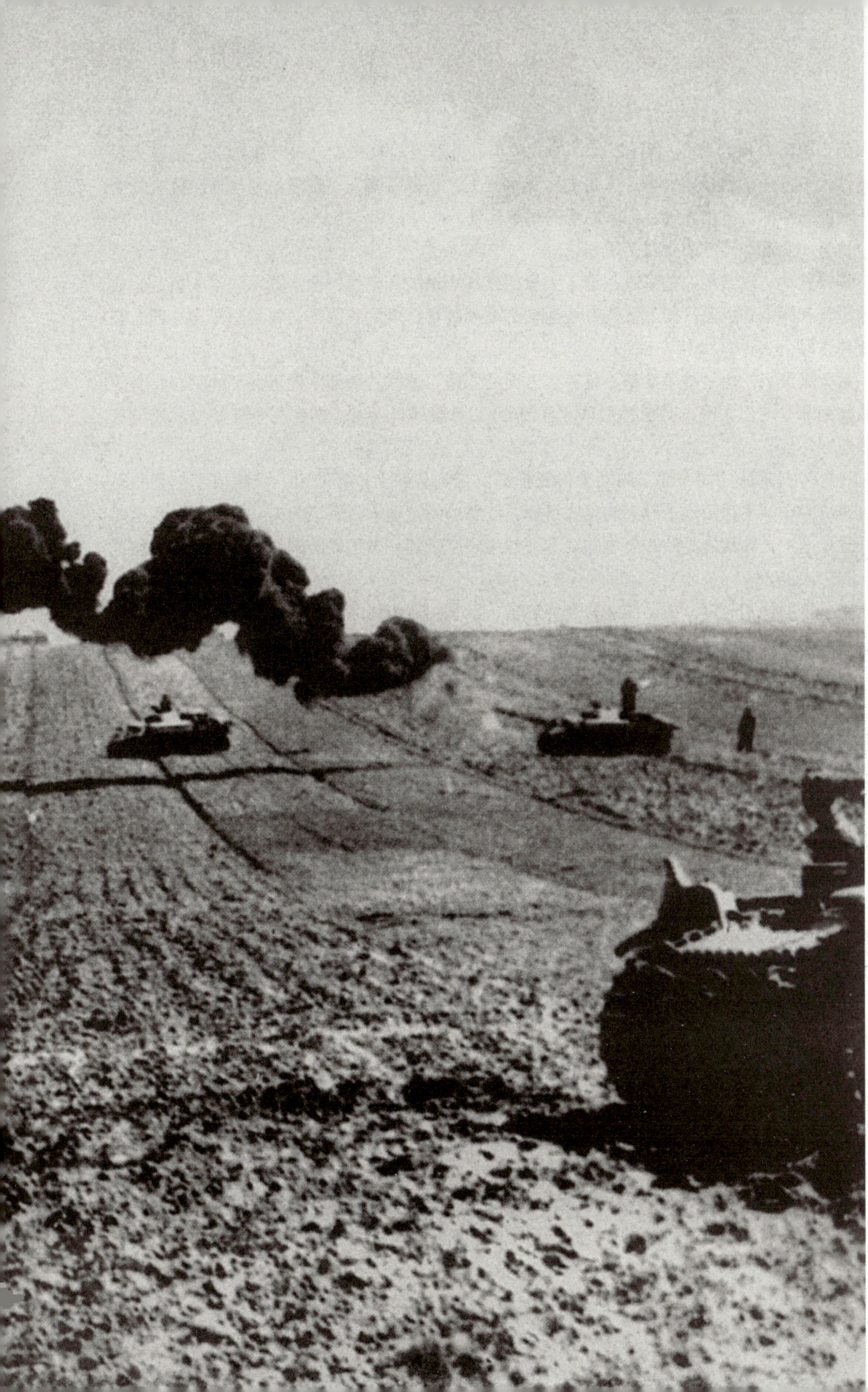

德军于1941年6月22日，悍然向苏联发动了突然进攻。

提高整个国防机构的效能。6月23日，苏共中央和苏联政府宣布成立最高统帅部。国防人民委员铁木辛哥任主席，斯大林、朱可夫、莫洛托夫、伏罗希洛夫、布琼尼和库兹涅佐夫任委员。最高统帅部负责领导武装部队的全部军事活动。

尽管如此苏军仍然遭受到了重创。

早在发动进攻之前，德军就派遣了大量的破坏小组破坏电线，枪击苏军联络人员，造成了苏军所有西部边境军区同部队的有线通信都遭到破坏，以致各军区、各集团军司令部无法迅速传达命令。

战争爆发后，由于战争准备不足等多方面的原因，苏联边境部队处于混乱的状态。有的部队接到命令时已太晚，基辅特别军区直到6月22日晨3时 6时，即在战争开始以后还没有接到通知。

还有一些部队的司令部，刚刚来得及把部队拉到公路上排好队伍，反倒成了空袭和迅速推进的德军装甲兵团逐一歼灭的现成目标。波罗的海特别军区属下的第48步兵师在从里加前往边境途中，在离边界约29公里的地方突然遭到空袭和突破边界防御的德国地面部队的进攻，损失惨重。

在战争的最初时刻，由于遭到空袭和炮击，红军的通信线路大部分被破坏，这就进一步加剧了防御的困难和混乱状况。各级指挥机关不能把命令下达到它统辖的陷入惊慌失措的部队。反过来，防守边境的各部队告急的消息也无法传送到上级司令部。德军最初的炮兵弹幕射击开始以后，德军突击部队和侦察部队便破坏了边界沿线的带刺铁丝网，消灭了或许可以较早地报告情况的苏军哨兵和观察所。

对德军来说，攻击的突然性达到了预期效果，以致进攻正面上的重要桥梁基本上都被他们攻占了。担负炸桥任务的苏军岗哨，还没来得及引爆爆破炸药，就被歼灭了。苏军随后企图轰炸这些桥梁，但都没有成功。

苏联飞机的损失超出了先期的估计，大部分飞机未能及时疏散到紧急简易机场，以致在永久性基地上便被德军迅速击毁。实际上，西部特别军区的大多数空勤人员都在短期休假，他们甚至未能回去保卫他们的基地。苏联方面承认，在西部军区，飞机损失尤为严重，从而使德军立即掌握了这个地区的制空权。

需要指出的是，苏军这段时期配发的新式武器数量太少，根本不能满足各部队的需要。实际上，苏联装配线上生产出来的武器，并不逊色于德国生产的，甚至有许多武器胜过德军的。当时，苏联人研制并生产了一种出色的新式坦克，并把它们配备给部队。但问题是，这些武器的数量远远不能满足战争的需求，同时官兵还不能熟练地使用新式武器。

苏军在有史以来最大的袭击中蒙受了最惨重的损失。

熊熊的战火在俄罗斯大地燃烧着。

位于莫斯科以西500余公里的莫吉廖夫，苏军西方方面军指挥所。

临时被任命为西方方面军司令员的巴甫洛夫，面对德军最强大的中央集团军，作出了一个对西方方面军有着生死攸关意义的决定。

巴甫洛夫看到紧靠边界部署的前方部队受到威胁，有可能遭到德军步兵师较近距离的包围。而与此同时，他却没有料到霍特和古德里安的装甲突击打算在他的后方进行远距离的两翼包围。最后，巴甫洛夫下令把所有集团军和方面军的预备队前调。就这样，巴甫洛夫把剩余的部队都调到了西部，正好送进了德军张开的大口中。

　　在离白俄罗斯首都明斯克仅80公里的指挥车上，德国最杰出的闪电战代表人物——海因茨·古德里安上将发布了下一场进攻命令。

　　德军第17装甲师迅速从南面逼近明斯克，同时在北面，霍特上将的第37装甲集团军迅速迂回，以完成钳形包围。这两支部队的前锋于6月26日会师。

　　两翼合围的德军组成的大铁钳紧紧地合拢了，苏军4个军团约50万人陷入包围中。

　　巴甫洛夫的西方方面军主力和西北方面军一部约30万人成为德军的俘虏，2,500辆坦克和1,500门大炮落入敌手。仅仅一个星期，苏军就损失了5个集团军。

　　6日28日，莫斯科西面670公里的明斯克城遭到德军第20装甲师的猛攻。当德军的坦克冲入时，这里已经成为一片火海。

　　苏军西方方面军指挥所里，巴甫洛夫司令员正在焦急地来回踱步，耳朵听着外面的动静。此刻，他正在密切关注着前线的战况。然而，他无论如何也没想到，他自己的军队已经陷入了德军的包围之中。

　　正在这个时候，部下将一份来自莫斯科的命令送到了他的手上。巴甫洛夫一看，倒吸一口冷气，心里凉了半截。原来这是一份撤除他的现任职务的紧急命令，并要求他立即返回莫斯科，同时接受军事法庭的审判。

　　怀着万分沮丧的心情，巴甫洛夫奉命启程返回，后被军事法庭处决。

　　7月3日黎明时分，德军的一架空中侦察机发现了一支强大的苏联装甲部队正沿着斯摩棱斯克—被里索夫公路两侧风驰电掣般地向德军驶来。

　　这支队伍是精锐的莫斯科摩托化步兵第一师，实力雄厚，配备有100多辆坦克，其中包括装甲很厚的快速T-34型坦克和KV重型坦克。

　　苏德双方展开了惨烈的较量。苏军坦克中体积较小、较易受攻击的T-26型坦克和BT型坦克很快就被摧毁了，化为烈焰飞腾的残骸，布满了整个战地。庞大的坚不可摧的苏军KV型坦克却仍在挺进，在怒吼中向敌人开火，将德国马克型坦克打得四下逃散。

　　坦克大战打得天昏地暗，灼热的高温混合着大量的尘雾，令人感到窒息。

　　尽管被打散的苏军战士继续英勇作战，然而，他们抵挡不住德军铁锤般的打击。陷入德军包围中的坦克有的被打断了履带，有的陷在沼泽地内无法动弹，被德国人完整无损地虏获。

　　滚滚红尘之中，莫斯科第一师的反攻终于失败了。

　　古德里安再也按捺不住他的急躁的情绪，指挥德军装甲部队向斯摩棱斯克挺进。

　　斯摩棱斯克距离苏联首都莫斯科只有320公里。就像近130年前所向无敌的拿破仑大军进军莫斯科一样，斯摩棱斯克是进攻莫斯科的咽喉要地。

　　闪电战开始后的第19天，德国法西斯侵略者们就把战火烧到了这里。

↑在苏联前线指挥作战的德军古德里安上将（中）

　　苏联红军在前线的抵抗一天天地变得更为坚强，在第聂伯河上的主要渡口，苏军正在加紧构筑防御工事，整师整师的兵力正迅速开抵前线。苏军共有42个师部署在第聂伯河沿岸，固守这一生死攸关的第聂伯河防线。

　　奔腾的第聂伯河，像一条屏障阻挡着德军前进的道路。

　　然而，在旧贝霍夫，德国摩托化突击部队乘坐攻击艇渡河夺取了一座桥头堡。后续工程兵部队以惊人的速度架起浮桥，数小时之内2个装甲师过了河。

　　在科皮斯，摩托化步兵冒着密集炮火和空中袭击乘坐攻击艇向对岸发起猛攻。

　　在什克洛夫，一个机枪团经过短促的战斗就强渡过河。接着，工兵为第10装甲师架起一座桥梁，这座桥甚至比旧贝霍夫处的浮桥架得更快。

急躁冒进的古德里安意想不到地收到了惊人的效果：7月11日抢渡成功，到达第聂伯河东岸。7月14日攻击取得巨大进展。德军的钢铁包围圈在斯摩棱斯克越收越紧，15个师的苏联部队面临着被包围的危险。

德军拼命要把突击部队调过第聂伯河，企图靠坦克的履带在河右岸站稳脚跟，尽力占领斯摩棱斯克北区，尔后以重兵前出至整个西方方面军的后方，这样就可彻底打开通向莫斯科的道路。

在这里抗击侵略者的是卢金中将指挥的第16集团军。该集团军所属各师在兵力悬殊的情况下，浴血奋战，虽然打得精疲力竭，但仍然以炮火和刺刀消灭了岸边登陆场上的敌人，进而渡过此地不太宽阔的第聂伯河，接着发起冲击，将侵略军击退，并力图一举收复斯摩棱斯克南区。

但是，战争却是残酷无情的！

德军的坦克、火炮和步兵都占有很大的优势，从拂晓到黄昏，德军的几十架飞机整天在空中盘旋。在这种情况下，苏军要迫使敌人退出已经占领的地区，是不可能的。当然，德军也未能压倒卢金将军的集团军。

第16集团军的兵力并不少，所辖机械化第5军有1,000多辆战斗车辆，独立坦克旅有约300辆坦克，步兵第32军有3个训练有素的师。但是，当卢金赶到斯摩棱斯克时，手里只有两个师：第46非满员师和第152师。集团军参谋长沙林上校眼中流露着凄怆的神情向他报告，其余所有兵团已经转隶给库罗奇金中将指挥的第20集团军。该集团军正在奥尔沙地区进行艰苦的防御战斗。

卢金集团军尽管人数不多，但俄罗斯人世代形成的对侵略者的憎恨以及军人们视死如归的精神，使这个集团军似乎平添了几倍的力量，蕴含着强大的战斗力。另外，上级已经下达了严峻的命令，战斗任务简短明确——斯摩棱斯克是通往莫斯科的门户，务必誓死坚守！他们深知自己肩负着重大而光荣的责任。

在德军兵临城下的危难时刻，斯摩棱斯克的守卫部队奉命实行"总体防御"，要不惜任何代价坚决将德军顶住。在莫斯科未做好战争准备之前，一定要将德军坦克阻止在斯摩棱斯克一线，要战斗到最后一兵一卒。于是，民警以及由各工厂和机关所有身强力壮的男子组成的民兵，随时增援守城部队。斯摩棱斯克的市民甚至做好了最后的决战准备，如果正规部队在外围防御阵地上不能阻止德军，那么，每一个只要能端得起武器的人就要与敌人展开巷战。

7月15日天刚亮，德军第71步兵团从西南方向沿乡村小道急匆匆地行军，出其不意地逼近斯摩棱斯克城。德国士兵一举占领了守军各个重要的重炮阵地。这时，苏军甚至连想都没有想到德军会在那里出现。

此刻，德军从抓到的俘虏口中得知，苏军在南边的主要通道上设有重防，因而德军决定绕道从东南面发起进攻。

很快，重型火炮、88毫米炮、自动火炮以及喷火坦克全部猛烈开火，为德军轰开一条进

攻的道路。

　　苏军的守卫部队、民警和民兵奋不顾身、浴血奋战，在独特的"战场"上展开了激战，在数不清的房间、楼梯、凉台……在烟雾弥漫的昏暗中，枪弹在各个方向飞行，互相交织在一起。当地军民用刺刀、手榴弹保卫城市的每一条街道和每一幢楼房。

　　战斗进展到最后关头，苏德双方展开了殊死的搏斗，德军不得不逐房逐区地用手榴弹和刺刀消除苏联人的抵抗。

　　残酷的巷战在市区日复一日地进行。

　　7月16日，当暮色悄悄降临到斯摩棱斯克城时，整个城市已经是硝烟弥漫，一片火海。

　　在付出比预先所想象的更大的代价后，德军最终攻取了斯摩棱斯克。

　　此后，形势急转直下，古德里安同霍特的坦克集群在明斯克—莫斯科公路上又构成了一个袋形阵势，苏军西方方面军的第16、第20集团军在城市北部陷入德军的合围之中。

第3章
CHAPTER THREE

"救火队员"
朱可夫

★苏联领导人的不安心情还是有根据的。斯大林、朱可夫和国土防空指挥部非常明白，苏联方面的战备要想完全瞒过德国人恐怕是不可能的。德国的特务机关并没有失去警觉，德国的侦察机窜入莫斯科上空也不会空手而归的。

★为了不使德军察觉苏军行动上的变化，朱可夫指示继续保持防御行动的姿态，并用一贯的方式打击敌人，掩盖一切变更兵力兵器的部署。这样做的另一层目的，是为了不给德军以安宁，用炮火尽可能地就地消灭其有生力量。

No.1 防御，莫斯科

终于，莫斯科城市上空响起了警报器的尖叫声，人们都觉得，刚才还是星光闪烁的夜空，突然变得吉凶莫测了。

在空袭警报的呼号声中，人们开始各自东奔西跑，纷纷奔向就近的防空掩蔽部。大多数莫斯科人心里还有些疑惑：这是不是真正的空袭警报？德国的轰炸机难道这么快就炸到这里来了？

斯大林果断作出了"关于莫斯科防空"的决定。

与此同时，部队也迅速作出了反应，刚刚出厂的武器投入使用，掩护城市的高射炮部队配齐了技术装备并补足了兵员，新组建的4个高射炮团和2个高射机枪团编入了防空第一军。

尽管前线情况紧急，不得不紧急调拨相当数量的高射炮去组建反坦克团，但总的看来，现有的力量已是一支足可御敌的强大力量……

现在，1,044门高射炮和336挺机枪已准备就绪，威风凛凛地警戒着莫斯科的天空。有一个高射炮团在院内、街头、广场和街心花园挖好炮座，已加强了市中心，特别是克里姆林宫的防御。探照灯已达到618个，可向高高的夜空同时照射出许多光束。每一个高射炮团都辖有一个装备齐全的探照灯营。因此，决定将各探照灯团调出高射炮防区，以便在首都西北和西南接近地形成6个照射区和为歼击机夜战用的拦击照射区。最近，还计划建立10个这样的照射区。

阻塞气球部队也得到了加强。在城市中心，各水塔和莫斯科的西郊、南部上空，都高高地悬挂着这种固定的气球。当气球贴近地面时，简直就像大腹便便的孕妇，而当它们飘向空中，下面拖着长长的阻拦索时，从地面向上看去，就像一群可爱的小动物在晚霞下奔跑一样。

不过，主要希望还是寄托在善于夜航的歼击机上。因此，担任掩护首都任务的航空兵第1军，迅速补充了配备米格-3型最现代化快速歼击机的2个团。这种飞机是由弗·米·佩特利亚科夫设计的，它装备有火力很强的机枪、机关炮和火箭。总共有602架歼击机随时待命，可昼夜起飞迎击敌机。

对空情报部队是国土防空指挥部的眼睛和耳朵，这个部队可以预报距市区250公里以内来袭的敌机。首都周围共设有702个对空情报哨。莫斯科防空区的对空情报总哨，与北部、西北部、西部、基辅和南部各防空区的对空情报总哨建立有直通电话联系。在勒热夫、维亚兹马一线建有几座标志新技术成果的警戒雷达站，这种雷达虽无法确定飞机的国别、数量和飞行高度，但可以测定飞机的位置，保证在80公里以内地区对其跟踪监视。无论如何，可以排除对莫斯科的突然空袭的可能。而且还可以为夜间飞行的歼击机导航，截击敌轰炸机。

莫斯科本身也在紧张和不安的气氛中忙碌起来。工人、机关干部、学生、家庭妇女和退休人员都忙着应召去莫斯科市苏维埃，报名参加消防、救护、防毒、防险工作。莫斯科市民就像遭到电击而突然紧张起来，他们心里想的都是同一个目标，尽一切可能防止灾难。

莫斯科市苏维埃主席普罗宁、副主席雅斯诺夫、莫斯科市委和莫斯科州委第一书记谢尔

↓被击落的德军飞机，引来莫斯科民众的围观。

巴科夫，依靠机关工作人员，依靠各区苏维埃执委会和区党委，夜以继日地工作，准备迎接严峻的考验。在执委会的指挥下，建立了6个区域专业防空团和26个防空营，各企业和各部门也成立了几百个自救队和上千个医疗救护队，还成立了清除轰炸后果的团、独立营和连。有20万人加入了专业消防队，修筑了成千上万个防空洞。

令人振奋的是，莫斯科人奋起战斗！

为了使敌机难以找到目标，从空中看得最明显的建筑和市内各广场都涂上了伪装色彩，克里姆林宫附近的莫斯科河拐弯处也设置了伪装。就连莫斯科近郊的地貌也换了新颜。首都四周200公里以内像经过魔法点化一般，出现了无数的工厂、汽油供应站、粮仓、机场、桥梁、库房……这一切只不过是模型罢了。这是工兵部队在莫斯科市民和莫斯科州居民的协助下修建的，目的是迷惑敌机，使它们分辨不清哪些是真正的军事和工业目标。

但是，苏联领导人的不安心情是有原因的。斯大林、朱可夫和国土防空指挥部非常明白，苏联方面的战备要想完全瞒过德国人恐怕是不可能的。德国的特务机关并没有失去警觉，德国的侦察机窜入莫斯科上空也不会空手而归的。

这时，苏联的侦察机关已经获悉，敌人正策划某种重大行动……有许多情况只能靠猜测。随着德军深入苏联领土，法西斯空军新修的机场也越来越靠近莫斯科。仅仅为了保障德军中央集团军群进攻莫斯科，德军就集中了1,600架作战飞机。

为了直接突袭莫斯科，德军确定了一些具体轰炸目标：克里姆林宫、党中央大厦、《真理报》大楼、团中央大厦、行政机关、大型企业、桥梁、铁路枢纽、居民稠密的住宅区……德军统帅部经过精心挑选，从几个善战的航空大队中抽调人员组建了一个特别航空群。

第53"康巴尔军团"远程轰炸机大队已转场到东欧来。这个大队曾先后野蛮地轰炸过西班牙、波兰、南斯拉夫和希腊的城市。该航空大队编成内的"亨格尔－111"型最新式轰炸机不止一次地飞临伦敦和巴黎上空。

第4"维维尔"轰炸机大队朝莫斯科方向调来。这个大队曾经于1940年残酷无情地轰炸了伦敦、利物浦、伯明翰、布里斯托尔和英国其他城市。

第55"戈利夫"特殊任务轰炸机大队飞抵巴拉诺维奇地区各机场，第28轰炸机大队也到达博布鲁伊斯克地区……

数百架德军新型轰炸机正准备对苏联首都大举进行毁灭性的轰炸。这些轰炸机的机组人员都是法西斯空军的骨干，其中约有一半机长是上校军衔。

这个特别航空群由第二航空队司令官凯塞林元帅统一指挥，此人正在费尽心机地策划着由不同方向、不同高度和在不同时间密集轰炸莫斯科的各种方案。全部行动都以德国人的刻板而拘谨的方式经过周密考虑和预先安排。

看来，即使有对空防御也是在劫难逃了。

苏联领导人对德国统帅部策划通过空袭摧毁莫斯科的许多情况，都是后来从俘虏的上校飞行员的口供中得知的。显然，当务之急是应当采取一切措施，不仅应当保卫莫斯科、列宁格勒、基辅和哈尔科夫，而且应当保卫图拉、谢尔普霍夫、埃列克特罗斯塔利、沙图拉、莫斯科近郊煤矿以及无数个独立的军事目标……

No.2 反击，叶尔尼亚

斯摩棱斯克会战以后，西线暂趋沉寂。其他几个方面虽仍在激烈战斗，但红军的力量正在得到加强，战线趋于稳定。这标志着大战初期苏军的被动境地即将过去。

这时，德军在列宁格勒的举动引起了朱可夫的注意。德军的持续进攻虽然没有一举攻破苏军的防御，但距列宁格勒已经不远了。在总参谋部，朱可夫与作战部长兹洛宾、华西列夫斯基等高级将领对整个形势进行了讨论。

经过分析，朱可夫认为，对莫斯科的进攻，敌人只能等到消除了苏中央方面军和西南方向上部队对其中央集团军群翼侧的威胁以后才会开始。西北方向的敌人加强自己的部署之后，将力求在最短期间夺取列宁格勒，同芬兰军队会合。

经过反复权衡比较，朱可夫确信自己的预见是正确的。于是，他决定立即报告最高统帅，以便采取必要的对策。

1941年7月29日，朱可夫向斯大林汇报了自己的想法，并且提出了建议：分别从西方、西南方面军和统帅部抽调一个集团军，至少给中央方面军增加3个得到炮兵加强的集团军；由瓦杜丁担任中央方面军司令员。随后又解释说，在德军对莫斯科方向重新推进之前，就会有新的部队加入到首都的防御中来，因此莫斯科的保护不会被削弱。

但他要求放弃基辅的主张惹恼了斯大林。"你刚才汇报说要在叶尔尼亚附近组织一次战役，那就请你负责这件事吧！"斯大林接着说，"必须把勒热夫—维亚济马防线上各预备队集团军的行动统一起来。我们任命你担任预备队方面军司令员。"

7月31日，朱可夫把总参谋部的工作交给了沙波什尼科夫，自己赶往预备队方面军司令部所在地格扎茨克，见到了参谋长利亚平少将和方面军炮兵司令戈沃罗夫少将。

第二天，朱可夫同第24集团军司令员拉库京前往叶尔尼亚地区，进行实地侦察。他们发现，德军已经在防御前沿和纵深，把坦克、强击火炮等都配置在掩体内，整个叶尔尼亚突出部成了一个坚固的筑垒阵地。显然，要在叶尔尼亚取胜，必须进行更充分的准备工作。

对前线作了认真视察后，朱可夫雷厉风行，立即采取了几项断然措施：

1.命令第24集团军用各种侦察方法搞清敌人的火力配系；

2.增调2　3个师和炮兵部队；

3.前送各种物质技术保障器材。

　　朱可夫初步确定进攻不早于8月下半月，因为准备工作至少需要10～12天时间。

　　为了不使德军察觉苏军行动上的变化，朱可夫指示继续保持防御行动的姿态，并用一贯的方式打击敌人，掩盖一切变更兵力兵器的部署。这样做的另一层目的，是为了不给德军以安宁，用炮火尽可能地就地消灭其有生力量。

　　自从到叶尔尼亚前线后，朱可夫立刻全身心地投入工作，每天工作20个小时左右，做了大量的准备工作：不仅察看地形、熟悉部队，而且亲自审问德军俘虏，了解德军的部署和官兵的士气情况，做到知己知彼。尔后，朱可夫精心制订了周密的作战计划。

　　德军的推进遭到阻滞以后的一段时期，对德国人来说是一段犹豫不决的时期。苏联防御的顽强程度肯定是他们没有料到的。而且，希特勒对于进攻列宁格勒、莫斯科或乌克兰这三个目标的先后顺序似乎一直拿不定主意。

　　8月4日，希特勒前往中央集团军群指挥部所在地，听取了冯·博克元帅的扼要报告，最终提出把列宁格勒作为主要目标。至于下一个目标是莫斯科还是乌克兰，希特勒仍然没有作出决定。

　　乌克兰的经济资源对于希特勒显然是具有吸引力的。此外，他认为除掉克里米亚这个被用来攻击罗马尼亚油田的苏联"航空母舰"是十分重要的。希特勒还表示希望在冬季来临时占领莫斯科和哈尔科夫。

　　可以肯定，苏军在斯摩棱斯克附近的顽强防御，严重地破坏了希特勒的时间表，并且动摇了他早日结束这次会战的信心。

　　8月15日，德国统帅部从中央集团军群抽出了1个坦克师、2个摩托化师去支援利布的北方集团军群，以对付苏军在旧鲁萨附近的猛烈反击。这样一来，德军在两个半星期之内无所作为，向莫斯科方向的推进完全停顿下来。机警的朱可夫首先察觉到敌军战略目标的这种变化，立即报告给斯大林。

　　8月初，古德里安曾打算向莫斯科方向发动进攻，但最终决定把矛头

→　朱可夫在叶尔尼亚地区指挥作战。

指向南方，以消除苏军中央方面军对德军中央集团军群右翼的威胁。

朱可夫注意到德军中央集团军群的部分军队转向南方方向。

8月18日，预备队方面军司令员朱可夫大将向斯大林作了详细报告：

敌人获悉我已在通往莫斯科的道路上集结大批兵力……所以暂时放弃了对莫斯科的进攻，转入对我西方方面军和预备队方面军的积极防御，而把所有的快速突击力量和坦克部队用来对中央方面军、西南方面军和南方方面军作战。敌人的企图可能是：粉碎中央方面军、进抵切尔尼戈夫—科诺托普—普里卢基地区，从后方实施突击以粉碎西南方面军。

为了挫败这一图谋，朱可夫建议在布良斯克地区集结一支强大的部队，用以对敌之侧翼实施突击。

当天，朱可夫收到最高统帅部的如下复电：

你关于德军可能向切尔尼戈夫、科诺托普、普里卢基方向挺进的意见，我们认为是正确的。为了预防和制止这种复杂情况的发生，已组成以叶廖缅科为首的布良斯克方面军，并正在采取其他措施（另行通知）。我们相信能够阻止德军的前进。

这封电报落款的署名是斯大林和沙波什尼科夫。

8月中旬，西方方面军的一部和朱可夫的预备队方面军所属第24集团军，准备对叶尔尼亚和杜霍夫施纳地域的德军实施反突击。8月17日，朱可夫下令向叶尔尼亚地区的德军发起进攻。战斗十分激烈。双方在所有地段同时展开激战。德军用密集的大炮和迫击炮火力妄图阻止苏军的进攻。朱可夫毫不示弱，命令动用方面军所有的飞机、坦克、大炮予以还击。

在朱可夫卓越的指挥下，第24集团军达到了攻占有限地盘的目标，并在进攻的整个地段上压倒了敌军。在叶尔尼亚地域的战斗中，德军损失惨重，不久便不得不把两个溃不成军的坦克师、一个摩托化师和一个摩托化旅撤出防线。在这次战斗中，苏军首次使用了一种新武器——"喀秋莎"多管火箭炮，收到了良好的效果。

古德里安此时向德国陆军最高司令部建议说："关于叶尔尼亚突出部，鉴于它现在已经没有意义，而且继续在造成伤亡，应予放弃。"

德国统帅部没有接受古德里安的这个主张。直到8月底，他才接到撤出并向苏联西南方面军侧后迂回的命令。

8月23日，德国最高指挥终于作出了决定：乌克兰被选定为主要目标。在集团军群指挥部的一次会议上宣布："无论是列宁格勒战役，还是莫斯科战役，先不进行了，当前的目标应该是夺取乌克兰和克里米亚。"

古德里安被推选前往希特勒设在东普鲁士的总部，去向最高元首当面阐述前线指挥官们的看法。然而，古德里安并没有达到目的，一无所获地返回了前线。

↑希特勒与博克元帅交谈。

此时，苏军的伤亡也很严重，朱可夫请求补充兵员，并于8月24日下令停止"全面进攻"一天，而在次日再重新开始。30日，苏军以第24集团军为主，第43集团军协同，从东北和东南两个方向对叶尔尼亚突出部纵深阵地实施了向心突击，从而没有给德军以喘息之机，切断了他们的退路。叶尔尼亚突出部的咽喉，已经被苏军的铁钳越夹越紧。

9月6日，德军残部趁着黑夜，撤出了叶尔尼亚突出部。这是自从卫国战争开始以来，德军第一次被彻底逼退。他们丢下了大量伤亡人员、损坏的坦克和重武器。

同一天，苏军进入了叶尔尼亚城。为追击逃走的敌人，苏军于次日渡过斯特里亚纳河，并与西方方面军的部队会合，继续展开进攻。到8日，叶尔尼亚突出部对苏军的威胁彻底解除了。后来，因为遭遇到德军的抵抗，苏军的进攻逐渐停顿下来。

9月10日，沙波什尼科夫元帅下令停止进攻，并命令方面军占据防御阵地，叶尔尼亚突出部反击战胜利结束。在这一战役中，德军共损失了近5个师，伤亡达4.5万 4.7万人。

"斯摩棱斯克防线"是一块盾牌，苏联各集团军在这块盾牌掩护下，得以重新组合并调集预备队以保卫莫斯科。朱可夫及其战友们建立了令人难以置信的功绩，通过发动一系列反

↑ 在叶尔尼亚地区，苏军与德军进行了交锋。

击，遏止了德军对莫斯科方向的攻势。否则，莫斯科很可能会像希特勒原来计划的那样，在冬季来临之前被攻陷。斯摩棱斯克会战使希特勒的闪电战丧失了大部分势头。苏军在斯摩棱斯克地区的据守，是对德军计划的首次打击。

叶尔尼亚反击战的意义远不止此，它是苏德战争开始以来苏军取得的第一次重大胜利。由于叶尔尼亚战役的胜利，苏军的士气大大提高了，各部队更有信心向敌人发动协同一致的反冲击，以火力大量杀伤敌人，并能抗击住敌人的反冲击。同时苏军也学到了与德军斗争的多方面经验。

斯摩棱斯克会战迫使德国人就战略问题进行了激烈的辩论，德军指挥部内部对于今后的作战方针发生了新的分歧。

德国调整了军事目标，不急于攻占莫斯科，而是从夺取南、北方战略目标入手，把列宁格勒作为他们的下一个重要目标。

No.3 列宁格勒之盾

哪里有危急，朱可夫就会在哪里出现。为此，他得到了一个"救火队员"的绰号。

列宁格勒原叫圣彼得堡，是彼得大帝在1703年建立的"西方的窗户"。此后200多年来，它一直是疆域广大的俄罗斯帝国的首都。正是在这里，布尔什维克于1917年11月夺取了政权。列宁格勒是苏联第二大城市，有300多万居民，是苏联最重要的海港和重要的工业、文化中心。

列宁格勒的重要意义，苏德双方都很清楚。早在1941年7月，希特勒就决定将列宁格勒和莫斯科夷为平地。

战争爆发后，伏罗希洛夫负责指挥西北方向（包括列宁格勒在内），日丹诺夫担任军事委员会委员，扎哈罗夫少将则被任命为西北方向的参谋长。德军于6月发动突然进攻以后，不断向这个前俄国首都推进，在夏季快要结束的时候，列宁格勒面临的形势越来越严峻。到7月初，西北方面军原有的30个师只剩下5个装备齐全的满员师了，其余各师严重减员，只剩下10%~30%的兵力。

希特勒统帅部为了夺取列宁格勒，将大量军队投入进攻。在7月 8月西北方向的作战中，德军占领了列宁格勒州的大部分地区。

到8月20日，德军已绕过卢加河防线，推进到赤卫队城（加契纳）周围地区。在赤卫队城和列宁格勒之间仅仅部署着为数不多的编制不全的红军部队，形势十分危急。当天，伏罗希洛夫和日丹诺夫不得不向西北方面军部队发出紧急呼吁：

"列宁格勒在危险中，野蛮的法西斯军队正向我们光荣的城市——无产阶级革命的摇篮推进……我们的神圣职责就是在列宁格勒的大门前用我们的胸膛挡住敌人的去路。"

第二天，德军的几个师推进到离城市更近的地方。德军第1军完好无损地夺占了采多沃的铁路桥和公路桥，切断了通往莫斯科的铁路。8天之后，德军又攻占了托斯诺，向穆加车站、亚米若拉和伊万诺夫斯科耶挺进。经过激烈战斗，德军占领了穆加这个重要铁路交叉点，于是列宁格勒同俄国其他地区的最后一条铁路线被切断了。这时，德军第16集团军开始从东面包围列宁格勒，沿着涅瓦河左岸向拉多加湖方向推进，甚至在一些狭窄的地段也投入了大批飞机，试图冲破防线。

9月6日，近300架德军轰炸机袭击了内务人民委员部所属的第1师防守的一小段地域，给苏军人员和武器装备造成重大损失。

空袭之后，德军指挥部以强大的装甲部队投入夺取施吕塞尔堡（彼得要塞）的战斗，到8日，苏军第1师被切成两段。当德军进抵拉多加湖南岸，占领施吕塞尔堡以后，陆上封锁宣告完成。接着他们开始收紧对列宁格勒的巨大的钳形包围，派出一批又一批轰炸机炮击市区，企图摧毁苏军的抵抗。

在此危急关头，伏罗希洛夫没有发挥出应有的作用。斯大林解除了伏罗希洛夫担任的列宁格勒方面军司令员职务，后来把他调到国防委员会。

朱可夫把写有职务交接命令的纸条交给伏罗希洛夫，没有经过什么特别的手续，就接管了列宁格勒方面军司令的一切权力。

随后，朱可夫和伏罗希洛夫在交换资料上签了字，随后一起走到电报机旁。朱可夫向统帅部报告："我已接管指挥职务，请向最高统帅报告，我希望比我的前任更积极地工作。"

伏罗希洛夫对统帅部没有说什么就走了出去。当天晚上，伏罗希洛夫和他的大部分参谋人员都飞回了莫斯科。方面军领导也相应进行了改组，朱可夫同时还撤换了第42、第8两个集团军司令员。

朱可夫接过指挥权时，战场局势已经变得十分危急。由于施吕塞尔堡失守，列宁格勒同苏联其他地区的陆路交通均被切断。德军在20公里宽的一块地段上突破到拉多加湖沿岸，把被合围的列宁格勒方面军同穆加以东、在沃尔霍夫河一带的苏军部队分隔开来，后者正在竭力阻止德国装甲部队向列宁格勒东部推进。

苏军第8、第42、第55集团军被迫退往城郊的环形防线或退往芬兰湾。苏军南部战役集群，即卢加战役的残余部队，由于被德军坦克第4集群包抄和合围，结果一部被歼，一部向东和东北方向突围。这样，德军已经越来越逼近列宁格勒了。

德军向列宁格勒发动最后进攻，意图有3个：

首先，将由第16集团军的部队和坦克第4集群的摩托化第39军沿涅瓦河和沃尔霍夫河一线提供侧翼掩护，并在可能情况下发展成一次新的推进，以便在斯维尔河（拉多加湖以东）同芬兰军队会合。

其次，将由坦克第4集群其他几个摩托化军、第18集团军以及第16集团军的支援部队（从赤卫队城到普尔科沃高地和乌里茨克一线，约有8个师，对付苏军第42集团军；在科尔平诺到普希金和斯卢茨克这个方向上，共有3个师，对付苏军第55集团军）从南部和西南部对列宁格勒本身发动一次锥形突击。

← 斯大林与伏罗希洛夫
→ 步步向苏联境内渗入的德军

第三，德军将设法突破到芬兰湾，以便歼灭背靠芬兰湾（从奥拉宁鲍姆到科尔诺沃）、守卫列宁格勒西部接近地和西南部接近地的第8集团军。

经过为变更部署和进一步进行准备所必需的数天延迟之后，德军中央集团军群于9月9日发动了进攻。尽管苏军进行了拼死抵抗，第一天战斗结束时，前沿防线的一段10公里宽的正面被突破到2.5～3.2公里的纵深，并不断冲击普尔科夫高地、普希金地区和科耳皮诺地区。随后，德军又对收缩防线的苏军加紧攻击。第42集团军在德军的连续攻击之下，早早地用尽了自己的预备队。这天拂晓，德军占领了杜杰尔戈弗；次日，又占领了红谢洛。

对苏军来说，战场的形势已经到了极为紧急的地步！

为了尽快阻止德军突击部队在乌里茨克和列宁格勒方向的进一步进攻，9月10日，朱可夫同助手们进行彻夜研究，讨论如何进一步动员一切人力和物力来保卫列宁格勒。

经过集体讨论，朱可夫精心制订了一个加强城防的计划。这一计划体现了朱可夫敏锐的观察力和独具匠心的领导艺术，主要内容有5条：

首先，从市区防空部门撤出部分高射炮，并将其配置在列宁格勒的最危险的防御地段，实施直接瞄准射击，以加强其对坦克的防御。

其次，全部将炮火力集中支援乌里茨克—普尔科夫高地地段上的第42集团军备部队。

第三，在各要害方向上赶快着手建立纵深梯次防御，埋设地雷，并在部分地区设置电网。

第四，从卡累利地峡抽调第23集团军部分兵力给第42集团军，以加强乌里茨克地区的防御。

第五，以波罗的海红旗舰队水兵、列宁格勒各军事院校和内务人民委员部人员组建5～6个独立步兵旅，限6～8天完成。

从10日晚至11日晨，朱可夫都在与大家研究当前局势和保卫列宁格勒的补充措施，但有一点他不容任何质疑就确定下来了，即要考虑的不是城市陷落时的非常措施，而是如何确保列宁格勒不落入敌手。

为此，朱可夫提出了响亮的口号："不是列宁格勒惧怕死亡，而是死亡惧怕列宁格勒！"

9月11日，最高统帅部正式签发了任命朱可夫为列宁格勒方面军司令员的命令。霍津中将被任命为方面军参谋长，费久宁斯基少将接任第41集团军司令。

朱可夫立即开始了自己的工作，采取一切必要的措施来恢复列宁格勒的防御，在一切问题上毫不留情，不管这样做会得罪谁。

9月13日，德军2个步兵师、1个坦克师和1个摩托化装甲师突破苏军防御，占领了康斯坦丁诺夫卡、索斯诺夫卡和芬兰科伊洛沃，向乌里茨克推进。

14日早晨，在进行短促而猛烈的炮火准备之后，步兵第10师与友邻兵团协同，在航空兵支援下，对德军实施迅猛的突击。经过激烈战斗，恢复了原防御态势，给德军以重大打击，迫使其放弃了索斯洛夫卡和芬兰科伊洛沃。

但是就在同一天，另一部德军进抵苏联民兵第5师占据的普尔科沃高地。在此之前，苏军已经将堑坡和火力点修筑完毕。可是，位于戈列洛沃车站地区的普尔科沃右翼阵地，已经于13日落入德军手中。民兵们冲进了车站，企图在车站固守。可是，当天下午他们遭到德军机械化第41军的步兵师和坦克师的进攻，戈列洛沃车站再度落入敌手。一小时以后，第5师发动反击，又夺回了戈列洛沃。

当晚，苏军第42集团军司令员伊万诺夫中将由于担心普尔科沃的安全，带领一个团从被围的戈列洛沃车站奔赴普尔科沃高地，只留下一个团驻守戈列洛沃。该团团长克拉斯诺维多夫受伤，由政治委员斯米尔诺夫（原维堡区区委书记）代理团长。

列宁格勒南面的筑垒地带这时大多都被突破，冲在最前边的德军装甲部队已进抵离城市不到12公里的地方。9月15日，双方在乌里茨克的争夺更加激烈，许多阵地在短短的一天之中被来回易手。德军明显感受到了苏军的强大压力。

晚上8时左右，德第18集团军在斯特列尔纳和乌里茨克之间突入芬兰湾，把苏军第8集团军与列宁格勒隔开，这样，苏军就只剩下第42和第55集团军守卫列宁格勒了。德军统帅部命令第18、第16集团军发动钳形攻势，拿出8个师对付第42集团军，拿出3个师对付第55集团军。德军统帅部已经创造了近距离围攻城市的必要条件。

在此危急关头，朱可夫精心拟订出一项加强该城防御的计划，以阻挡德军突击集团在乌里茨克和列宁格勒方向上的继续进攻。他的指导思想是使用空军和炮火突击打击德军，以阻止他们突破苏军防御。在9月18日以前，组建5个步兵旅和2个步兵师，为列宁格勒的近距离防御的四条防线配备兵力；使用第8集团军突击德军的侧翼和后方，并解放穆加和施吕塞尔堡。这项计划要求动员这个地区的一切人力物力，包括方面军部队、列宁格勒市民以及苏联海军，来加强预备队，扩大防御纵深。

在第42集团军的防区，朱可夫计划建立起一道防线，以此来阻止德军通过发动强攻夺取列宁格勒。他非常倚重海岸炮兵和波罗的海海军舰船的火力，因为随着战线缩小和越来越靠近海洋，它们将能发挥更大的威力。

9月16日，为了防止德军通过乌里茨克向列宁格勒突破，朱可夫临时组织了2个民兵师，以及由水兵、防空军人员组成的2个步枪旅，火速增援第42集团军。这些部队布置在第42集团军防线之后，从芬兰湾沿岸经利戈沃、肉类联合加工厂、雷巴茨科一直到涅瓦河。朱可夫命令各部队未经方面军司令部特别批准，不得从这条防线后撤。就这样，他建立起一支强大的第二梯队，建立了有效的纵深防御。

但是，在德军强大的进攻下，第42集团军和临时组织的军队能否抵挡住，朱可夫心中对此也没底。

第二梯队布置完毕后，前沿的形势依然恶化。斯卢茨克和普希金区相继落入德军之手，随后，列宁格勒一条电车路线的终点亚历山大罗夫卡也失守了。德军突破到芬兰湾，离列宁格勒更近了，严重地威胁着这座城市。他们离市郊不到6.5公里，离规模很大的基洛夫工厂不到5公里。

同一天，德军部分装甲部队和摩托化部队开始调往中央集团军群。这时德军似乎已经胜利在望了。

当德军接近沃洛达尔斯克和乌里茨克时，细心的朱可夫发现进攻中的德军左翼延伸得很长，兵力松散，于是决定用第8集团军组成反突击集团。这个集团军被德军从列宁格勒城隔开，这时正好可以从敌人的侧翼实施反突击。朱可夫迅速把第10、第11、第125和第168步兵师以及民兵第3师集结起来。通过在内部调整部署，他建立起一支突击力量，同时重新编成了自己的预备队。

9月17日，德军6个师在北方集团军群空军联队支援下，企图从南面向列宁格勒突破。朱可夫命令继续进行反击，指示第8集团军司令员收复沃洛达尔斯克居民点，并向红村方向突击。第55集团军则受命把德军从斯卢茨克和普希金公园赶回去。第42集团军则要扩大它在乌里茨克地区的战果，同时守住靠近天文台的普尔科沃阵地的中段。

然而，第42集团军未能守住乌里茨克，9月18日傍晚，该镇再次为德军所占领。双方继续进行着极其残酷的战斗。到9月23日，可以明显看出德军进攻普尔科沃这个方向的突击力量大大地减弱了，因为只有20辆坦克参加进攻。第42集团军成功地打退了敌人的继续进攻。

这样一来，德军企图在9月下旬通过乌里茨克或普尔科沃高地到达列宁格勒的计划终于破产。第42集团军在利戈沃、下科伊罗沃和普尔科沃一线巩固下来了。

德军进攻兵力至此已消耗大半，并且由于从列宁格勒地区调走了一些部队，进攻力进一步被削弱。

虽说红军把德军阻挡在列宁格勒郊外，但仍然面临着巨大的困难！

朱可夫面临的形势更加严峻了。他的军队不但要进行残酷的防御战斗，还要应付空袭、炮轰，而且还要应付更严重的饥饿。

在德军的攻势开始失去势头的时候，朱可夫把一些新的师、旅和营（这些部队是由水兵、防空部队、内卫部队和预备役人员仓促编成的）投入到赤卫队城和斯卢茨克—科尔平诺筑垒地域。朱可夫还从战线上不那么紧张的地段抽出一些部队，部署到遭到威胁的地段，以加强第一梯队并建立起纵深防御。

列宁格勒方面军在打退德军进攻的过程中，得到了波罗的海红旗舰队的巨大支援。舰队航空兵同列宁格勒方面军空军配合行动，在战场上对集结地域的德军进行轰炸，并有效地扼制了德军的空袭，从而保护了苏军。靠近芬兰湾的前线各防御地段的第8和第42集团军得到海岸炮和舰炮的支援，以炮火反准备等方式展开了对德军炮兵的作战。在赤卫队城筑垒地域和沿海桥头堡使用了舰炮，从而弥补了机动炮兵的不足。

在朱可夫负责保卫列宁格勒的那段期间，希特勒对他早些时候作出的决定——必须把这座城市"从地球表面抹掉"——进一步具体化。9月22日，德国海军司令部发布了"关于彼得堡市的前途"的元首秘密指令，决定通过封锁、连续空袭和炮击，把列宁格勒夷为平地，如对方要求投降，将予以拒绝。

一向视希特勒为"神明"的德军开始不折不扣地实施这一计划，连续不断地对列宁格勒进行炮击和空中轰炸。9月份，德军进行了23次大规模空袭，而且大多都是在白天进行的。9月19日和27日的轰炸显得更加猛烈，分别出动了180架和200架飞机，列宁格勒上空火光冲天。

据统计，从9月21日 23日，德军指挥部共出动400架轰炸机进行大规模的空袭，其目标

↓苏军坚守阵地，严阵以待，等待德军的到来。

是要摧毁喀琅施塔得要塞，消灭驻扎在那里的波罗的海红旗舰队的主力。

列宁格勒的保卫者们顶住了德军的空袭，但却面临着极其困难的局面：给养严重缺乏。由于处在德军连续不断的炮火和空中轰炸之下，为这座城市输送给养的惟一动脉——经由拉多加湖的交通线，遭到部分破坏，只能部分满足被围部队和居民们的需要。

尽管面临的问题很多，但是目前，朱可夫把他的主要精力用来拟订列宁格勒外围防御准备工程的详细计划，并监督计划的实施。因为这关系到列宁格勒的生死存亡。

在朱可夫的领导下，部队官兵和列宁格勒居民同仇敌忾，并肩协力，在城南、东南及北部接近地上建立起周密的防区，包括主要防御地带、次要防御地带以及一系列堑壕阵地和筑垒地域。在第23、第42、第55集团军和涅瓦河集群负责防御的地段，以及最靠近城市的地区，都修筑了大量工事，这些工事对于保卫列宁格勒具有极重大的意义。

朱可夫将防坦克阵地分布在整个防御纵深内。到1941年11月，在第42集团军的防区内，已设置了41个防坦克阵地区域。为了确保防坦克的效能，朱可夫配置了若干门防坦克炮担任掩护，其平均密度是每公里正面拥有20门炮。

为了加强防御，朱可夫把全城分为6个防御地段。每个地段都建立了以营防御区为基础的坚强阵地。在这些地段内共建立了99个营防御区。朱可夫还强调必须在全城设置路障，并命令在路障前面挖掘防坦克壕。

朱可夫不仅注重陆地防御，而且对空防建设也抓得很紧，因为他深知德军空袭的危害性。当时，希特勒已经把空降兵调到列宁格勒。为了保卫城市不受空降兵的攻击，朱可夫

↓德军飞机在苏联境内狂轰乱炸。

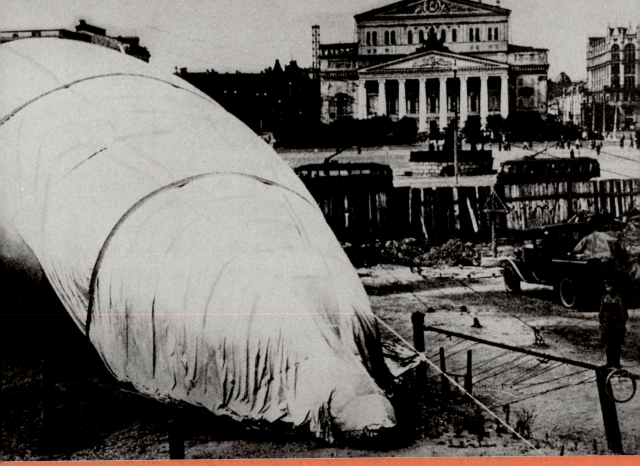

↑正在准备升空的阻塞气球，用于阻碍德军飞机的行进。

组织了对空降兵的有效的防御；主要是把工人民兵小组、军事化的消防小组以及共青团支队组织起来，把防空武器都分布在城市的接近地；有的炮兵部队甚至部署在芬兰湾里的平底船上。为了迷惑德军的轰炸机，给其行动造成障碍，朱可夫还在列宁格勒上空放置了阻塞气球。

与此同时，朱可夫还做了最坏的打算，就是德军突入列宁格勒城后的应变措施，即在工厂、桥梁和公共建筑物内部安放了地雷。一旦德军突入城内，就把这些建筑物连同敌人一起炸掉。朱可夫还给居民发放了武器弹药，届时将组织老百姓展开巷战，在住宅建筑物里打击敌人。

由于朱可夫和他的司令部人员的成功组织，在市民们中间做了大量的组织工作，实际上已让这座城市变成了一座坚不可摧的堡垒，使它能够迎接各种险恶情况的挑战。

朱可夫的以上努力，终于收到了良好的效果。

在朱可夫的指挥下，红军在如此困难的情况下英勇作战，一次又一次地把德军击退到他们的出发阵地。到1941年9月底，由于遇到苏联军队的顽强抵抗和有效防御，德军的进攻力量逐渐衰竭，被迫挖掘工事来据守包围圈，朱可夫率军稳住了列宁格勒南部接近地的战线。

第4章
CHAPTER FOUR

"台风"来了

★10月上旬，德军集中了100多万人，1,700多辆坦克和19,000门大炮，在强大的空军第2航空群掩护下，准备对莫斯科实行猛烈的进攻。

★在南面，在罗斯拉夫利—尤赫诺夫方向上，情况也是非常危急。在那里，预备队方面军的第43集团军没有能阻止住具有如此巨大优势兵力的希特勒第4野战集团军和第4坦克集群的冲击。突破苏军防御的德军从东南迂回苏军，急速地向维亚济马冲去……

No.1 欧洲内陆的"台风"

从北、中、南三路进攻，拿下列宁格勒、莫斯科和基辅，是希特勒发动侵苏战争时既定的战略目标。在北路重兵集团对列宁格勒久攻不下的情况下，他决定实施"中间突破"，把所能抽调出的部队全部用于莫斯科方向，以攻占苏联首都莫斯科及围歼其附近的苏军。

1941年9月30日，希特勒亲手签订了进攻莫斯科的军事行动计划，代号为"台风"。

莫斯科是苏联的首都，也是苏联最大的城市和全国的政治、经济、军事、文化、交通中心。莫斯科的战略意义，对于苏军统帅部的人来说，自然再清楚不过了。

莫斯科位于东欧平原的中部，莫斯科河两岸，同伏尔加河有运河连接，战略地位极为重要。

十月革命后，莫斯科的建设有了巨大的发展。它不仅是全苏铁路、公路和航空运输的中心，而且在水路运输上也占有重要地位，自伏尔加河—顿河列宁运河建成后，莫斯科成为五海（波罗的海、白海、黑海、亚速海和里海）通航的港口。在经济方面，莫斯科成为苏联最大的工业城市，占全国工业产值的15%。它的工业发展比较全面，几乎每种制造业都有，而尤其以生产复杂和精密的机器制造业著称。

希特勒之所以要一意孤行实施"台风"计划，最大企图是想在维亚济马—莫斯科方向和布良斯克—莫斯科方向消灭苏军，然后从南、北、西面迂回莫斯科，在尽可能短的时间内将其占领。

为达到这一目的，10月上旬，德军集中了100多万人、1,700多辆坦克和19,000门大炮，在强大的空军第2航空群掩护下，准备对莫斯科实行猛烈的进攻。

斯大林得知此情况后，急忙调兵遣将，准备迎击德军。斯大林准备了西方、预备队和布良斯克三个方面军以迎击德军，保卫莫斯科，共80万人、770辆坦克及9,150门火炮，不包括补充部队和后方勤务部队。其中，兵力和兵器最多的是西方方面军。

西方方面军编成内有6个加强集团军和方面军预备队，守卫着从谢利格尔湖到叶尔尼亚这段防线，它的任务是阻止德军沿这个主要方向，向莫斯科突破。

预备队方面军以其第31、第32、第33和第49集团军在西方方面军后面沿奥斯塔什科夫—谢利日阿罗沃—奥列尼诺—斯帕斯捷门斯克和基洛夫一线占领防御。这4个集团军作为后备，用来打退任何突破西方方面军

↓德军摩托化、装甲部队向莫斯科大举进攻。

← 时任莫斯科市委书记的谢尔巴科夫

防御队形的德军，因而构成了苏军防御的第二战役梯队。这个方面军还有2个集团军，即第24和第43集团军，部署在西方方面军防区从叶尔尼亚到弗罗洛夫卡的防线上。

布良斯克方面军编成内有三个集团军和一个战役集群，守卫着杰斯纳河东岸从弗罗洛夫卡到普蒂夫尔的地段，任务是阻止德军向布良斯克—奥廖尔方向突破。

从前线传到苏联情报局的大量战报，使得莫斯科市委书记亚历山大·谢尔盖耶维奇·谢尔巴科夫比在莫斯科的任何人都更懂得这场军事搏斗对于苏联来说是何等的严酷。德国法西斯侵略者正一步步地向苏联首都逼近，每一个俄罗斯人的灵魂深处都受到极大的震撼。

然而，令他欣慰的是，莫斯科党委还没有发出号召，就在战争爆发后的第二天，首都和州的几十家根本不是军工厂的工人们就开始自觉地转入生产迫击炮、自动步枪、炸弹和炮弹；汽车制造厂则大力生产越野汽车、救护车、火炮的部件和铸件以及雷管；有一百多家工厂生产什帕金系列冲锋枪，这种冲锋枪后来被前线称做"佩佩沙"；成千上万的家庭主妇、女学生纷纷主动涌入工厂投入生产……

No.2 千钧一发

由于德军的进攻非常突然与迅速，导致德军这次代号为"台风"的攻势在1941年10月初取得较大进展。苏军遭到了重大损失，局势十分严重！

德军的进攻十分锐利。在莫斯科正面维亚济马方向，苏军虽然集结了主要兵力，但是，德军强大的坦克第3、第4集群分别从罗斯拉夫利和杜霍夫希纳对苏军防御纵深实施突破，避开了苏军主力。苏军虽顽强抗击，仍未能守住精心组织的维亚济马防线。战斗第一天，德军就楔入苏军防线15～30公里。

　　从10月2日拂晓起，德军第9和第4集团军分别以第3和第4装甲集群在杜霍夫希纳和罗斯拉夫利方向实施猛烈进攻。他们来势汹汹，就像一股旋风一样横扫而来。

　　10月2日，德军对驻守在亚尔采沃郊区的苏军第16集团军阵地进行了猛烈的炮击。在第16集团军的地段上，他们遇到了意外——苏第16集团军实施了预先计划好的炮火反击。当德军步兵和坦克发起冲击时，集团军所有炮兵，其中包括1个"喀秋莎"火箭炮团的强大而组织良好的炮火倾泻到了他们的头上。步兵则用步枪和机枪火力阻击敌人。在第16集团军的地段上，德军未能向前推进。

　　10月3日，德军对第16集团军阵地再次进行了猛烈的炮击，然而并没有恢复进攻。此后，战争似乎在这里骤然松弛了下来，周围的一切似乎都静止了。

　　此时，第19集团军的处境却非常困难。希特勒军队12个满员师突击在45公里的地段上，压在了第19集团军右翼两个人数不多的师和友邻第30集团军的两个师身上。在这里，德军占有巨大优势：人员为对方的5～6倍，坦克几乎为10倍，大炮和飞机同样为9～10倍。掌握有如此巨大优势兵力的法西斯德军很快便在第30集团军和第19集团军的接合部上打开了一个30～40公里宽的缺口，随后，各快速兵团由这个缺口从东北迂回苏军，急速地向维亚济马冲去。

　　同样地，在南面，在罗斯拉夫利——尤赫诺夫方向上，情况也是非常危急。在那里，预备队方面军的第43集团军没有能阻止住具有如此巨大优势兵力的希特勒第4野战集团军和第4坦克集群的冲击。突破苏军防御的德军从东南迂回苏军，急速地向维亚济马冲去……

　　几个苏联集团军面临着被合围的威胁。

　　然而，罗科索夫斯基并不知道这一切。因为在第16集团军正面和其左邻第20集团军一样，从10月3日　4日都是比较平静的。

　　10月5日下午，罗科索夫斯基意外地收到来自西方方面军首长的命令，命令他把部队移交给第20集团军司令，而让他带领司令部一起迅速赶往维亚济马地域，组织对德军的反突击。这个命令不能不让罗科索夫斯基及其战友们感到忧心忡忡。

正当罗科索夫斯基的司令部开赴新的目的地的时候，德国的坦克正从南北两面急忙奔向维亚济马，以便封闭内合围圈。在维亚济马以西和西南的森林里，他们合围了第16、第19、第20、第24和第32集团军各部队。

在南面布良斯克，古德里安的坦克部队进展神速。从9月30日进攻开始，不到三天就占领了布良斯克战线后面200公里的奥廖尔，切断了布良斯克—奥廖尔公路，一举占领卡拉切夫，紧接着又向布良斯克迂回包抄。到10月6日，布良斯克已经被德军攻占。古德里安的第2坦克集群同从西面打来的第2军团会合。苏军的第3和第13两个集团军均被包围。

在罗斯拉夫利进攻的德军沿华沙公路突入，10月4日 5日攻占斯帕斯捷缅斯克、尤赫诺夫地域，从南面向维亚济马迂回。随后，实施包围的德军坦克第3、第4集团军群先头部队在维亚济马以东会师，封闭了包围圈。

西方方向的情况极端严重，德军有可能闯入莫斯科。

在布良斯克方向，德军坦克第2集群（10月6日改称坦克第2集团军）在夺取奥廖尔后，沿公路向莫斯科的南部重镇图拉疾进。

对呆在"狼穴"等候好消息的希特勒来说，这是振奋人心的新胜利。

→ 时任苏第16集团军司令员的罗科索夫斯基

第5章
CHAPTER FIVE

首都！首都！

★尽管德军的轰炸机在天空中呼啸，炮击和轰炸的喧嚣声此起彼伏、震耳欲聋。然而，苏联人，无论是刚刚组建起来的民兵师，还是数万名莫斯科人和郊区居民，却毫不惊慌。修筑防御工事成了一场与时间的赛跑……

★10月10日，斯大林给朱可夫打来电话，正式通知他最高统帅部决定任命他为西方方面军司令员，这距离他在列宁格勒就任类似职务才整整一个月时间。

No.1 生死存亡莫斯科

就在德军地面部队进攻斯摩棱斯克的时候，克里姆林宫向前线发出了简短明确、掷地有声的命令：

"要不惜任何代价，坚决将德军顶住，在莫斯科未作好战争准备之前，一定要将德军坦克阻止在斯摩棱斯克一线！"

战斗在夜以继日，日复一日地进行，战场上尸横遍野，成千上万的人相继死去……

战火的死神终于吞噬了斯摩棱斯克这座美丽的城市，留给苏军的是一座废墟……

但是，斯摩棱斯克阻击战为莫斯科的防御争取了宝贵的时间，对整个战略防御作战起到了积极作用。

在这宝贵的时间里，苏联动员了530万名预备役兵员，仅莫斯科市就征召预备役兵员数十万。青年人头戴钢盔，身穿军服，肩挎长枪，唱着雄壮的战斗歌曲："听吧，战斗的号角发出警报，穿好军装拿起武器！青年团员们集合起来，踏上征途，万众一心，保卫国家！……"

一批批热血青年唱着战歌奔赴战火纷飞的前线……

在这宝贵的时间里，民用产品工厂转入生产军工产品。到9月底，仅在莫斯科市苏维埃所属的670个企业中，已有654个转入生产弹药和武器。军工产品的比重已经占这些工厂全部产品的94%。

在"一切为了前线！""一切为了消灭敌人！"的口号声中，炮弹、冲锋枪、手榴弹、迫击炮弹、飞机、火箭炮、大衣、靴子源源不断地运往前线……

在这宝贵的时间里，苏联政府征用民工在莫斯科以西的远接近地上紧急地构筑防御工事。

尽管德军的轰炸机在天空中呼啸，炮击和轰炸的喧嚣声此起彼伏、震耳欲聋。然而，苏联人，无论是刚刚组建起来的民兵师，还是数万名莫斯科人和郊区居民，却毫不惊慌。修筑防御工事成了一场与时间的赛跑……

从凌晨到深夜，建筑者们异常忙碌。困了，建筑者便分散在郊区的村庄里休息，有时索性就住在工地的木棚里；饿了，他们就近在食堂吃饭，而食品通常是被装在铁桶里从莫斯科运来的。

参加构筑工事的人中有3/4是妇女——女工和家庭妇女。她们没有一个人叫苦，没有一个人要求换班。

除了工事之外，建筑者们还广泛构筑了防坦克壕、防步兵障碍物。这样工事与障碍物相结合，形成了两条防线。

前一道防线称作勒热夫—维亚济马防线。它的最北端在奥斯塔什科夫以东约48公里处，距瓦尔代山不远，中间穿过维亚以西地区，最南端在基洛夫以南，全长320公里。

后一道防线称做莫扎伊斯克防线。在莫斯科以西约130公里，沃洛科拉姆斯克至提赫

↑苏军部队整装出发，奔赴前线。

文，长约260公里。

此外，在莫斯科以西还有四道弧形防线。

到9月下旬，莫扎伊斯克防线的准备情况已经达到：防备火力点完成55%，土木质火力点完成100%，防坦克壕完成85%，设置了800公里以上的铁丝网。

防守莫斯科接近地的任务被赋于西部战区。它北邻西北方面军，以奥斯塔什科夫为界；南靠西南方面军，以活洛日巴为界。从北到南，防御正面宽约750公里。在铁木辛哥指挥的西部战区内有三个独立的方面军：科涅夫指挥的西方方面军、布琼尼指挥的预备方面军、叶廖缅科指挥的布良斯克方面军。所辖15个集团军和1个战役集群共125万人，在莫斯科以西的两个巨大同心半圆中等待着经受最严峻的考验……

在希特勒不惜一切代价必须攻下莫斯科的指令下，德军虽然遭受了巨大伤亡，但仍取得了一些进展，相继攻占了莫扎伊斯克防线的沃洛科拉姆斯克、卡卢加等要地。

这时，莫斯科已成为靠近前线的城市了。尚留在市内的国防工厂和科学文化机构紧急东迁。10月15日，莫洛托夫通知各国外交使团随苏联政府部分机关迁到古比雪夫。以斯大林为首的党中央政治局、国防委员会、最高统帅部和由总参谋部人员组成的作战组仍留在莫斯科。根据国防委员会的决定，从10月20日开始在莫斯科及其附近地区宣布戒严。

在这生死存亡的紧急关头，以斯大林为首的国防委员会作出在莫斯科近郊歼灭德军的决定，采取攻势防御的果断措施。根据斯大林的指示，苏联红军依靠前线防御工事系统，组织坚强的攻势防御，以削弱和消耗敌人的有生力量，赢得时间，准备集中后备力量，在一定时机转入反攻，给德军以歼灭性打击。

↓ 与德军顽强作战的苏军坦克部队

根据斯大林的命令，10月17日建立了加里宁方面军，从莫斯科西北面阻击敌人。国防委员会号召首都人民不惜一切代价配合红军，誓死保卫莫斯科。《真理报》发表《阻止敌人向莫斯科前进》的社论，动员全市人民在敌人到达首都之前，用自己的鲜血把他们埋葬。莫斯科召开全市积极分子大会，号召全市人民把首都变成攻不破的堡垒。

留在莫斯科工厂里的工人和工程技术人员们，同样表现出了英勇无畏和自我牺牲的精神。因全部贵重设备都已搬迁撤出，他们坚持用旧的、老的设备，生产前线需要的武器装备。时间紧迫，军工产品必须在最短期限内完成，而工厂人员又严重不足。于是，工人们加班加点，夜以继日地工作，大家一心想着的是保证按时超额完成任务。例如，负责生产帕金7.62毫米冲锋枪枪机的第一轴承厂、奥尔忠尼启则工厂，12月的产品比11月份的多出34倍！

为了支援前线，许多民用工厂即时改为生产军用产品，钟表厂生产地雷引信，无线电车修理厂制造手榴弹，机械厂生产坦克和炸药，甚至有些原来是生产居民服饰用品的小厂，现在竟然能为前线生产反坦克手榴弹。资料、设备、技术等方面的困难是可想而知的，但为了支援前线，为了保卫莫斯科，都是争先恐后接受任务，献计献策使转产符合前线的需要。

敌人对莫斯科的狂轰滥炸日甚一日，几乎每夜都有空袭警报，可千百万莫斯科人一面井然有序地工作、生活，一面积极参加反空袭的战斗。

前线指战员感受到，全城的人都在保卫首都，全国都在保卫首都，这成为鼓舞他们取得莫斯科保卫战最后胜利的力量和信念之源！

No.2 莫斯科，全副武装

值此关键时刻，斯大林再次想起了朱可夫。

保卫莫斯科的会战已在进行中，而朱可夫将在这次会战中发挥重要作用。

10月5日，在尤赫诺夫—小雅罗斯拉韦茨地区发生了一场大骚乱，至今余波未平。原来这里发生了令人难以置信的情况：苏军飞机拂晓时发现了德军庞大的坦克和机械化步兵纵队，它们突破防线，正朝尤赫诺夫开来。总参接到有关这一情况的最初几份报告时还以为是报告失实：哪儿来的敌人？而且是在莫斯科一线——离首都只有200来公里。而这一线实际上毫无遮挡，只有一些工兵营。

后来才知道，西方方面军没能顶住德军，到7日晚，希特勒的几十个师正从西边朝首都压过来，苏军莫斯科外围部队被包抄后，现在肯定是在包围中作战。

由于莫斯科方向情况危急，这一带在9月底集中了三个方面军：科涅夫的西方方面军、布琼尼的预备队方面军及叶廖缅科的布良斯克方面军。三个方面军共拥有兵员125万，坦克990辆，大炮7,600门，飞机677架。

10月6日19时30分，大本营给预备队方面军和西方方面军司令员发去指示："朱可夫大将作为最高统帅部代表前往预备队方面军防地。大本营建议你们帮助朱可夫同志了解情况，今后朱可夫在调遣、使用方面军部队问题上作出的所有决定必须付诸执行。"

与此同时，在位于克拉斯诺维多夫的西方方面军司令部里，莫洛托夫、伏罗希洛夫、华西列夫斯基、布尔加宁和科涅夫正在召开国防委员会，讨论局势。大家对莫斯科附近出现的困难而又危险的局势极为忧虑，最后得出结论：西方方面军和预备队方面军应立即加以合并，改组为西方方面军，并向斯大林建议任命朱可夫为司令员。

最高统帅部同意了这个建议，发给朱可夫的一份电报说："最高统帅命令你前往西方方面军司令部，任命你为西方方面军司令员。"

10月10日，斯大林给朱可夫打来电话，正式通知他最高统帅部决定任命他为西方方面军司令员，这距离他在列宁格勒就任类似职务才整整一个月时间。

↓ 时任预备队方面军司令员的布琼尼

很快，朱可夫就接到最高统帅部于1941年10月10日17时发布的命令：

（1）西方方面军和预备队方面军合并为西方方面军。

（2）任命朱可夫同志为西方方面军司令员。

（3）任命科涅夫同志为西方方面军副司令员。

（4）任命布尔加宁同志、霍赫洛夫同志和克鲁格洛夫同志为西方方面军军事委员会委员。

（5）朱可夫同志于1941年10月11日18时开始指挥西方方面军。

（6）撤销预备队方面军机关，用以补充西方方面军和莫斯科战线的预备队。

接到命令后报告。

最高统帅部

斯大林

沙波什尼科夫

第2844号

接到命令后，朱可夫心急火燎，立即出发去西方方面军司令部。

西方方面军司令部临时设在几个帐篷里，显得非常简陋。朱可夫走进帐篷，迅速投入了战役的组织工作，以他特有的干劲开始了新的使命。

朱可夫同科涅夫、索科洛夫斯基在一起商量，随后做出了几项决定。首先把方面军司令部迁到阿拉比诺。然后科涅夫带领一批军官到加里宁，去协调这一危急方向上各个部队的作战行动。朱可夫则和军事委员布尔加宁一道去莫日艾斯克，就地检查防务。

朱可夫一行受到司令鲍格达诺夫上校的欢迎。在他们开会时可以清楚听到炮火和炸弹的爆炸声。鲍格达诺夫上校报告说，在鲍罗季诺接近地，由炮兵和1个坦克旅加强的步兵第32师，正在和德军先头机械化部队和装甲部队战斗。朱可夫命令他不惜一切代价守住防御地段。随后，他回到阿拉比诺的方面军司令部。

朱可夫关注的，首先是与在维亚济马城外陷入重围、正在苦战的部队取得联系。朱可夫给被围的各集团军指挥员发去电报，询问他们准备在何处突围，答应给他们以空中支援。

10月11日21时12分，指挥一部分被围部队的鲍尔金和卢金两位将军在给斯大林和西方方面军司令员科涅夫（他们还不知道朱可夫已被任命为方面军司令员）的电文中声称：

包围圈已收口。我们和叶尔沙科夫及拉库津接近的一切企图均未奏效，我们不知道他们在哪里，在干什么。弹药将尽，燃料已告罄。

显然，这封电报没有对方面军司令部提出的询问做出回答。

朱可夫用了一昼夜多的时间研究了当前局势，于10月12日晨9时15分致电卢金、叶尔沙

1 朱可夫与军事委员布尔加宁（左），参谋长索科洛夫斯基一起研究作战计划。

科夫、鲍尔金和拉库津：

　　和叶尔沙科夫作战的是敌252步兵师。……你们若再拖延行动，会导致全军覆没。要加紧突围。

　　可惜的是为时已晚，通信联系已经中断。各被围部队的司令部失去了对部队的控制。有组织的突围未能实现，只有个别部队和许多零星队伍得以突围归来。

　　最高统帅部继续采取紧急措施来保卫首都。10月9日，莫日艾斯克防线的指挥部（改称为莫斯科预备队方面军）获得5个新改编的机枪营、10个防坦克炮兵团和5个坦克旅。到11日，莫日艾斯克防线上的部队合并为第5集团军，由列柳申科指挥。

　　朱可夫着手建立沃洛科拉姆斯克—莫扎伊斯克—小雅罗斯拉韦茨 - 卡卢加一线的防御，并组建第二梯队和方面军预备队。新的兵员和物资都没有，朱可夫主要是通过加强政治工作来提高失利后军队的士气，增强在莫斯科附近一定能够打败敌人的信念。西方方面军在此期间进行了大量的政治教育工作，主要是推广好的歼敌方法，提倡个人的和集体的英雄主义精神。朱可夫对这些工作十分满意，特意对方面军政治部主任列斯捷夫提出表彰。

　　朱可夫临危受命，在危急关头组织起苏军的顽强防御，暂时阻止了德军的进攻，从而争取到宝贵的时间来组织好莫日艾斯克防线的侧面防御，防止敌人攻占莫斯科。朱可夫下令在受威胁最严重的通道上建立大量强大的防坦克炮兵阵地，特别注意建立可能进行伏击的阵地。10月17日，加里宁方面军成立以后，朱可夫负责的地区减少了一半，从而能集中力量来组织通向首都最直接道路上的防务。

　　10月中旬，苏军最高统帅部想方设法抽调了14个步兵师、16个坦克旅和40多个炮兵团的兵力，共计9万余人，组建了第5、第15、第43和第49集团军。朱可夫立即把这些部队投入到最需要的地段上去：罗科索夫斯基率第16集团军开往沃洛科拉姆斯克方向，列柳申科少将率第5集团军向莫扎伊斯克方向集中，叶夫列姆中将率第15集团军集中在纳罗福明斯克地区，戈卢别夫少将的第43集团军在小雅罗斯拉韦茨方向展开，扎哈尔金中将的第49集团军则向卡卢加集中。西方方面军司令部也由阿拉比诺转移至佩尔胡什科沃。

　　值得注意的是，朱可夫把当时最有经验的将领，都安排来负责防守通往莫斯科各主要方向的地段。朱可夫对他们是完全信赖的，相信他们一定会竭尽全力阻止敌人突入莫斯科。

这时的德军也调整了兵力，向莫斯科重新展开猛攻，但每前进一步都付出了惨重的代价。朱可夫和西方方面军司令部牢牢地掌握着部队，一旦出现险情，就立即作出闪电般的反应。不仅如此，苏军一得手，就马上给德军以强有力的反击。

10月13日，苏军T－34型和KB型坦克在博罗夫斯克城下摧毁了德军反坦克炮阵地。随后，双方为此阵地展开了反复争夺。德军花了很大力量，最后出动了俯冲轰炸机，才勉强夺回原来的阵地。

莫斯科全副武装，准备迎击敌人！

按照西方方面军军委的决定，在莫扎伊斯克防线后方修筑一条主要防线，它经过新扎维多夫斯克—克林—依斯特林斯克水库—依斯特林—克拉斯诺亚帕赫拉—谢尔普霍夫和阿列克辛。另一条防线直接环绕郊区。这一工程浩大的防御工事的修筑是由莫斯科市党组织领导进行的。

在第一梯队后面，红军的工程兵沿着坦克最可能逼近的道路构筑了障碍物和防坦克防御工事。预备队也沿着主要方向往前调动。10月13日，朱可夫指挥的守卫部队被迫放弃卡卢加，在通往莫斯科的所有主要道路上都展开了浴血战斗。

德军第13兵团沿着塔鲁萨方向进攻，占领了塔鲁萨和阿列克辛这两个市镇，在图拉以北形成了一个包围圈。随着德军压力逐渐增大，苏联西方方面军被迫后撤，放弃了莫日艾斯克防御地带的主要防线，莫斯科面临的危险与日俱增。

根据朱可夫的建议，第22、第29和第30集团军于17日划归加里宁方面军，科涅夫上将任司令员。这样，西方方面军主力和原加里宁集团都可以获得更有效的指挥。

与此同一天，柏林帝国大本营。

德国柏林正在最后完成"东方总体规划"——德意志在东方（直到乌拉尔）的殖民方案。德国的宣传机构宣称德军已兵临莫斯科城下，苏联的覆灭指日可待。

而苏联全体军民已经全部动员起来，朱可夫全权负责指挥在莫斯科以西防线上进行的首都保卫战！

这时的朱可夫，也许经受着一生中最大的压力。

朱可夫已经看到，沃洛科拉姆斯斯克—莫日艾斯克—马洛亚罗斯拉韦茨—谢尔普霍夫的防线兵力仍然显得薄弱，德军占领了沿线的一些据点。

为了阻止德军突入莫斯科，方面军的军事委员会选定了一条新的主要防线，经过诺沃扎维多夫斯基、克林、伊斯特腊水库、伊斯特腊郊区、扎沃隆基、红帕赫拉、谢尔普霍夫和阿列克辛。朱可夫认为把西方方面军的全部兵力从莫日艾斯克一线撤出，在这条新防线上重新部署比较有利。

在这个计划中，朱可夫考虑到了最坏的可能，即苏军不能在莫日艾斯克防线上阻住敌人，那么他们就可以撤退到沿新防线准备好的阵地上去。由防坦克武器加强的后卫部队发动有限规模的反攻，尽可能长久地阻滞敌人。为了保证军事运输的畅通，任何其他车辆都不许

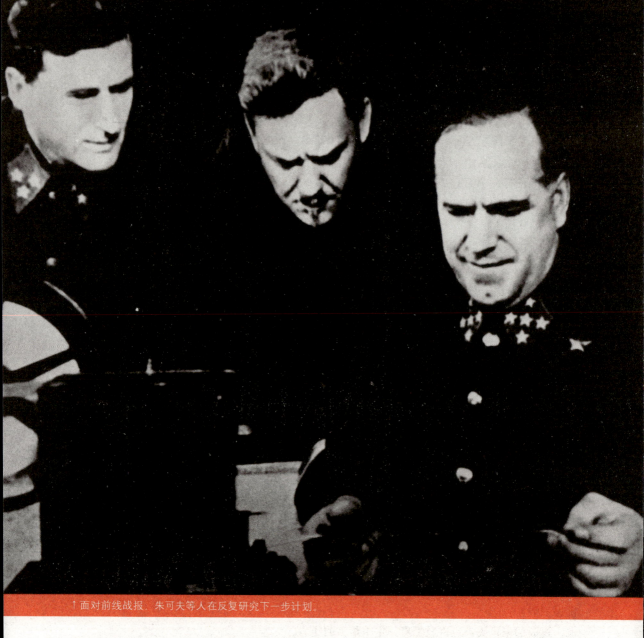

↑面对前线战报，朱可夫等人在反复研究下一步计划。

直接开往或经过莫斯科。

10月19日，这项建议由朱可夫、布尔加宁（西方方面军军事委员）和参谋长索科洛夫斯基中将签署，作为密件发给各集团军司令员，由他们补充相关细节，最后送呈最高统帅部。统帅部当天就对此予以批准。

与此同时，叶廖缅科中将指挥布良斯克方面军的剩余部队突破重围，但是古德里安的坦克集群紧追不舍，并迅速逼近了重要军工城市图拉。由于驻图拉第50集团军和当地市民的坚守，这座英雄的城市始终屹立不动，使德军的右翼集团的战线拉长，不能以应有的战术密度作战。

到10月底，德军在莫斯科远接近地的进攻中，一共推进了230 250公里，最后被挡在图尔吉诺沃—沃洛科拉姆斯克—多罗霍沃—纳罗福明斯克、谢尔普霍夫以西和阿列克辛地区。对德军来说，除了其突击集团兵力、兵器的损失外，战线长而分散的形势也相当不妙。

在11月初的几天里，战场相对平静，有经验的老兵都知道这是大战前的沉寂，双方都在调兵遣将，积蓄力量，准备着即将到来的殊死决斗。

No.3 看不见的硝烟

日本是轴心国成员，又与苏联的远东地区毗邻。因此，日本对苏德战争的态度，直接决定着苏联会不会陷入两线作战的境地。同时，日本究竟是北击还是南进，国内一直争论不休，考虑到日本的国策和它与德国的关系，苏联不得不把相当一部分部队部署在远东地区，以随时应付日本可能发动的进攻。

正是由于日本所处的这种地位，凡是来自日本的情报，都受到苏联方面的高度重视，并立即呈送给斯大林。

这天，波斯克列贝舍夫走进克里姆林宫，把一个橙红色的文件夹放在斯大林办公桌上，简单地说了一句："佐尔格的情报。"说完，他便退了出去。

斯大林刚刚划着火柴，准备要点燃烟斗，听到是佐尔格的情报，马上把火柴和烟斗都放在烟缸里，打开了文件夹。情报很短，就一句话：

"据悉日本政府不会在1942年秋季以前对苏开战。"

斯大林把这句话反复看了好几遍，嘴里连声说："好样的，佐尔格，好样的！你这一句话，帮了我们大忙……"

佐尔格的这份简短的情报对于苏联来说具有特别重要的意义！

斯大林抑制不住内心激动的心情！

佐尔格就是这么一位神通广大、机智勇敢的传奇式的人物。直到今天，佐尔格仍被视为"20世纪最大的间谍"。

佐尔格，1895年10月4日生于俄国南高加索的阿吉肯德。他的父亲是德国人，在巴库一家德国石油公司当工程师；母亲是俄国人，出身于贫困的铁路工人家庭。佐尔格3岁来到德国，在那儿住了20多年，随后移居到苏联。佐尔格的祖父曾在马克思、恩格斯影响下，走上了革命道路，并在卡尔·马克思的提议下，担任过国际工人协会总委员会的总书记。年青的佐尔格为有这样一位革命的祖父而自豪。但真正决定他本人走上革命道路的还是他参加了1914年 1918年的第一次世界大战。在战火纷飞的年代，他亲眼目睹了帝国主义战争给人民造成了巨大灾难，他憎恨战争，憎恨造成战争的剥削制度，从而决心参加共产党的队伍。从1920年11月 1921年底，他在佐林根党报任编辑，从事党的宣传鼓动工作。

佐尔格是在中国"9.18"事变后，奉苏共中央之命开始从事情报工作的。他先在中国住了几年，然后回到莫斯科。法西斯政变之后不久，佐尔格又从莫斯科到了德国。

1933年，趁希特勒刚上台的时候，佐尔格"积极地"表示"想为元首和他所复兴的帝国服务"，争取到了去东京当记者的机会，从而在东京负责拉姆扎小组的情报活动。莫斯科要他们查明：日本是否打算在满洲边境进攻苏联？日本是否因此而训练陆海军？希特勒上台后东京和柏林的关系如何？日本对中国、英国和美国的政策如何？是哪些势力决定日本的国际政策？……

佐尔格本人则负责研究纳粹德国和日本政府的关系。

日本黑木旅馆的大厅里，匆匆走来一位40来岁的中年人。只见这位中年人身材修长，气宇轩昂，衣着入时，风度不凡，这正是佐尔格。他代表德国很有影响的柏林《交易所报》《地理政治》杂志等报刊，专程前来日本采访内幕消息，撰写专稿，以掩护其真实身份。

最近一段时间，佐尔格仔细研究了希特勒两年来惯用的战争手法：秘密作战，声东击西，高谈和平，突然袭击……德国准备大举入侵英国的消息世人皆知，而有关苏联的消息则无声无息。佐尔格心里在推测：希特勒是不是在玩弄什么把戏，进攻英国也许只是战略上的伪装手段？希特勒的真正的目的究竟是什么呢？当务之急显然是要想尽一切办法搜集这方面的情报。

正当一筹莫展的时候，佐尔格在德国大使馆里偶然认识了一个名叫欧根·奥特的德国军官。

奥特说，自己到日本有好几个月了，是作为军事观察员派来的，住在名古屋一个日本炮兵营的营房里，只有妻子来的时候才到旅馆里住。目前，他正在替冯·博克将军写军事评论，可是对于外交部分感到很困难。问佐尔格能不能给他介绍一位可靠的熟悉情况的人。

佐尔格看到奥特同德国将军团的最上层有联系，而且来东京也是为德国情报部门搜集情报，正好有利用价值，于是便和他热烈地攀谈起来。

"我认为，"佐尔格说，"只有了解日本的历史，才能了解它的现行政策。早在半个世纪以前，明治天皇就说过，大和民族只有实现了三个阶段的计划才能征服世界。这就是：第一步占领台湾；第二步合并朝鲜；第三步占领满洲，乃至全中国。不管怎么说，日本人从来不忘称霸全球的传统政策。在他们眼里，欧洲不过是亚洲的一个半岛而已。"

奥特聚精会神地听着佐尔格的宏论，他自己的报告里就是缺少这样一些远见卓识。这位军事观察员心里明白，他的前程取决于他将向柏林提出什么内容的报告。奥特派驻日本的时候，接受了一项机密而具体的任务：为军国主义日本和德国两家的谍报机关建立合作关系。他已经做了不少工作，但是还不够，需要提出自己的看法，并预测今后的前景。如果能吸收佐尔格参加，那就太好了。

佐尔格见奥特听得入神，又继续发挥自己的思想，他慷慨激昂地说："现在还有一个题目：日本需要一个军事盟国来实现它的大陆政策。这是显而易见的。它能指望谁呢？苏俄？

不行！美国和英国？也不行！那还有谁呢？只有德国。德国的国家社会主义和日本的政治神道有异曲同工之妙。你还记得'生存空间'和'向东方挺进'的口号吗？难道日本军方就没有这种意图？依我看，元首的德国也需要盟国，这个盟国就是今天的日本。这就是我们的远景和我国远东政策的基础。"

奥特越听越过瘾，越谈越投机，简直有相见恨晚之感。佐尔格也觉得这个人对自己的工作会有帮助，所以有意给他一些启示。

在与佐尔格交谈之后，奥特受到了很多启发，并将它写进了呈送给德国的报告之中。让奥特高兴的是，他的这份报告受到了柏林的好评，尤其是受到希特勒的赏识。奥特也因此被提升为武官，不久又晋升为上校，后来又当上了德国驻日大使。祝贺的电报纷至沓来，其中有希特勒的顾问约德尔、冯·博克、凯特尔和其他将军、政坛要人。

奥特简直是青云直上，他的官运亨通多亏有佐尔格暗中相助。如果没有他，奥特知道自己是写不出那样出色的报告的，从而也就不能像现在这样出人头地了。奥特明白这一点，所以对佐尔格感激不已。从这以后，他俩的关系越来越密切，奥特甚至为佐尔格自由出入使馆机要室开了绿灯。

利用奥特这层关系的掩护，佐尔格曾把日本侵华的绝密计划、诺门坎事件的军事部署以及希特勒准备在1941年6月份进攻苏联，德意日三国军事同盟的谈判等重要情报及时发到了莫斯科。

佐尔格今天发出的关于"日本政府不会在1942年秋季以前对苏开战"的情报，就是在与奥特的交谈过程中得到的。

10月上旬的一天，佐尔格又来到德国驻日使馆找奥特。一见面，平常有说有笑的奥特，今天却显得心事重重，愁眉不展。佐尔格便问道："大使先生，好久不见了，今天您气色可不太好，怎么了？"

奥特无精打采地摇摇头："一言难尽。佐尔格先生，您来得正好，我正有事想请教您。"说着顺手关上门并上了锁。

"您知道，"奥特转过身就说，"柏林天天着急询问，为什么日本政府还不发动对苏战争。而日本的近卫内阁又总是推三阻四，哼哼哈哈，鬼知道他们是怎么打算的。我费了九牛二虎之力对他们解释立即加入对苏作战的必要性，向有关人士晓以利害，可是这帮笨蛋就是不开窍。现在，柏林却对我感到不满，甚至打算召我回国。听说还要把我派到前线，到战斗最激烈的地方去。佐尔格先生，您帮我想想办法，怎样才能让日本政府积极采取行动？"

佐尔格见今天的谈话这么容易就进入了自己想要了解的主题，心里

↑ 德意日三国在1941年结成了军事同盟。

着实高兴。但表面上却耸耸肩，表现出了一副无可奈何的样子：

"奥特先生，我很同情您，体会得出您现在的处境。真的，跟一群傻瓜打交道，再聪明的人有时也会毫无办法的。不过，据我观察，日本人的逆反心理很重，这大概跟他们不愿甘居人下、受人歧视的民族性格有关。你说行的，他们往往说不，你说不的，他们却偏要证明行。因此，最聪明的办法是不要去催促日本政府对苏开战，而是相反，尽量在这个问题上淡漠他们，也许会收到意想不到的效果。"

看到奥特若有所思，把注意力都集中到刚才这番话上，佐尔格不动声色，似乎是很随便地问了一句："不过，您得先能肯定日本政府不打算对苏作战……"

说着，从桌上的烟盒中拿起一支香烟点燃，吸了一口，慢慢吐出一缕烟雾。佐尔格的眼睛端详着手中的香烟，像是漫不经心地在研究香烟上的标牌，而实际上是等待着奥特的下语。

奥特果然顺嘴说："这勿须怀疑，据可靠消息，日本政府打算再维持一段时间中立，至少1942年秋季之前不会对苏开战……"

"日本近期内不会对苏联采取行动。"这一消息对于苏联来说，简直是太具有重大意义了！就好比从天上空投给兵员几近枯竭的苏军最高统帅部几个、十几个、几十个师的兵力。而在战争的关键时刻，往往有几个师，甚至几个营的生力军的注入，就能取得最后的胜利。

想到这里，佐尔格觉得应迅速将这一情报告诉莫斯科。于是装着是忽然想起什么，忙着看表，说："差点忘了，我是顺路来看您的。一会儿还有个记者招待会，发布有关日本金融和资源的消息，我得去参加，告辞了。"

佐尔格出来，驱车直奔存放电台的秘密地点。

很快，在发报员灵巧的手指下，一条对日后的战争进程产生重大影响的情报，从东京飞到了莫斯科：

1941年9月15日以后，可以认为苏联远东地区不会受到来自日本的进攻威胁。拉姆扎。

"拉姆扎"是佐尔格谍报小组的代号。而这条消息也竟然成了这个小组发出的最后一份情报。几天之后，拉姆扎小组的成员相继被捕，佐尔格也未能幸免于难。

斯大林看到这份情报时，还不知道佐尔格已经出事了。他马上给总参谋长沙波什尼科夫打电话："鲍里斯·米哈伊诺维奇，我刚刚得到一份我们在东京的情报人员发来的情报，据说日本人不会在1942年秋季之前参加对苏作战，这具有重要意义，它使我们可以从远东军区调来一些部队，多少满足一下我们的急需了。请您迅速与远东军区联系，让他们抽调若干个师，做好出发准备，最高统帅部安排特别军用列车负责运送。一切要快，一分钟也不要耽搁，明白吗？"

第6章
CHAPTER SIX

雄师，行进在
莫斯科红场

★在这险峻的时刻，以斯大林为首的党中央政治局、国防委员会、最高统帅部和由总参谋人员组成的作战组勇敢地、毫不犹豫地留在了莫斯科。

★庄严肃立的指挥员们个个精神饱满，英姿挺拔，纷飞的雪花落在他们的身上，凛冽的寒风扑打在他们脸上，他们依然纹丝不动。只有在检阅官向他们问候时，他们才不约而同地喊道："为苏联服务！"

No.1 决不把莫斯科让给敌人

这时，莫斯科城内的气氛异常紧张，街上行人拥挤，被焚烧的文件的碎片从机关大楼的烟囱里纷纷扬扬地飘洒下来，好像下了一场"黑雪"。

克里姆林宫里，几百斤的秘密文件被销毁。

水晶棺内的列宁遗体已经从红场转移到安全的地方。

因为公共汽车和出租车都被征用到前线运送兵员，城市的交通陷入瘫痪。

1941年10月15日，苏共中央和国防委员会做出紧急决定，将部分中央机关和所有外交使团紧急疏散到古比雪夫，并把特别重要的国家贵重物品运走。

由于谣传德军坦克随时可能攻进城来，莫斯科城里人心惶惶。有的商店遭到抢劫，装罐头仪器的卡车被抢劫后翻倒在地上，党证被毁掉，这一使人惶恐的局面在16日、17日、18日这几天达到了顶点。

有一些人在有意无意中制造出惊惶失措的气氛，擅离职守，匆匆忙忙逃到城外去；还有一些人散布莫斯科必然投降的谰言。所有这些都加重了莫斯科城内的惶恐氛围。

为了动员群众击退敌人，为了镇压由煽动分子制造的案件，国防委员会于10月19日做出决定，宣布莫斯科及郊区戒严，并规定一切破坏治安的人都将立即交付军事法庭审判，一切煽动分子、奸细和其他挑动暴乱的人立即枪决。

在这险峻的时刻，以斯大林为首的党中央政治局、国防委员会、最高统帅部和由总参谋人员组成的作战组勇敢地、毫不犹豫地留在了莫斯科。

最高统帅斯大林决定留在莫斯科，与军民共同坚守首都，这给在全国各条战线奋战的人们，尤其是莫斯科居民以极大的精神鼓舞。

为了击退德军，举国上下全力以赴。工人们为莫斯科保卫者们日夜制造武器，集体农庄庄员们日夜不停地完成了收获庄稼的工作。来自各地的、甚至来自远东的运输兵团或部队的列车，日夜兼程从全国各个角落奔向莫斯科……

莫斯科本身也呈现了前线城市的景象。从10月15日起，每天都有几十个企业和机关通过铁路、水路和公路迁往东方。

由于莫斯科工人群众的爱国热忱和把敌人消灭在莫斯科城郊的必胜信念十分强烈，以致有些企业的部分工人反对东迁，甚至有一群居民在恩图齐阿斯特公路上拦住了由城里向东开的车辆，要求他们开回工厂去。车上的一位同志向他们解释了后撤的理由，反复讲述现在领导都仍坚守在岗位上，在通往首都的接近地正在构筑工事，谁也不愿把莫斯科让给敌人。

谁也不愿把莫斯科让给敌人，这是每一个莫斯科人、每一个军人和全体苏联人的共同愿望。

← 面对莫斯科的危急局面，斯大林保持了一贯的冷静与沉着

No.2 红场大阅兵

十月革命节越来越临近了。

11月7日（俄历10月25日），是伟大的十月革命胜利纪念日。按照传统，每年都要举行盛大的集会和庆祝活动。今天在敌人兵临城下，敌机不时成群出现在市区上空的情况下，这些活动还能举行吗？如果在敌人的威胁下取消庆祝，无疑是对苏联军民士气的一大打击；反之，如果在集会过程中因前线形势而被迫中断，甚至受到德军不顾一切的空袭，后果更加不堪设想。

尽管局势严峻，斯大林还是决定召集会议，就是否举行十月革命节庆祝活动及阅兵式进行商议。

终于，1941年11月7日清晨，天空乱云低垂，雪花飘舞。在初冬白茫茫的雾气中，莫斯科的公民们观看了独特的阅兵式。

此时，德军就在首都几十公里之外。然而，就是在这敌人兵临城下的莫斯科，斯大林又一次采取了果敢而有魄力的行动，照常在红场举行阅兵式。

红场，可以说是苏联人民的骄傲，在苏联人民心目中是和平生活的象征。

据记载，红场原名"托尔格"，意为集市，这表明当年广场是集市所在地。此后广场曾多次易名。从16世纪起，它成了举行隆重仪式的场所。1662年改称"红场"。在古斯拉夫语中，"红色的"原为"美丽的"意思。十月革命后，红色代表革命，因此，"红场"这一名称便有了新意。它和克里姆林宫一起成了苏维埃国家的象征。

整个红场占地面积并不是很大，长不足700米，宽只有130米。正面是克里姆林宫墙，对面是百货商店"古姆"，南面为波克罗夫大教堂，北面为历史博物馆。

克里姆林宫墙外，是用黑色花岗石砌起来的雄壮而朴素的列宁墓。1924年1月21日，列宁在戈尔基村逝世。他的遗体用火车运回了莫斯科。列宁墓的落成更给红场增添了肃穆的气氛。

纷纷扬扬的雪片从浓厚而低垂的云层中飘落。

部队在红场列队等候检阅，所有参加这次检阅的人都异常激动，因为敌人的机场就在首都附近。

簌簌飘落的雪花落在波克罗夫教堂巨大的圆顶上，落在雄伟壮观的红场上，落在红场上排成方阵肃立的红军战士身上，落在克里姆林宫墙内伊凡大帝钟楼尖尖的塔顶上。在弥漫的雪花中，塔尖上镶嵌着的一颗硕大的玛瑙石红星，显得凝重巍峨，格外醒目。

"当，当，当……"钟楼上的大钟连敲八响，浑厚的钟声顿时响彻在红场上空。

8时整，在莫斯科军民崇敬和激动地注视下，斯大林与政府高级成员登上了列宁墓。列宁墓两侧的观礼台上也站满了人。

这时，塔楼的大门打开了，苏联副国防人民委员、苏军元帅布琼尼骑着高头大马，在卫队护卫下，走出教堂塔楼大门。此次阅兵的检阅官就是这位骑兵元帅。

在最前面的一列检阅方队面前，布琼尼勒住了马缰。

这时，一位中将骑马来到他的面前，举手行礼："受阅部队指挥官阿尔捷米耶夫中将向

↑1941年11月7日，斯大林出席了红场阅兵仪式。

您报告。受阅部队整队完毕，请检阅！"

　　布琼尼抬起一支胳膊，还礼之后，骑马检阅，并向检阅部队问候。

　　庄严肃立的指挥员们个个精神饱满，英姿挺拔，纷飞的雪花落在他们的身上，凛冽的寒风扑打在他们脸上，他们依然纹丝不动。只有在检阅官向他们问候时，他们才不约而同地喊道："为苏联服务！"

　　检阅完毕，布琼尼骑马驰向列宁墓，向最高统帅报告。斯大林接受报告后，从衣袋中拿出一份讲稿，向所有检阅参加者发表阅兵演说：

　　"红军和红海军战士、指挥员和政治工作人员、工人、集体农庄庄员、智力劳动者同志们，在敌后暂时处在德国强盗铁蹄下的兄弟姐妹们，破坏德国侵略者后方的我们光荣的男女游击队员们！

　　我代表苏联政府和我们布尔什维克党向你们致敬，向你们祝贺伟大的十月革命胜利24周年。"

　　远处，炮声隆隆；天空，苏联的巡逻机从头上飞过。斯大林依然威严地屹立在列宁墓上。

　　"同志们！今天我们是在严重的情况下庆祝十月革命24周年的。德国强盗背信弃义的进攻和强加于我们的战争，造成了对我国的威胁。不过，这并没什么可怕的。"

！部队参加完红场参阅兵式后，直接开赴前线作战。

接着，斯大林将目前局势与23年前的情况作了一番比较后，说道：

"现在，我国的状况要比23年前好得多……因此，我们能够，而且一定会战胜德国侵略者，这难道可以怀疑吗？"

讲到这儿，斯大林稍稍停顿了一下，环视着整个红场上伫立的队伍，用略微有些嘶哑的声音接着说：

"红军和红海军战士、指挥员和政治工作人员、男女游击队员同志们！全世界都注视着你们，把你们看作是能够消灭德国侵略者匪军的力量。处在德国侵略者压迫下被奴役的欧洲各国人民都注视着你们，把你们看作是他们的解放者。伟大的解放使命已经落在你们的肩上。你们不要辜负这个使命！你们进行的战争是解放战争、正义战争。"

斯大林深深地吸了一口气，他的声音变得更加暗哑和坚定：

"让我们伟大的先辈——亚历山大·涅夫斯基、季米特里·顿斯科伊、库兹马·米宁、季米特里·波扎尔斯基、亚历山大·苏沃洛夫、米哈伊尔·库图佐夫的英勇形象，在这次战争中鼓舞你们！让伟大的列宁的胜利旗帜引导你们！
彻底粉碎德国侵略者！
消灭德国占领军！
我们光荣的祖国、我们祖国的自由、我们祖国的独立万岁！
在列宁的旗帜下向胜利前进！"

斯大林抬起右臂有力地向前一挥。紧接着，在军乐声中，部队分列式开始。

从列宁墓前最先通过的是手握钢枪英姿勃发的军校学员方队，接着是穿着雪地伪装服的摩托化步兵，穿着深蓝色呢子大衣的水兵方队，全副武装的莫斯科武装工人支队……

斯大林的热情洋溢的演说，极大地鼓舞了全体官兵。苏军将士热血沸腾，高喊着："俄罗斯虽大，但已无路可退，后面就是莫斯科！"

在纵队的最后，坦克编队进入红场。隆隆的坦克声震撼着红场，震撼着每一个人。

斯大林默默地目送着眼前走过并消失在远方的队伍，可以感到在他冷峻的外表下，他的心中燃烧着一团火，他在心灵深处意识到在即将来临的殊死战斗时刻举行的这次阅兵的严肃和特殊的意义。它不仅对苏联人民，而且对全世界所有进步势力庄严宣告，莫斯科能够经得住任何考验，敌人最终将被打败。

检阅持续约1小时，许多部队直接从红场开赴前线，去迎接更加艰苦，更加残酷的战斗……

在莫斯科举行的庆祝伟大十月革命24周年的盛典，给首都的保卫者增添了新的力量。

第7章
CHAPTER SEVEN

临危受命

★虽然西方方面军得到大量增援部队，到11月中旬已经拥有6个集团军，但部队分散在600多公里的战线上。朱可夫希望确保受威胁较大的地段的安全，并掌握一支方面军预备队，以便在必要时实施机动。

★几天后，德军占领了克林。几乎在同一时间，德军又从沃洛科拉姆斯克地区发动进攻。为了对付苏军的150辆轻型坦克，德军共投入了400辆中型坦克。双方展开了一场力量极不相衡的战斗。虽然苏军第16集团军打得特别顽强，但最终还是向后撤到了新的防线。

No.1 望远镜中的克里姆林宫

在同朱可夫密切共事近一年时间以后，斯大林对他的无可否认的才干产生了深刻印象，已经把朱可夫看作当前最杰出的军事指挥员。

朱可夫关于德军即将发动进攻的预言性的警告，极大地提高了自己在最高统帅斯大林心目中的地位。正是朱可夫使斯大林确信可以在红场举行十月革命节庆祝活动。

在伏罗希洛夫、布琼尼等人都不能阻止德军的进攻的紧急关头，拯救危局的重担就落在了朱可夫的肩上！

什捷缅科将军对当时情形下的朱可夫发表了自己的看法：

他是一位有着杰出的指挥才能、胆略和独到见解的人。他实行他的决定是非常坚决的。为了追求这场战争所要实现的目标，无论遇到什么障碍，他都不会停步不前。当朱可夫觉得在某些引起争论的问题上自己正确的时候，他能相当尖锐地同斯大林抗争，而这是别人谁都不敢做的。

1941年11月上半月，苏军最高统帅部采取了一系列步骤来挫败德军即将实施的对莫斯科的攻势。朱可夫继续加强莫斯科附近的防线，并调整了西方方面军的部署。朱可夫意识到自己肩负的重任。

斯大林在听完朱可夫的反突击计划之后，批准了这项计划，同时拨出3个空军师来支援这次作战行动。斯大林命令把反突击推迟24小时，以便使在朱可夫右翼作战的罗科索夫斯基的集团军完成其准备工作。重要的是，作战行动必须在两个地段同时发动，以防德军以其预备队实施机动。

在会见时，别洛夫表示急需增加一批自动武器，并且强调指出，德军在火力上明显超过苏军。斯大林答应给别洛夫1,500支自动步枪和2个新的76毫米口径火炮连。同时，最高统帅部把第50军配属给西方方面军，并把图拉的防御任务交给朱可夫负责。这就意味着朱可夫方面军的防御地带又大大加长了。

朱可夫开始从最高统帅部预备队得到新的补充部队和坦克部队，用来加强防线，其中有些部队刚刚在乌克兰执行作战任务归来。来自最高统帅部的部队，被集中使用在最危险的接近地上，特别是用在预计德军装甲兵团可能实施主要突击的沃洛科拉姆斯克—克林和伊斯特拉方向上。战士们领到了暖和的冬装——短大衣、毡靴、絮很厚的棉衣和有耳套的帽子。与此相反，衣衫单薄的德军已经被严寒折磨得瘦弱不堪了。

虽然西方方面军得到大量增援部队，到11月中旬已经拥有6个集团军，但部队分散在600多公里的战线上。朱可夫希望确保受威胁较大的地段的安全，并掌握一支方面军预备队，以便在必要时实施机动。

作为一个现实主义者，朱可夫和往常一样极端谨慎，反对轻率的军事行动。敌人依然很强大，必须等待它主动发起新的进攻。朱可夫知道，德国人仍然坚信自己的一贯打法，肯定还是用坦克和机动兵团强攻两翼，从而包围莫斯科。显然，敌人的意图是在诺金斯克和奥列霍夫—祖耶沃地区实现合围。

尽管局势异常复杂，朱可夫还是向莫斯科报告：明斯克、斯摩棱斯克和维亚济马的悲剧不该重演，也就是要特别注意巩固两翼！但是，最高统帅提出了要求，在沃洛科拉姆斯克和谢尔普霍夫两个地区对两翼的德军集群给予先发制人的打击。

11月13日，斯大林打来电话，使得朱可夫被迫猝然改变计划。

"敌人现在情况怎样？"斯大林问朱可夫。

"敌人突击集团的集中接近完成，看来很快就会转入进攻。"朱可夫答道。

"你认为敌人会在什么地方实施主要突击？"

"预计敌人可能从沃洛科拉姆斯克和诺沃彼得罗夫斯科耶地区向克林和伊斯特拉实施强大的突击。古德里安的集团军很可能试图绕过图拉，向韦涅夫和卡希拉实施突击。"

"我同沙波什尼科夫认为，"斯大林说，"应先敌进行反突击以粉碎敌人正在准备的突击。必须从北面包围沃洛科拉姆斯克，实施一次反突击，从谢尔普霍夫地区向德军第4集团军翼侧实施另一次反突击。看来，敌人在那里集结了大量兵力，准备向莫斯科突击。"

对斯大林的提议，朱可夫另有看法。

"我们使用哪些兵力来实施这些反突击呢？"朱可夫问道，"西方方面军没有多余的兵力，我们仅有固守已经占领的防线的兵力。"

"在沃洛科拉姆斯克地区，可以使用罗科索夫斯基集团军的右翼各兵团、坦克第58师、独立骑兵师和多瓦托尔指挥的骑兵军。在谢尔普霍夫地区，可以使用别洛夫的骑兵军、格特曼的坦克师和第49集团军的部分兵力。"斯大林提议说。

"现在不能这样做，"朱可夫说，"我们不能把方面军最后的预备队投入到没有把握取得胜利的反突击中去。当敌人的突击集团开始进攻时，我们将没有办法来增援我们的各个集团军。"

"你们方面军有6个集团军，难道这还不够吗？"

朱可夫回答说西方方面军的防御正面大大加长了，加上弯曲部，目前长达600多公里。在他的防御纵深内，特别是防线的中央，预备队很少。

斯大林说："关于反突击问题，就这样决定了。今晚就把计划报上来。"

朱可夫本想再次试图说服斯大林，让他放弃这些不明智的反突击，因为这将消耗掉余下的预备队，可是斯大林却挂断了电话。

这次谈话让朱可夫感到很沮丧，原因并不在于斯大林没有考虑自己的意见，而是在为处于极大危险中的莫斯科的安全担忧。朱可夫心想，如果把预备队投入到这次没有把握取胜的反突击中去，要是把预备队全部消耗掉，苏军就无法增援防御上的薄弱地段了。这显然是很危险的。

大约15分钟以后，布尔加宁走进朱可夫的办公室，说："唔，这次我受到了严厉斥责。斯大林对我说：'你同朱可夫骄傲了。但我们将设法管束你们！'他坚持要我立即来找你，立即组织反突击。"

朱可夫对布尔加宁说："嗯，有什么办法，就这样啦！请坐，让我们把索科洛夫斯基叫来，并预先通知一下集团司令员罗科索夫斯基和扎哈尔金。"

两小时以后，方面军司令部向第16和第49集团军司令员以及其他主要指挥员下达了实施反突击的命令。

但几乎在同时，德军重新对莫斯科发动攻势。他们向莫斯科西北的加里宁方面军第30集团军的左翼发动了突击，同时向西方方面军的第16集团军的右翼和中部发动突击。

对于苏军其他部队来说，局势也是危急的。别洛夫说，第49集团军兵员不足，无法实施决定性的进攻行动。它的右翼3个富有作战经验的师（其中两个师已荣获近卫师的光荣称号），在最近的战斗中遭受了沉重损失。近卫步兵第5师的步兵第765团只有120多名战士，而步兵第60师仅有500名战士。

别洛夫发现，他们得到的有关德军兵力的情报不准确，对德军兵力的估计过低。在沿纳拉河进行反复争夺的激烈战斗中，别洛夫同自己的司令部失去联系。别洛夫找到骑兵第5师师长巴兰诺夫少将，向他询问关于战斗进展情况。巴兰诺夫说，他的师实际上已被德军大部队挡住去路。别洛夫用巴兰诺夫的野战电话同另外几个师联系，从每个师都得到了类似的回答。原来，部署在每个机械化骑兵集群对面的德军，不是两三个营，而是至少有两个师。

这次主要由骑兵实施的反突击，未能取得最高统帅所预期的效果，德军的兵力仍保持了强大的攻击力。面对此种情况，朱可夫不得不下令脱离战斗。但是这一命令执行起来也颇费周折，在花费了很大精力后，总算达到了目的，同时还不得不变更卡希拉地区的部署。

朱可夫抓紧一切时间布置防务，补充人员、装备和过冬物资，积极为反攻做准备。从11月1日   15日，西方方面军共补充了10万名官兵、300辆坦克和2,000门火炮，这些从内地调来的步兵和坦克集中使用在最危险的地段上，大部分部署在德军装甲坦克集团可能实施主要突击的沃洛科拉姆斯克—克林方向，以及伊斯特拉方向；另有一部分部署于图拉—谢尔普霍夫地区，以防德国坦克第2集团军和第4野战集团军的突击。

No.2 "台风"再度肆虐

11月13日，几位德军的高级指挥官——东方战线各军团司令部的参谋长来到前线的奥尔沙市。哈尔德主持了这次会议。尽管许多将军对战场上所发生的情况表示担忧，但他仍然坚持要执行希特勒的指示：在冬季到来之前消灭苏联。

哈尔德在会议上提出了1941年的"最长的"和"最短的"推进线：最长的直到迈科普、斯大林格勒、高尔基城和沃洛格达；最短的到顿河下游、唐波夫和雷宾斯克。无论如何要占领莫斯科地域。

希特勒之所以一再强调作战时限，是考虑到气候因素：从11月下旬起土地微冻，正是其快速部队重新得到机动自由的好时节。至于天气寒冷袭人对于作战所造成的不利影响，则要居于次要地位。

德军中央集团军群向莫斯科发动了新的进攻，参加的兵力有51个师，其中有13个坦克师和7个摩托化师，最激烈的突击在莫斯科以北地区进行。德军总的战役计划是：第9集团军牵制加里宁方面军并进攻克林，从北面包围莫斯科；第2集团军牵制西南方面军并占领图拉，从南面包围莫斯科；第4集团军在西面消灭莫斯科西面苏军，然后从南、北包抄，在莫斯科以东会师完成包围；最后几个集团军同时配合，正面进攻，一举占领莫斯科。

11月15日清晨，德军开始进攻克林，同时投入300多辆坦克进攻加里宁方面的第30集团军，而苏军在那里总共只有56辆轻型坦克，显然不足以抵挡德军的进攻。德军在此突破了苏军的防御。

几天后，德军占领了克林。几乎在同一时间，德军又从沃洛科拉姆斯克地区发动进攻。为了对付苏军的150辆轻型坦克，德军共投入了400辆中型坦克。双方展开了一场力量极不相衡的战斗。虽然苏军第16集团军打得特别顽强，但最终还是向后撤到了新的防线。

敌人显然要从北部合围莫斯科，形势已很紧张，但是朱可夫在向集团军新任司令员列柳申科交代任务时，依然表现得十分镇静。

朱可夫不慌不忙地向列柳申科解释道："10月，希特勒在莫扎伊斯克方向遭到失败，现在要偷偷地从北部迂回莫斯科。我们将在这里用防御战斗摧毁希特勒的坦克。而当预备队开来时，我们就可转入反攻。应当利用丛林地实施反冲击，特别是在夜间进行，这是敌人所害怕的。"

在以后的两周里，德军在这一方向投入了很大的力量，但是没有取得什么结果。对列柳申科将军的顽强精神和出众能力，朱可夫表示非常赞许。

当苏军从克林撤退时，列柳申科向朱可夫请求部队增援，哪怕一个师也好。朱可夫的回答简短而明确："方面军现在没有预备队，请自己解决吧。"

紧接着，朱可夫给列柳申科下了道命令：把集团军司令部移到德米特罗夫城。

列柳申科看了看地图，突然紧张起来：在他们的正面有个缺口，该城正对着德军坦克楔子的尖端。这位果敢、坚毅的将军不由得对朱可夫的机敏才智表示敬佩，因为他明白：方面

↑罗科索夫斯基（右二）谋划着下一步的作战方案。

军首长之所以决定将集团军司令部设在德米特罗夫，决非偶然。当时已经准备用一些分队来封闭突破口。

列柳申科在前往德米特罗夫的途中，遇到几辆坦克，于是跳上第一辆ＫＢ坦克，指挥它们投入冲击。当然，集团军司令员是不应该驾驶坦克参加战斗的，但是没有别的办法，列柳申科的坦克被击毁了，他从急救舱爬出躲到坦克的底部，继续投入战斗。这时几支从莫斯科来的勇敢的志愿兵支队赶到，打退了德军的进攻。

在11月16日以后的几天里，对苏军来说形势变得极端危险。在德军不顾一切动用强大进攻力量，用坦克在先头开路，对苏军实施重大杀伤的情况下，苏军兵力更显不足，实力薄弱。

11月16日晨，德军突破了第30集团军的防御，开始向克林继续进攻，而且在克林没有苏军预备队来抗击德军。

这时，罗科索夫斯基正在指挥第16集团军作战，开始感到敌军对克林的压力越来越大。经过一系列几乎是不间断的作战和交火，罗科索夫斯基的集团军在兵员和兵器方面都遭到沉重损失。而且，剩下的部队也已精疲力尽。指挥人员和参谋人员疲劳得连站都站不稳了，只有在乘车从这一地段到另一地段的旅途中，才能打上一个盹儿。

为了改善集团军的态势，并阻止德军的推进，罗科索夫斯基认为自己的部队必须从伊斯特拉水库以西十来公里的阵地后撤到新的防线。在他看来，伊斯特拉水库、伊斯特拉河以及周围一带地区，共同构成了一条非常有利的天然防线。罗科索夫斯基认为，及时占领这条防线，将能借助为数不多的部队组织起坚固的防御，并能把一些部队配备到集团军的第二梯队，从而建立一个纵深防御地域，同时能省下一定数量的部队去加强克林方向的防御。

经过全面的考虑及与助手们的共同研究，罗科索夫斯基把他们的设想报告给方面军司令员，并请求允许他们后撤到伊斯特拉防线。

朱可夫大将听了罗科索夫斯基提出的建议和要求，断然表示不同意后撤，并命令他们要拼死据守，决不允许后撤一步。罗科索夫斯基没有料到他的老朋友朱可夫（原来还是他的下级），会拒绝他提出的后撤要求。

罗科索夫斯基感到非常失望，既不同意方面军司令员朱可夫的决定，但又认为后撤到伊斯特拉防线的问题非常重要，决定越过朱可夫直接找总参谋长。

于是，罗科索夫斯基直接找到总参谋长、苏联元帅沙波什尼科夫，向他详细说明他的建议是可行的。几小时以后，罗科索夫斯基收到了答复。沙波什尼科夫认为这项建议是正确的，他作为总参谋长批准实施这项建议。

得到总参谋长的许可以后，罗科索夫斯基立即起草了要部队在当天夜间把主力后撤到伊斯特拉水库防线的命令。为了掩护这次后撤，在原来的阵地留下几支加强分队，等到掩护任务完成以后，他们只有在受到敌军压力的情况下才可后撤。

朱可夫对此迅速作出了相应的反应，给罗科索夫斯基发了一封简短的电报：

方面军的部队是由我指挥的。我撤销关于部队后撤到伊斯特拉水库对岸的命令。我命令在已占领的防线上进行防御，不得后撤，一步也不得后撤。

朱可夫大将

罗科索夫斯基最终还是服从了朱可夫的指挥。

朱可夫当时不准第16集团军后撤到伊斯特拉河对岸，是有着深刻的原因。第16集团军是否后撤，不仅要考虑这个集团军本身的利害，而且要依据整个方面军的态势来做出决定。这个集团军一旦撤过伊斯特拉河，第5集团军的右翼就将暴露出来，而且方面军司令部所在地佩尔胡什科沃方向将失去保护。出于以上的全面考虑，朱可夫才做出以上决定的。

德军开始向第16集团军左翼施加更大的压力，迫使苏军向东退却。

No.3 克里姆林宫岌岌可危

1941年的冬季来得比往年都要早，而且要比往年都更寒冷。狂风卷着雪花覆盖了苏联大地，一阵更比一阵寒冷的气流侵袭而来，使得每个人连气也透不过来。

在伏尔加河水库以南，疯狂的德军突破第30集团军的防御，以其坦克和摩托化兵团迅速推进，扩大突破纵深。同时，德军向索尔汉奇诺戈尔斯克方向强攻，从北面合围伊斯特拉水库。

处于这一方向的苏联部队的实力都很弱，兵员不足，有的摩托化步兵师仅有300人左右，有的坦克师没有坦克，有的坦克旅只有12辆坦克。

与此相反，德军投入了6个师（3个坦克师、2个步兵师和1个摩托化师），对苏军发动了猛烈进攻，克林和索尔汉奇诺戈尔斯克方向的形势变得极端危险。

　　德军尽管向前推进了，但同时也出现了许多不祥的迹象。部队已经被连续的战斗和严酷的寒冬弄得疲惫不堪，德国军官们对自己能否取胜忧心忡忡。

　　最令德国人不安的是，德军的补给品奇缺，特别是缺少冬装和在严寒条件下维护武器装备所必需的用品。严寒使得武器装备不能发挥作用：坦克的光学瞄准镜失灵，发动机必须经过预热才能发动（德军在坦克下面安装了火炉）。

　　11月23日，古德里安去见中央集团军群司令官冯·博克元帅，要求推迟进攻日期，建议部队转入防御，直到第二年春天。理由是部队已经精疲力尽，没有冬装，补给系统运转不灵，以及缺少坦克和大炮。

　　冯·博克打电话向陆军总司令冯·布劳希奇报告，遭到后者的断然拒绝。显然，他们都赞成继续进攻。

　　在伊斯特拉方向，德军400多辆坦克和大量摩托化步兵向罗科索夫斯基将军的军队发起了进攻。具有强大的突击力的德军集团，采取密集的战斗队形向前推进。抗击德军坦克前进，成了苏军最急迫的任务。

　　朱可夫临危不乱，迅速果断地从其他作战地段调来了部队，包括坦克群、炮兵连、高炮营和手持反坦克枪的士兵，前来支援。

　　别洛博罗多夫上校的步兵第78师、潘菲洛夫将军的步兵第36师在战斗中都立下了不朽的功勋。第16集团军虽然伤亡惨重，但仍坚守着祖国的每一寸土地，顽强地抗击德军的进攻。他们边撤退边组织反突击，以此削弱敌人的兵力。

　　朱可夫继续在莫斯科附近积聚预备队，2个新的集团军已经做好战斗准备，随时可以发动反击。朱可夫把第20集团军部署在洛布纳、斯霍德纳和希莫克地区，指示别洛夫的骑兵军进入阵地。

　　11月27日，在得到步兵部队和坦克部队的增援后，朱可夫所部对德军坦克第2集团军发动反击，把它赶到卡希拉以南30公里的地方。

　　当天，德军攻占了离莫斯科仅有24公里之遥的伊斯特拉。这是德军在这次大战中所到达的离莫斯科最近的地点。这意味着莫斯科已处在德军的大炮射程之内。这时，德军用望远镜可以望见克里姆林宫的顶尖了。

　　德军的坦克离莫斯科越来越近。

　　德中路军总指挥冯·博克元帅，得到自己的先头部队已攻入伊斯特拉的消息之后，异常高兴。他急切地下令："快准备一些200毫米的远程炮，给我狠狠地炮轰莫斯科！"

　　由于德军在几个不同的地段进抵到离莫斯科35公里以内的地方，朱可夫的西方方面军的态势急剧恶化。居住在莫斯科西北区的居民，能够清晰地听到炮声。

　　11月29日，苏军夺回了曾经丢失的罗斯托夫，迫使德军不得不从其他地段抽调部队，而此时正值德军最需要集中兵力向莫斯科发动大规模进攻的时候。因此，苏军在其他战区的反

一　德军将领冯·博克元帅（左）在苏联战场前线指挥作战。

击减轻了德军对莫斯科的压力，支援了朱可夫大规模反攻计划的实施。

　　据统计，从1941年6月22日到11月26日，德军步兵兵力已消耗过半，每个连队的兵员仅有五六十人。此时德军已经开始力不从心了。德军一些高级将领已经看出端倪，要求立即转入防御，把进攻日期推迟到第二年春季。但是德军统帅部断然否定了这种建议。当德军南方集团军群的坦克第1军请求后撤到从塔甘罗格经米乌斯到巴赫穆特河口一线的时候，希特勒没有表示同意。统帅部里的紧张气氛达到令人无法忍受的地步。

　　希特勒对苏德战局越来越感到焦躁不安。在此之前，陆军总司令冯·布劳希奇受命面见元首的时候，就已经感受到希特勒的焦躁情绪了。

　　在这次见面中，希特勒一直是一个人在讲话，不停地训斥，而坐在一旁的陆军总司令除了屈从，根本没有别的选择。希特勒下令不得将坦克第1军后撤一步。

　　接到这一命令，南方集团军群司令冯·伦德施泰特元帅抗争说不能执行这项命令，要么撤销这道命令，要么解除他的职务。

　　结果在第二天，冯·伦德施泰特就被解除了南方集团军群司令官的职务。

　　虽然德军的进攻受创，但是对莫斯科的威胁仍然没有减轻。德军继续缓慢地向前推进，日益逼近莫斯科。

　　当德军在与加里宁方面军交战中再一次得手后，斯大林很快给朱可夫打来电话说："你坚信我们能够守住莫斯科吗？"

　　还没等朱可夫回答，斯大林语气缓慢地继续说："我是怀着沉重的心情问你这个问题，希望你作为共产党员诚实地回答我。"

"毫无疑问，我们能够守住莫斯科！斯大林同志！"朱可夫斩钉截铁地说。

此时，斯大林的心情似乎也稍轻松了一些："你能有这样的信心，很好！"

"但是至少还需要增加两个集团军和200辆坦克。"

斯大林同意在1941年11月底前给朱可夫再增加两个集团军，只是要求他与总参谋长沙波什尼科夫商议这两个新增的预备队集团军部署到哪里。至于朱可夫要求的200辆坦克，斯大林认为现在暂时还不能兑现。

朱可夫和沙波什尼科夫决定把新编成的第1突击集团军集中在亚赫罗马地区，第10集团军将集中在梁赞附近。

战斗仍然激烈地进行着，前线的状况瞬息万变，非常复杂。虽然最高统帅部把保卫莫斯科的重任交给了朱可夫，但是斯大林却无时无刻不在注视着战场的变化，有时甚至直接指挥。

一次，斯大林不知从什么地方得知，西方方面军放弃了与莫斯科近在咫尺的杰多夫斯克城。斯大林听到这样的消息，自然坐立不安。因为11月28和29日，近卫步兵第9师还顺利地打退了德军的多次冲击。可是只过了一昼夜，杰多夫斯克居然又落到德国人的手里……

最高统帅打电话问朱可夫："你知道杰多夫斯克被敌人占领了吗？"

"我不知道，斯大林同志。"

"司令员应当知道在他的前线发生了什么事情。"斯大林顿时生气地说，然后以命令的口气对朱可夫说，"你赶快到现场去亲自组织反冲击，收复杰多夫斯克。"

对于斯大林突如其来的情报和命令，朱可夫感到有些茫然无措，试图予以反驳："在这样紧张的情况下，我离开方面军司令部未必慎重。"

"不要紧，我们会想办法应付，这期间由索科洛夫斯基暂时代替你。"斯大林不容有任何商量地回答。

放下听筒，朱可夫马上问担任该地区防御的罗科索夫斯基，为什么方面军司令部对放弃杰多夫斯克的事一点都不知道？经过调查，事情很快就弄清楚了，原来杰多夫斯克城并未被德军占领。斯大林可能是把杰多沃村听成杰多夫斯克城了。

事情既然弄错了，朱可夫决定给最高统帅打电话，澄清事实真相，斯大林却大发雷霆。斯大林不仅要求朱可夫立刻出发，把这个居民地一定从敌人手里夺回来，而且还要求他带上第5集团军司令员戈沃罗夫同去，以组织炮兵火力支援。

在这种情形下，朱可夫的反对或者解释都没有意义了。为了不再使这种无谓的争论进行下去，朱可夫只好扔下手中的工作，同戈沃罗夫、罗科索夫斯基一起驱车来到别洛鲍罗多夫的师。师长向他们汇报了德军占领杰多沃村深谷那边几幢房子的情况。朱可夫命令别洛鲍罗多夫派一个步兵连和两辆坦克把占领那几幢房子的一排德军赶走。

朱可夫受命离开方面军司令部后，参谋长索科洛夫斯基连续接到斯大林三次电话，问朱可夫目前在哪儿。

显然，斯大林已经觉察到自己刚才的行为不太妥当，立即打电话催促朱可夫马上返回方面军司令部。

第8章
CHAPTER EIGHT

反击，残暴
的侵略者

★朱可夫的反攻计划的核心是：西北面收复克林、索涅奇诺戈尔斯克，西面解放伊斯特拉，南部解除德军对图拉的包围，从而消除莫斯科面临的威胁，并进一步扩大战果，尽可能把敌人向西赶得越远越好。

★战斗打响之后，双方便展开了激烈的交战。克留科沃镇数次易手。战斗从白天持续到黑夜。即使在黑夜，也可见弹光闪闪，纵横交错地在空中组成火网，手榴弹爆炸的火花在硝烟里纷飞。直至12月8日下午，克留科沃及其邻近的几个居民地才被解放。

↑苏军KV-1重型坦克开赴前线，迎击德军。

No.1 决定，反攻

德军占领克林以后，转而进攻索尔汉奇诺戈尔斯克，负责守卫的罗科索夫斯基的第16集团军迅速组织防御。这时，方面军从其他地段抽调了一切可能抽调的力量，来加强防御。这些增援部队使得罗科索夫斯基能够建立起一条坚固的防线。

此时，根据许多迹象，朱可夫判断德军已经精疲力竭，基本丧失突击力，正在休整。德军停止前进，必然要在莫斯科附近就地设防：挖壕拉铁丝网，敷设雷场。为了把德军赶出筑垒地带，就需要投入许多兵力。

朱可夫意识到，在当前情况下，一定要抓紧时间，早日制订在莫斯科城下歼灭敌人的计划，不容有任何的耽误。

直到1941年11月底，最高统帅部和各方面军，特别是西方方面军还都没有制订出进行一次大规模反攻的计划。在此之前，朱可夫和其他领导干部都在全力以赴地制止德军在莫斯科附近的猛烈进攻。

11月29日，朱可夫给斯大林打电话，汇报情况，要求把第1突击集团军和第10集团军从最高统帅部预备队拨给西方方面军指挥，并请求最高统帅下令开始反攻。

斯大林听得很认真，然后问朱可夫："你确信敌人已接近危机状态了？敌人有没有可能投入新的重兵集团呢？"

朱可夫当即回答："敌人已极度虚弱。但是，如果我们现在不消除敌人楔入的危险，德国人将来可能从其北方集团和南方集团抽调强大的预备队来加强在莫斯科地区的军队，那时局势可能严重复杂化。"

斯大林听后，决定与总参谋部再商量一下。

当天夜晚，朱可夫接到通知，最高统帅部已决定开始反攻，并要朱可夫呈报反攻战役计划。

第二天早晨，朱可夫把反攻计划报告了最高统帅部。斯大林对计划未作任何改变，只写"同意"，便签字批准了。

朱可夫原计划在新的集团军到达并在指定地域集中之后，于12月3日夜间至4日凌晨开始反攻，以达到钳制当面敌军，阻止德军从这里调走部队的有限目标。作为这次反攻的先决条件，必须阻住莫斯科西北和卡希拉方向上敌人的推进。但实际上，由于必须反击德军在纳罗—佛敏斯克附近的突破，这次反攻推迟到12月6日才实施。

朱可夫的反攻计划的核心是：西北面收复克林、索涅奇诺戈尔斯克，西面解放伊斯特拉，南部解除德军对图拉的包围，从而消除莫斯科面临的威胁，并进一步扩大战果，尽可能把敌人向西赶得越远越好。

朱可夫的具体部署如下：

第1突击集团军归库兹涅佐夫中将指挥，在消灭了突破到莫斯科伏尔加运河的德军以后，于德米特罗夫—亚赫罗马地区展开。在第20和第30集团军协同下，向克林方向实施突击，尔后向捷里亚耶沃斯洛博达的总方向进攻。

第30集团军的任务是打垮罗加切夫和博尔谢沃地区的德军，协同第1突击集团军夺取雷谢特尼科沃和克林，并进而向科斯特利亚科沃和洛托施带进攻。

第20集团军从红波利亚纳—自拉斯特地区出发，与第5突击集团军和第16集团军协同，向索尔涅奇诺戈尔斯克总方向实施突击，从南面夺取该城。尔后向沃洛科拉姆斯克实施突击。此外，第16集团军右翼向克留科沃推进，尔后向伊斯特拉方向突击。

第50集团军在图拉地区进行防御，主要任务是向博洛雷沃—谢基诺方向进攻，尔后依据情况行动。别洛夫的战役集群从莫尔德韦斯出发，在第10和第50集团军民配合下向韦涅夫实施突击，尔后向斯大林诺哥尔斯克（新莫斯科斯克）和迭迪诺沃突击。

第10集团军部署在谢烈布良内耶普鲁德—米海伊洛夫一线，首先进攻乌兹洛瓦亚和博哥罗迭次克，尔后继续向乌帕河以南进攻。

就这样，最高统帅部提供的新部队投入了对德军北方和南方集团各兵团的作战。

正在战线中部进行防御的西方方面军的4个集团军，即第5、第33、第43和第49集团军，被赋予的任务是钳制德军，使其无法自由调动，因为苏军这4个集团军严重缺员，无法执行更有决定意义的行动。

在苏军大反攻前夕，苏德双方在莫斯科附近的兵力情况是：苏军共有110万人、7,652门火炮、774辆坦克、1,000架飞机；德军共有170万人、13,500门火炮、1,170辆坦克、615架飞机。

虽然德军兵力优于苏军，但是战线拉得太长（达1,000公里），两翼的突击部队相距200公里，兵力分散。而苏军兵力却比较集中，即使在莫斯科防御战最困难的时刻，他们仍然严格限制使用预备队，以保存实力，等待时机，打击敌人。

德军企图从南、北两翼包围并占领莫斯科的计划受挫后，决心在12月1日从苏军防线的中央部单刀直入，正面突入莫斯科。进攻当天，德军部分部队突破防线25公里，但是很快又被迎面赶来的苏军歼灭了。德军的许多坦克，有的在地雷场被炸毁，有的被炮兵火力消灭。苏联第1突击集团军发动了几次快速反击，在亚赫罗马地区把德军赶过了莫斯科伏尔加运河，从而阻止了希特勒军队在莫斯科南北两个方向的进攻，使他们的钳形攻势无法在首都莫斯科以东形成合围。

12月2日上午，斯大林在电话中问朱可夫："方面军司令部对敌人及其战斗力怎样估计？"

朱可夫回答说，敌人已经到了精疲力尽的地步，显然它没有预备队来加强它的突击集团了。没有预备队，希特勒的军队就无法发动进攻。

斯大林说："好吧，我还要再给你打电话。"

朱可夫意识到最高统帅部正在考虑苏军下一步的行动。

过了大约1小时，最高统帅又打来电话，询问方面军今后几天的计划是什么。朱可夫报告说方面军的部队正在进行准备，以便按照已获批准的计划发动反攻。斯大林还告诉朱可夫，已命令加里宁方面军和西南方面军的右翼支持朱可夫的西方方面军，打算让所有这些大部队同时发动突击。

尽管遭到挫折，但德军指挥部还不认为它的攻势已经失败。冯·博克元帅在12月2日发布的命令中说：

"敌人把整团整师的部队从战线不那么危急的地段调到比较危急的地段，企图借此来缓和他们的困境。仅仅在一个地段发现有小量新的增援部队到达……敌人的防御处在危急的边缘。"

这时候的博克，就像输红了眼的赌徒，派军队拼命突破，声称"要战斗到最后一个营"。

德军指挥部分析，要想突破苏军防线并有新的进展，必须首先除掉位于突出部的著名军火工业城市图拉，然后才能实现其他目标。为达到这一目的，古德里安开始对这里施加更大的压力。12月3日，德军切断了通往莫斯科的铁路和公路，终于将图拉合围了。

德军合围成功后，受命承担保卫图拉的鲍尔金将军很快接到方面军司令员朱可夫的电话。

"鲍尔金同志，"朱可夫说，"如果我没记错，这一回是你第3次被合围了，这是不是太多了？我已经告诉过你，让你的司令部迁到拉普待沃，可你是个木头脑袋，不肯执行我的命令……"

"司令员同志，"鲍尔金回答说，"倘若我和我的集团军司令部迁走了，古德里安早就把这块地方占领了。态势会要比现在坏得多。"

随后的好几分钟，话筒里杂音响个不停，最后终于又能继续通话了。

"你正在采取哪些步骤？"朱可夫问道。

鲍尔金报告说，第258师步兵第999团已采取行动，以扫清莫斯科公路，而且正在对卡希拉附近的德军发动进攻。

"你需要什么帮助吗？"朱可夫又问道。

"我可以请求您把格特曼坦克师的坦克沿莫斯科公路向南调动，接应步兵第999团吗？"

"很好，我将这样做，"朱可夫说，"不过你也把你的本事拿出来吧。"

西亚佐夫（第258师师长）每隔1小时左右就给朱可夫打1次电话，汇报战况。空前激烈的战斗一直持续了17个小时，终于传来捷报。欢欣鼓舞、心情激动的西亚佐夫向朱可夫报告说："司令员同志，韦杰宁（团长）刚打电话来说，他的部队跟格特曼的坦克部队会师了。图拉—莫斯科公路可以恢复通车了。"

德军对图拉的所有进攻都失败了。古德里安后来把失败归因于部队的疲惫，气候极端寒冷，缺乏燃料以及朱可夫的西伯利亚预备队及时赶到。

12月4日晚，斯大林再次与朱可夫通话，亲切地问道："除去已经给了你们的，方面军还需要什么？"

朱可夫意识到，再要求大量增加新部队已经来不及了，现在最重要的是得到最高统帅部预备队和国土防空军司令部的空中支援。朱可夫认为，要迅速扩大突击的战果，至少必须有200辆配有乘员的坦克，而西方方面军只有数量有限的坦克。

"目前没有坦克给你们，但是可以给航空兵。"斯大林回答说，"我立刻打电话给总参。请注意，12月5日加里宁方面军将转入进攻，12月6日西南方面军的右翼战役集群将从耶列茨地区发动进攻。"

到了这个时候，西方方面军对面所有地段上的德军都遭到严重消耗，因而开始转入防御，而愈战愈勇的苏军却已经做好对精疲力尽、冻得半死的敌人发动强大反攻的准备！

No.2 大反攻

时令正值隆冬，天气比往年都要更加恶劣，气温已经下降到零下30℃，鹅毛大雪终日下个不停，广阔的原野银装素裹，呈现出一幅苏联冬天常有的景象。

12月初，气温降到了零下40℃。可怕的无休止的寒冷超过了人体所能支持的限度，数以千计的德国士兵冻成残废，染上了使人寒颤不止、全身无力的疟疾。越来越多的冻伤的德国官兵倒在雪地中，歇斯底里地呜咽着："我再也挨不下去了！我实在挨不下去了！"

眼瞅着莫斯科已经是指日可下，更确切地说，莫斯科现在几乎已处在德军火炮的射程之内，严寒却紧紧地卡住德军在各地的攻势。

而在此时，身披白色滑雪衫的苏军新的预备队却源源不断地开进莫斯科城下，接替损失惨重并且疲惫不堪的苏军兵团和部队。他们个个穿得暖暖的，足以御寒；他们的机枪披着枪套，以防止寒流的侵袭；他们的武器加上冬季润滑油，使用灵活；更重要是，他们拥有大量威力强大的T-34型坦克群的支援。这种T-34型坦克正是为在这种严寒条件下作战而特地设计制造的。

这时，德军司令官冯·博克元帅终于明白，他们的部队再也支撑不下去了。此时气温已降至零下40℃，他的部队冻死冻伤过半，没有燃料和弹药，坦克差不多都动弹不了，从北面攻占莫斯科的企图已无法实现。

与此同时，在南面，古德里安的部队也是消耗殆尽。

由于严重的战斗减员和冻伤减员，德军兵力在一天天减少。与此相反，苏军新的预备队却在不断地开赴前线，无论是在数量上，还是在气势上都胜德军一筹。

1941年12月6日凌晨，希特勒做梦也没有想到，由朱可夫指挥的苏联西方方面军，在其他方面军的协同下，以100个师的兵力向德军发起了全线大反攻。

坚守的将士们迎着曙光，将磨砺已久的、闪着寒光的复仇利剑向敌人的心脏刺去。

罗科索夫斯基盼望已久的时刻终于到来了。他的士兵虽然被迫退

↑ 苏军"喀秋莎"火箭炮发出了密集的炮弹。

到莫斯科的大门口，但是始终没有被打垮，斗志没有消沉，现在终于等到反击侵略者的时机了。

12月7日晨，严寒席卷着大地，大地被一层浓雾笼罩。在第16集团军突击前沿，士兵们正紧张待命。

7时20分，几十门火炮和迫击炮的炮口对准了德军的克留科沃抵抗枢纽部。

炮手们一动不动守在大炮旁，等待着那激动人心的一刻。

"开炮！"7时30分整，司令员罗科索夫斯基从电话里下达了进攻的命令。

一瞬间，信号弹腾空升起。大炮的轰鸣声冲破了漫天大雾，打破了清晨的沉寂。

"喀秋莎"火箭炮炮弹划出一道道火光，冲向德军的克留科沃抵抗枢纽部。

在13分钟的炮击之后，第16集团军各部开始发起冲击。

在第16集团军对面的仍是德军最强大的军团，虽然德苏双方的力量发生了变化，但是集团军在有生力量、火炮和迫击炮方面的优势也只超过敌人1倍。双方的坦克数量相等。

因此，战斗打响之后，双方便展开了激烈的交战。克留科沃镇数次易手。战斗从白天持续到黑夜。即使在黑夜，也可见弹光闪闪，纵横交错地在空中组成火网，手榴弹爆炸的火花在硝烟里纷飞。直至12月8日下午，克留科沃及其邻近的几个居民地才被解放。

慌忙向西逃窜的德军丢弃了54辆坦克、约120辆汽车及很多武器、弹药和军用器材，甚

↑ 苏军向德军发起了全面进攻。

至还丢下了两门300毫米火炮。很显然，这是德军曾经准备用来轰击莫斯科的武器。

克留科沃大街上，挤满了欢迎的群众。许多居民，甚至妇女、小孩和老人顶风冒雪伫立在街头欢迎红军。他们衣衫褴褛，由于饥饿和缺乏睡眠而面容憔悴，看得出他们真是饱受了战争的痛苦。正因为这样，他们才更加感激把他们从法西斯德军凌辱之下解放出来的红军战士。

"红军万岁！红军万岁！""把德国侵略者打回老家去！"的口号响彻大街小巷。

解放克留科沃之后，第16集团军部队又开始在伊斯特拉总方向上全线转入进攻。

随着战斗的进展，士气高昂的苏军逐渐掌握了主动权。这时，早一天发动进攻的加里宁方面的部队已经在加里宁以南楔入德军防御。

加里宁方向的攻势起初是成功的，但由于时值冬季，道路无法通行，加上兵力不占绝对优势，苏军后来受阻。在此形势下，西方方面军右翼趁机向德军施加了强大压力，准备分隔并合围从克林到索尔涅奇诺戈尔斯克的德军集团。

← 德军在冰原上缓缓撤退。

苏军对克林的进攻，迫使德军指挥部开始从邻近地段调兵增援，但他们这样做，反而便利了红军向索尔涅奇诺戈尔斯克、红波利亚纳和伊斯特拉的进攻。

朱可夫一贯认为，作战行动一旦开始，方面军司令员必须呆在司令部里，以便同他的下级指挥官、邻近的方面军、最高统帅部和总参谋部保持通信联系。但是在这次反攻期间，朱可夫有时却不得不到各个方面军司令员那里去协调、指导他们的行动。

因为陷入劳师费时的正面进攻，突击部队一时无法前进。在反攻开始后大约1个星期，朱可夫看到战争事态仍然没有较大的改观，当机立断，及时发布了如下命令：

追击敌人必须迅速，以防敌人脱离战斗。必须广泛使用强大的先遣部队去夺占公路交叉点和隘路，并打乱敌军的行军队形和战斗队形。

我严禁对强固的抵抗中心实施正面进攻。先头梯队应毫不停顿地绕过它们，把它们留给后续梯队去歼灭。

朱可夫之所以发出上述命令，是事出有因的。当时，许多苏军指挥员缺乏进攻作战的经验，有的指挥员由于担心被合围，对于把部队投入战线上的缺口，有些犹豫不决。这就对整体的作战计划产生了不利影响。

除此之外，大规模装甲兵团的不足，也妨碍了朱可夫制订的突破计划的完成。由于缺少坦克，朱可夫只好采取了弥补措施，向德军后方派出了滑雪部队、骑兵和空降兵，以封锁德军的退路。虽然比不上坦克有效，但由于这些部队作战出色，达到了牵制德军的预期目的。

此时，在德国军官中间弥漫着越来越浓厚的悲观情绪。

面对前线准备后退防御的报告，希特勒大发雷霆，坚决要求德军不许撤退："后退一步都不行！"

与此相反，朱可夫指挥下的苏军却是捷报频传，对德两翼之突击集团发动的决定性反攻取得胜利。到12月13日为止，德军在克林和索尔涅奇诺戈尔斯克地区的抵抗被粉碎，丢下大量的大炮和车辆，仓惶向后退却。

德军沿着积雪覆盖的道路向西退却，一路上遭到苏军飞行员的轰炸，损失惨重。

在此后的几天里，苏军将德军赶出了加里宁、克林和耶列茨。别洛夫将军的部队和弗拉索夫将军的部队在对德军的大规模进攻中，缴获了许多武器和车辆。

苏联新闻局宣布，德军包围苏联首都的企图已经失败。苏联报纸刊登了赢得莫斯科会战胜利的红军将领们的照片，分别是朱可夫、列柳申科、库兹涅佐夫、罗科索夫斯基、戈沃罗夫、鲍尔金、戈利科夫、别洛夫和弗拉索夫。朱可夫的一张大照片位于中央，周围是其他将领的较小的照片。

在大反攻期间，朱可夫巧妙地使用了方面军的空军，因而使德军在这场战争中第一次失去了空中优势。在可供使用的苏军飞机中，有3/4用于支援方面军右翼部队的作战行动，而其余的飞机（包括最高统帅部配属给西方方面军的3个空军师）都用来援助别洛夫将军的骑兵部队以及第10和第50集团军。朱可夫将方面军空军指挥所同自己的司令部放在一起，有助于对它的控制和保持相互间的紧密协调。

朱可夫的成功，与其独特而有效的领导方法是分不开的。为确保牢固地、不间断地控制部队，朱可夫采取了一套自己的做法。有时候，他的方法是非正统的，是同苏军战术实践相反的。虽然，朱可夫也承认，把司令部设在靠近前线地方的做法是违背安全准则的，但同时认为，战时最优先考虑的是必须同下属保持经常不断的密切联系。

12月16日夜间，古德里安接到希特勒的一个电话，禁止他继续后退，并答应派来补充部队。哈尔德也在半夜接到指示，连夜去向元首汇报情况。希特勒在这次会见中给德军鼓气：

请安静！全面退却问题，毫无考虑的余地。敌人仅仅在几个地方取得了重大突破。关于由于第二阶段进攻的失利，德国陆军总司令布劳希奇元帅、中央集团军群司令博克元帅和其他几十名将军被撤职。12月19日，希特勒宣布自己亲自接任陆军总司令，代替被解职的冯·布劳希奇元帅。

第二天，古德里安飞到东普鲁士，同元首讨论前线形势。希特勒的态度不太好，冷冰冰地对古德里安说，作为元首，自己有权利要求德国官兵作出自我牺牲。古德里安回答道，只有在值得作出牺牲的时候，才可以要求作出牺牲，然后抱怨说冬装还没有运到。希特勒一听，立即愤怒地加以否认。等到把陆军军需兵司令兼军需局局长找来核实以后，希特勒才不得不承认古德里安所说的确实是事实。

1941年圣诞节那天，红军对古德里安所部的进攻取得了重大胜利——在切尔恩合围了德军机械化步兵第10师的部队。德军突围后，古德里安命令部队后撤到苏萨河—奥卡河一线的阵地。

冯·克卢格元帅对古德里安的后撤非常生气，要求陆军最高司令部解除其职务。第二天，古德里安便被撤职了。

德军在莫斯科附近的损失是毁灭性的。在反攻期间（12月6日　25日），朱可夫的西方方面军摧毁和缴获了1,000辆坦克、1,434门火炮和大量其他军事装备。西南方面军的部队缴获或击毁了81辆坦克、491门火炮，还有其他兵器。德军阵亡和被俘人数约为30万人。

德军对莫斯科的威胁基本解除了。

No.3 零下52度的战争

由于朱可夫的反攻取得了胜利，1942年1月1日，苏联方面军战线的态势如下：

↑苏军在坦克掩护下，冒着严寒向德军展开反攻

在左翼，第10和第50集团军，以及别洛夫的集群正胜利地追击德军，向尤赫诺夫、莫扎伊斯克和基洛夫（莫斯科西南）挺进。

同时，加里宁方面军正向斯塔里察和尔热夫总方向上进攻，而重建的布良斯克方面军的部队正在西方方面军左翼稍后的奥卡河一线作战。

这时，朱可夫左翼的各集团军处于特别有利的地位。他们已深深楔入德军防线，能够展开一次胜利的攻势。但是，为了做到这一点，需要新的部队。可是，方面军的预备队已经用完，朱可夫要求再拨给一些部队，最高统帅部没有同意。

此时的斯大林，正在为红军在莫斯科附近的胜利所陶醉，认为德军没有作好冬季作战的准备，因而想在从拉多加湖到黑海的整个战线上尽快开始总攻。

1942年1月5日晚，苏联首都莫斯科大本营。

斯大林紧急召开会议，讨论从拉多加湖到黑海全线总攻的计划。正在前线的朱可夫被召到莫斯科参加这次会议，商讨今后的作战计划。出席会议的有国防委员会委员、总参谋长沙波什尼科夫以及最高统帅部的其他成员。

沙波什尼科夫扼要地通报了前线情况，谈了作战计划草案。斯大林打算把正在实施的反攻扩大到战线上的所有其他地段，目的是要消灭列宁格勒附近、莫斯科以西以及乌克兰和克里米亚的敌军。

斯大林对沙波什尼科夫的汇报作了总结："现在，德军在莫斯科附近遭到失败后惊慌失措，而且他们过冬的准备很差。现在正是发动总攻的最好时机。"

对作战计划作了说明以后，斯大林问道："谁有什么要说的吗？"

朱可夫意识到，实施这样大规模的攻势是不可能的，因为根本不具备进攻所需的巨大的人力、物力。

于是，朱可夫发表了自己的看法，并提出了建议："斯大林同志，我有不同的意见。我认为，在西线条件比较有利，敌人还未来得及恢复部队的战斗力，应当继续进攻。但是，至于我军在列宁格勒附近和西南方向上的进攻，我认为我军在那里面临的是敌人顽强的防御，

101

没有强大的炮兵装备，他们不可能突破敌人防线。我主张加强所有的兵力于西线各方面军，在这里实施更强大的进攻。"

坐在朱可夫一旁的沃兹涅先斯基接着说："我同意朱可夫同志的意见，我们现在还不具备足以保障各个方面军同时进攻的物质条件。"

接下来，会场上出现了片刻的沉寂。对于朱可夫的不同意见，有点头称是的，也有摇头反对的。大家的目光一致投向坐在桌子一端的斯大林身上。

斯大林轻轻地磕了一下手中的烟斗，不紧不慢地说："这个问题，我同铁木辛哥商量过，他主张在西南方向上也行动起来。应当尽快消耗德寇，使之不能在春季进攻。"

斯大林接着扫视了一下全场，问道："还有谁想发言吗？"

没有人回答。

最后，斯大林站起身，用一种特有的坚定而果决的口气讲道：

"我们的冬季大反攻势在必行，要局部服从整体，不管有多大的困难，也要咬紧牙关克服它，不达目的，誓不罢休。现在，我命令！"

全体在座人员刷地起立，目光严肃地投向斯大林。

1月7日傍晚，朱可夫的方面军司令部接到指令：西方方面军和加里宁方面军的任务是设法合围莫扎伊斯克—格查斯克—维亚济马地区之敌。

红色信号弹飞上了天空。

各舰队的舰炮、航空兵以及远程火炮向德军实施猛烈的轰击，地面和空中火力延伸后，苏军发起了全面反击。

一场在冰天雪地的鏖战以苏军强劲反突击开始，各路反突击大军犹如一把把闪光的利剑直捣德军固守的防御阵地。

1月8日，气温已经下降到零下42℃，可怕的严寒不仅摧残着德军士兵的身体，而且使他们的机器停转，武器失灵。

而此刻，苏军的反攻部队在大炮掩护下，不断出现在早已冻得浑身麻木的德军面前。许多冻伤的德军连枪栓也拉不开，只得束手就擒。

这是德军遭到毁灭性打击的一天！

新任中央集团军群司令克鲁格再也不听命于希特勒，坚决要求撤出危在旦夕的第4军团。希特勒闻讯，大发雷霆，亲自飞往前线召见克鲁格，希望从他口中听到所谓"真实情况"，以便去收拾那些"懦弱胆怯"的手下将领。

面对这位神经质的帝国元首，克鲁格不断地给自己鼓气，最终还是道出了部队的实情：德军目前缺衣少物，人员损伤过半，而且正遭到严寒侵袭和苏军两翼合围。

当克鲁格将这些严重情况一五一十汇报完之后，一直处于狂怒状态的希特勒才不情愿地闭上了嘴。

当气温直线下降到零下52℃时，冰天雪地中的德国士兵再也不能作战了。德军的临时防御体系一再被突破。

1942年2月1日，为更密切地组织西方方面军和加里宁方面军的协同动作，最高统帅部恢复了西部方向总司令的职务，并任命朱可夫担任这一职务，同时继续兼任西方方面军司令员。

这时，叶菲列莫夫中将指挥第33集团军的3个加强步兵师，前进到维亚济马接近地，并在那里进入战斗。第33集团军向维亚济马总方向展开进攻以后，叶菲列莫夫决定在德军能够调来预备队之前攻占维亚济马，如此一来，就会使敌人陷入岌岌可危的境地。出于此种考虑，叶菲列莫夫决定亲自带领突击集群迅速而大胆地向维亚济马冲击。

但是，2月3日到4日，当叶菲列莫夫的主力到达维亚济马接近地时，德军向乌格拉河附近的突破口实施突击，将苏军从中切断。紧接着，德军沿乌格拉河一线恢复了防御阵地。第33集团军的右翼部队被阻挡在珊斯基—扎沃德地区，而它的左邻第43集团军未能给予援助。随后，第33集团军的后方也被德军切断了。

在此关键时刻，最高统帅部采取果断行动，派遣空降兵第4军空降到奥泽列契尼地区，用以加强别洛夫的骑兵军，并同加里宁方面军骑兵第11军保持协同。但是，由于缺乏运输机，只有空降兵第8旅共2,000人空投到指定地域。

别洛夫集群、叶菲列莫夫集群以及空降兵部队，在德军后方进行了2个月的作战。2月10日，空降兵部队在游击队配合下，占领了莫尔珊诺沃—迪亚基列沃地区，消灭了德军坦克第5师的司令部，缴获了大量武器装备。朱可夫的司令部同别洛夫和叶菲列莫夫建立并保持着通信联系，尽可能地向他们空投了弹药、药品和食品，而他们的许多伤员则通过飞机撤回后方。

4月，冰雪开始解冻，情况逐渐恶化起来，突击集团很难进行机动作战。针对此种情况，朱可夫指示别洛夫和叶菲列莫夫脱离战斗，设法同西方方面军会合。朱可夫命令他们经过游击区，沿杰斯纳河沿岸的森林向基洛夫方向突围。可是，大胆和固执的叶菲列莫夫中将认为这条路线太长了，于是用无线电向总参谋部请求准许他走一条最短的路线——渡过乌格拉河突围。

斯大林同意了叶菲列莫夫的意见，否决了朱可夫的决定，并命令在第43集团军的地段组织相向突击。遗憾的是，德军猜透了叶菲列莫夫的企图，预先设置了强大的障碍，结果苏军被打散，叶菲列莫夫和炮兵主任奥弗罗西莫夫少将壮烈牺牲。

与此同时，沉着而谨慎的别洛夫将军指挥骑兵同空降兵部队，准确执行了朱可夫的命令，巧妙绕过德军的重兵集团，对德军实施短促突击，并沿方面军指挥部指定的突破地段运动。在此期间，别洛夫得到了朱可夫的具体指示，这些指示通常复制一份送给斯大林。

朱可夫在任何情况下都不束缚别洛夫的主动性，从不凭借上级的地位行事，而总是以老同志的身份向别洛夫提出最合理的建议。

别洛夫率领部队历经5个月的艰辛，终于胜利回到了方面军阵地。虽然许多重武器和很大部分战斗装备都丢失了，但大部分人员都安全归队。

在3月底到4月初，西部方向各方面军努力执行统帅部的指令，设法粉碎尔热夫—维亚济

马地区的德军的进攻，但末能奏效。此时，道路不好和补给品得不到保证增加了部队作战的困难。

至4月20日，最高统帅部接受了方面军领导人的建议，下令停止进攻，在大卢基—杰米多夫—别雷伊—杜霍夫施纳—第聂伯河—涅利多沃一线转入防御。这时尔热夫、格查茨克、基洛夫等地仍然在德军手里。

尽管如此，从全部冬季进攻战役中，西方方面军的部队向前推进了大约100　350公里，在一定程度上改变了总的战略战役态势，尤其是使莫斯科获得了一定的喘息时间。

莫斯科会战以苏军的胜利而宣告结束。在会战中，德军总共损失了50万人、1,300辆坦克、2,500门火炮、15,000多辆汽车和很多其他技术装备。红军解放了11,000多个居民点，收复了克林、加里宁、卡卢加等许多城市，赢得了最后胜利。

德军在莫斯科战役当中的失败，是德国法西斯发动第二次世界大战以来所遭到的第一次大失败，打破了希特勒"闪电战"不可战胜的神话，大大鼓舞了世界反法西斯主义的斗争。莫斯科会战后，德军的有生力量大大削弱，而且从此开始走下坡路，而苏军却得到了进一步的发展壮大，士气高昂。

枪声停息了，漫天飞舞的大雪覆盖了莫斯科的原野。

冬天即将过去，春天就要来临，明媚的阳光即将照耀这块一度被阴云笼罩的苏联大地。

苏联军民仿佛已经看到了黎明的曙光，听到了胜利的号角……

02
BATTLE

第二篇 ＞ 保卫·列宁格勒

第1章
CHAPTER ONE

阴谋，
巴巴罗萨

★希特勒戴上眼镜，靠在他的专用旋式座椅里，仔细推敲着"巴巴方案"作战方案，毫不含糊方案中的每一个细节或每一个细小的词句，并且不时地在纸上圈圈点点，勾出一些在他看来有待斟酌的语句。

★7月5日这一天，德军摩托化和坦克部队顺利占领了奥斯特洛夫城，4天后，攻占了通向列宁格勒的重要门户——普斯科夫。就这样，列宁格勒州这块神秘的土地便开始遭到了德军史无前例的恣意践踏。

↑德国总理府

No.1 阴谋的总部——总理府

　　1940年12月18日，一场难得的冬雨后，天气晴朗。刚刚修建成的帝国总理府也显得格外的亮丽和宏伟。冬日暖融融的阳光洒在光滑的花岗岩的台阶上，泛着有点刺眼的近似于黄金的颜色，不禁衬托出高高的大门里由于光线忽明忽暗所产生的神秘气氛。粗大而又光亮的柱子，凹凸不平且精致的窗龛，简单而又方正的造型，以及那一层又一层宽大而结实的台阶，无不给人一种既威严又盛气凌人的感觉。

　　这时，一辆黑色的梅塞德斯牌轿车急速驶来，在空旷的总理府门前停下，车内走出一位表情异常冷漠身着灰色呢制军大衣的军人，他就是这个帝国总理府的主人——希特勒。自从新楼竣工以来，希特勒的身影也变得频繁，当他每次来到这里时，不苟言笑的脸上总是加了些许惬意的神情。看得出，他对这座按照他的设计要求所修建成的帝国总理府非常满意，走起路来步伐尤其显得轻快和有力。

　　希特勒刚刚在办公室的特大写字台后坐定，习惯性地拿起电话正要开展他一天的工作安排。德国国防军参谋部参谋长约德尔将军轻轻咳了一声，然后推开门走了进来，当他走到希特勒跟前时，立即举手行了一个非常标准的纳粹礼。希特勒还是一脸的沉思状，但身子却条件反射似的从座位上弹出来，并快步绕过桌子与约德尔握了握手，算是简简单单的寒暄了。

"我的元首，我有份非常重要的文件要请您过目和签署。"约德尔说完便将一个黑色的公文夹轻轻地放到希特勒的写字台前，眼睛紧紧跟随着元首的一举一动。

"巴巴罗萨？！"希特勒打开文件的第一页，四个粗体字使他眼睛一亮，"怎么？方案出来了？"边说边不停地往后翻了几页，脸上开始浮现出一点点笑意，但随即又恢复了刚才的那种冷漠状。约德尔小心翼翼但又按捺不住激动的心情，不禁探身上前再作补充："我的元首，这就是您说的'巴巴罗萨'最终方案啊！""好极了，这份文件非常重要，我得花点时间推敲推敲。两个小时后，你再来拿吧。"

约德尔心神领会，腰板也比平时挺直了很多，举起手臂敬礼后，一转身大踏步走了出去。

"巴巴罗萨"是德国准备对苏联实施大规模进攻的作战方案的代号。早在年初，希特勒就指示陆军总司令布劳希奇元帅和陆军总参谋长哈尔德将军，着手拟订一个德军在东线针对苏联的作战方案。但领导德国国防军参谋部的约德尔得知这个消息后暗暗寻思起来，"虽然元首并未指令于我，但如果我能拿出比他们更好的方案，那么这更是一次……""现在不干，更待何时！"想到此，他急忙放下手中其他的工作，立即组织手下的人加班加点，在陆军总部和指挥参谋部方案拿出之前拟订了一个东线作战方案，并不失时机地借助与希特勒来往更直接的便利，对其施加影响。希特勒比较了陆军总部与指挥参谋部的两份方案后，更倾向于约德尔的那一份。因为尽管这些方案都将德军的主要打击力量放在苏联西北方向，但不同的是，约德尔似乎并不急于攻占莫斯科，而是力争首先消灭波罗的海沿岸地区的苏军，继而北转拿下列宁格勒。最后才作攻打莫斯科的打算。而陆军总部则把尽快夺取苏联首都作为首要目标。进军波罗的海并攻占列宁格勒，对苏联的北方邻国芬兰能起到刺激的作用，如果芬兰趁此大好良机加入到反苏战争中来……希特勒似乎看到自己已站在莫斯科的高楼前，人们正簇拥着向他敬酒欢呼。希特勒想到这，更加赞同约德尔的方案，于是，就在最近的一次方案讨论会上，提出以约德尔的方案为基础，结合陆军总部方案中的精粹，设计出一个最终方案来，并确定该方案的代号为"巴巴罗萨"。

果然不出一个星期，约德尔就将这个重要的方案设计好了。对于希特勒来说，压在心头的一块巨石终于能挪一挪了。

希特勒戴上眼镜，靠在他的专用旋式座椅里，仔细推敲着"巴巴方案"作战方案，毫不含糊方案中的每一个细节或每一个细小的词句，并且不时地在纸上圈圈点点，勾出一些在他看来有待斟酌的语句。

翻开第一页，方案的指导思想明确指出，要求德军在对英国的作战结束以前就以一次快速的远征将苏俄击败。接着德军应采取的措施有：陆军以苏联白俄罗斯与乌克兰共和国交界处的普里皮亚特沼泽地为界，分成南、北两个战区，把主力部队投入北部战区，使用两个集团军群在这里作战。此战区中靠南部的集团军群——中央集团军群——在粉碎白俄罗斯境内的苏军后，应以其快速部队转而向北，协同北方集团军群消灭波罗的海沿岸的敌军。北方集

↑ "巴巴罗萨"计划的始作俑者：希特勒（左一）、凯特尔元帅（左二）、陆军参谋总长哈尔德（左三）、陆军总司令布劳希奇（左四）。

团军群的进攻方向应指向列宁格勒，它的最终目标是占领这座历史名城。然后，才可实施攻占莫斯科的作战行动。读到此，希特勒微微点了点头，嗯，占领名城……突然，他顿了顿，没再往下念了。只是快速拿起笔在后面又加了一行字：只有当俄国的抵抗力异常迅速地出现崩溃时，才可以同时进攻两个目标。海军担负的任务是，在保障我方海岸安全的前提下，阻止敌波罗的海舰队逃出波罗的海。应迅速使其丧失基地，因为列宁格勒是该舰队最后一个基地，我军攻占列宁格勒将对波罗的海舰队造成不利局面，最终使其陷入绝望境地。

　　说起战争中可能愿意参加的盟国，约德尔在他设计的方案中提到了两个国家，那就是罗马尼亚和芬兰。其中芬兰参战的可能性更大，可以接受的任务为：与在挪威的德军第21集群之一部协同作战，保卫北冰洋通道，并向苏联北方的大动脉摩尔曼斯克铁路实施突击，并予以切断；同时还要配合德军北方集团军群的推进，在拉多加湖两侧实施进攻，以牵制尽可能多的苏军兵力，并占领位于芬兰湾内的汉科港。

　　希特勒合上文件夹，用手托着下巴绕着圆形写字台来回地走了走，继而又回到转椅上坐了下来，再次打开文件夹，通读了一遍方案的内容，大笔一挥，签上自己的名字。这时，窗外一缕阳光正好射在牛皮文件夹的封皮上，"巴巴罗萨"这四个大字也显得格外刺眼和清晰，希特勒不禁喃喃自语："是时候了……"

No.2 下一战，历史名城

"巴巴罗萨"方案的确定，无疑给正在高速旋转起来的德国战争机器，又注入了新的高纯度的润滑油。在战争中因取得一个又一个的胜利而处于亢奋中的德军，正沉浸在那种极度兴奋和癫狂的气氛中。他们远远没有想到，等待他们的将是一个你死我活的更持久的大战。与此同时，那些建功立业时间不多的军人们，却急切渴望着"巴巴罗萨"方案付诸实施的那一刻。刚刚受希特勒任命的冯·勒布元帅，将承担起波罗的海沿岸地区和列宁格勒方向进攻任务。此时他的心情更是万分的复杂。

年纪已过65岁的老将勒布起初并未对纳粹运动在意，对军衔远远小于自己的希特勒，他总是以一种普鲁士军官传统的高傲，保持着一段距离。但后来已经大权在握的希特勒在清除军界中他不喜欢的人时，勒布曾一度退役，赋闲在家。正所谓世事难料，不出两个月，战争的炮火再次点燃，希特勒需要一批有威望、经验丰富的老将军统军作战，一贯大起大落的勒布哪里能忍受悠闲而沉闷的日子，眼见机会找上门来了，他自然不会放过。于是，他主动捐弃前嫌，有意向希特勒靠拢，这样，他又被重视结果的希特勒重新启用，任第12集团军司令。虽然这段时间他的战绩平平，大一点的仗也没捞着打，但是懂得施以小恩小惠的希特勒在授予其他陆军元帅军衔的时候，并未忘记勒布，这对自尊心极强的勒布来说无疑是一个不小的刺激。而"巴巴罗萨"无疑是他施展才华也是报恩的一次最佳机会，对于年过花甲的勒布来说，这样的机会明显是不多了。因此，他暗中憋足劲儿，想在军中来个一鸣惊人。

根据德军最高统帅部和陆军总部的安排，交给勒布指挥的北方集团军群任务是在消灭波罗的海沿岸地区的苏军，尽快占领该地区后，向列宁格勒进攻并夺取该城。尽管在3个集团军群中，勒布所指挥的北方集团军群最小，这多少让虚荣心极强的勒布感到不痛快，但一想到自己将占领这座历史名城，不禁又自我安慰一番，开始着手准备起来。经过认真而周密的筹备，勒布同他的参谋长布伦内克将军制订了详细的作战计划并获得陆军总部的批准。在一个春意盎然、阳光明媚的上午，勒布向北方集团军群中各集团军司令官下达了具体的作战任务。

布伦内克兴致勃勃地拉开军用地图，将位于北方集团军群作战地段上的德苏双方的兵力兵器逐一作了对比介绍：北方集团军群下辖第16、第18集团军和第4坦克集团军，共29个师，其中有3个坦克师和3个摩托化师。第1航空队将在进攻中支援北方集团军群，该航空队拥有1,070架飞机，其中作战飞机760架。与此同时，中央集团军群的坦克第3集团军一部和第9集团军的主力，将在北方集团军群南翼协同完成消灭波罗的海沿岸地区苏军的任务。要是这部分力量也算起来，德军参加波罗的海沿岸地区作战行动的部队将极有可能达到42个师，近72.7万人，1.3万门火炮和迫击炮以及超过1,500辆的坦克。相比较而言，在波罗的海沿岸的苏军力量则显得很弱。这里只有1个苏军的波罗的海沿岸特别军区，含3个集团军和1个空降军，约20个师，兵力只有德军的1/3，炮兵坦克以及空军方面相差更是非常甚远。

→ 德军通过波兰，向苏联发起了全面进攻。

　　参谋长的话音刚落，勒布便信步走到巨大的地图前，接过身旁副官递过来的指挥棒，威严地扫射了一下端坐的将军们："各位将军，在我们东线的这场战争就要开始了，我和大家的心情一样，为能尽快夺取列宁格勒而激动，这不仅仅是因为我们的对手已处在不利地位中，更重要的是我们有不可挑剔的部队。当然，我们还有恰到好处的战斗部署。想不赢也难啊！"说到这里，勒布接过赫普纳将军递过来的水，清了清嗓子，又说道：

　　"瞧，我们将这样部署和实施胜利的进攻。赫普纳将军的第4坦克集团军将在整个集团军群战线的中央发起进攻。它的两个坦克军左右并进，直插德维纳河，切断苏军各部队之间的联系，从而使跟进步兵集团军顺利歼灭敌人。"停顿了一会，勒布看了看坐在旁边似有所悟的屈希勒尔将军，继续道：

　　"赫普纳将军的左翼是屈希勒尔将军的第18集团军。主攻方向是里加，同时用1　2个师的兵力沿海岸北上，占领利巴瓦、文达瓦军港，消灭或是驱除停泊在那里的波罗的海舰队，使对方舰上火力失去作用，从而消除我集团军群侧翼的威胁。"

　　坐在后面的是不善辞令、温文尔雅的布施将军，看着勒布的指挥棒往地图的下面方向指，他急忙弯着腰，凑到地图前。"布施将军的第16集团军在集团军群的右翼作战。"勒布盯着他，补充道，"你要以1个摩托化军直取维尔纽斯，围歼他们，再以1个摩托化军沿梅列奇—莫洛登奇诺—波罗茨克一线推进。"清瘦而略显矜持的布施轻轻应了一声，便垂下了头。

　　"在各集团军完成各自的任务后，应避免松懈，集中兵力向普斯科夫、诺夫哥罗德、列宁格勒方向发动进攻。无论遇到什么突击情况，都要在不停顿中完成进攻计划，以免给敌人喘息的机会。我要求，不出两个月，站在列宁格勒斯莫尔尼宫的台阶上全是我们的将士。"勒布转过身子将指挥棒放到桌上，径直走到座位旁，喃喃道，"我们将是占领这座历史名城的首批英雄……"

　　端坐久了的将军们似有所动，开始窃窃私语起来。也许是受了勒布的点拨，思路因此大开，也许是对历史名城产生了兴趣。毕竟，谁也不会拒绝当英雄的机会。但是他们中谁也不会想到，这个决定着上千万人命运的阴谋，就在看似光荣的"英雄"的名义下展开了，更让他们不曾料到的是，他们眼中的历史名城将会遭受怎样一场史无前例的血与火的洗礼！

No.3 列宁格勒，危在旦夕

1941年6月22日凌晨，"巴巴罗萨"方案启动了。德军自波罗的海到喀尔巴阡山宽达1,800公里的正面上不宣而战，向苏联人发起猛攻。西北方向，波罗的海沿岸地区首当其冲。

当这突如其来的灾难降临的时候，波罗的海沿岸特别军区的苏联部队，对于敌人大规模的进攻，一时尚未做好充足的物质和精神准备。战争之前，一些新的技术兵器或是没来得及装备部队，或是虽然装备了部队但仍处于熟悉和掌握阶段。驻扎在边境线附近的很多步兵、炮兵、空军海军部队，尚未作为一个战斗单位组成起来。苏军在战斗经验、人员、装备、动员程度和战斗准备方面，明显落后于德军。另外，由于苏军领导机构，包括斯大林本人对形势判断的失误，担心为德国进攻制造借口，因此，当战争爆发时，边境地区只有少量的国境掩护部队，而且也没有在他们负责的防御地段上展开。在边境地区只设了一个团，而且驻扎在更远的野战营地或军营里。更让人不可思议的是，担负紧急支援边境地区任务的战略后备队，战争开始时离边境线有150公里，甚至有的在500公里之外。这为后来德军的进攻创造了难得的有利条件。

尽管战争的炮火已经点燃，但一度轻信于希特勒的花言巧语的斯大林此时很难相信这就是战争的开始。但是，当苏联外交人民委员会莫洛夫接到德国驻苏联大使舒伦堡关于德、苏两国已处于战争状态的通知后，斯大林除了对德国背信弃义的极度愤懑和恼怒外，并没有手忙脚乱，六神无主。他习惯性地点燃烟斗，背着双手在办公室的地毯上来回地走动，思想正处在激烈的斗争状态。当烟斗快要燃到手指时才下意识地看了看坐在四周耐心等待他作出重要指示的政治委员们。每个人的眼中透露出更多的是焦虑。斯大林走向窗台，打开了关得严严实实的窗户，一阵热风吹来，撩乱了他本来梳得整整齐齐的头发。

就在这时，门"咣"一声响，国防人民委员铁木辛哥风风火火地闪了进来，他那高大魁梧的身影牵动了在座委员们的视线，他有意将嗓门压低，靠近斯大林说："斯大林同志，可以报告一下局势吗？瓦杜丁就在门口。"

办公室沉闷的气氛顿时有所缓和，大家似乎都把希望寄托在这位贵客身上，希望能从他的嘴里找到一些欣慰的语句。铁木辛哥话音刚落，围坐在桌旁的政治局委员们齐刷刷地看向门口，又看了看脸色黑黄、泛着光亮的斯大林。斯大林眯着双眼看了看眼前的铁木辛哥，然后轻轻地摆了摆手："快让他进来说吧！"

中等身材、脸膛方方正正的第一副总参谋长瓦杜丁中将夹着厚厚的一本文件夹跨了进

↑ 奋笔疾书的斯大林

来。自打他一进门起，所有委员们包括斯大林都急切地想从他的口中得到一些令人安慰的消息。但是情况远非他们想象的那么乐观，人们开始流露出非常失望的神情。德军强大的坦克部队和突击集团，从西北、西面和西南继续深入苏联领土，向腹地推进。边防部队虽然在竭力抵抗，但并不能阻止德军战争机器的更疯狂的转动。边境各军区情况严重，但具体到什么程度，第一副总参谋长瓦杜丁尚未掌握更具体的材料。

斯大林对此有很大的看法，因为一般说来，上级指挥员对具体情况的不了解将意味着对部队没有指挥力，这也是工作不到位的表现。本想就总参谋部的失职问题好好批评一番，但转念一想，当务之急是怎样遏制住敌人进攻的势头，而不是在这里浪费时间对他们作过多无用的指责。他对身边的瓦杜丁说："走吧。"然后，又径直走到铁木辛哥跟前，放低声调说："有必要给边境各军区下达组织反击的命令，现在就起草。"铁木辛哥马上拿出笔和纸，短短五分钟内，一份草稿就完成了。斯大林一边修改一边大声念道：

列宁格勒军区、波罗的海沿岸特别军区、西部特别军区、基辅特别军区、敖德萨军区军事委员会：

鉴于德国对苏联采取闻所未闻的悍然进攻，我命令：

1、各部队使用一切力量和手段进攻敌军并将其歼灭在侵入的苏联边界地区。此后，在未接到特别命令之前，各地面部队坚守阵地，不得擅自越过边界。

2、用侦察和作战航空兵确定敌方空军的集结地及其地面部队集结地。以轰炸航空兵和强击航空兵的有效打击将敌空军消灭在机场上，轰炸其地面部队的主要集团。航空兵应深入德国领土100～150公里范围内实施有力打击。轰炸柯尼斯堡及梅梅尔。

国防人民委员铁木辛哥
国防委员会委员马林科夫
总参谋长朱可夫

根据铁木辛哥的提议，斯大林将波罗的海沿岸、西部和基辅三个特别军区分别改组为西北方面军、西方方面军和西南方面军。列宁格勒军区则改组为北方方面军。在莫斯科军区领率机关和敖德萨军区的基础上，组建了南方方面军。

尽管反击命令顺利地下达到波罗的海沿岸特别军区暨西北方面军各部队，但由于苏军战前的准备不充分，苏军前线和后方部队的机械水平低，在部队保障和机动上，也远远不及德军。因此当德军进攻时，苏军各部队拼死实施反击，一度震慑住了德军，但若想将敌人歼灭在边境地区，已经是太不现实了。

曾亲自经历了那段噩梦般的日子的西北方面军第8集团军司令索别利尼科夫少将，对当时的作战情景记忆犹新，他回忆道："……当战争开始的时候，从电话和电报等通信设备上，我每天都能收到一些前后矛盾的指示，刚刚按指示发出了要求立即采取某些措施的命令后，又收到一些命令要求撤销这些措施，过一会儿又莫名其妙地收到肯定这些措施的命令。

我就亲自受到这些措施的困扰……坦率地说，当时每个人都置身于一种神经高度紧张、模糊不清、不协调、害怕挑起战争的氛围之中。"

这种经历在索别利尼科夫将军的口中听起来的确让人感到它的真实和可怕，然而经受这种可怕困扰的集团军司令员却远非他一个。

就在苏军还在沉湎于这种惊慌失措、手足无措的状态的时候，德军在波罗的海沿岸地区的进攻发展得极为顺利。进攻第一天傍晚北方集团军群的第4坦克集团军先头部队进抵杜比萨河西岸，中央集团军群的第3坦克集团军在阿利杜斯和梅列奇地区赶在苏军炸毁铁路桥之前，顺利渡过了涅曼河。西北方面军的部队当天的情况更是糟糕不已：作战当天就被德军从国境线逼退了10公里以上。面对异常严峻的局面，西北方面军司令部根据莫斯科的命令，要求所属部队采取一切手段，甚至不惜一切代价以恢复国境线地区的局势。军令如山倒，所属部队在与德军作战中尽管已经疲劳不堪，俨然失去了战争初期的锐气，但还是鼓起最后的斗志与德军拼死反击。结果，第8、第11集团军在已经被打散的情况下，用所能掌握的少量部队在卡乌纳斯、沙乌良和维尔纽斯组织反击，以失败而告终。第3和第12机械化军在沙乌良和肯达伊纳地区与前出到杜比萨河和涅曼河的德军坦克部队，展开了开战以来规模最大的一次坦克战。这场激烈的战斗一直持续了2天左右，虽然苏军未能攻破德军防线，但他们的ＫＢ型重型坦克使德国人尝到了苦头。从6月25日开始，第8集团军撤往里加，第11集团军撤往斯维察纳和基斯纳。这种局面使得西德维纳河以西，苏军已经失去了有组织的抵抗了。

形势越来越不利于苏军，即便是这样，莫斯科的苏军统帅部大本营还是命令西北方面军司令部要克服一切困难利用西德维纳河这一自然屏障阻止德军的推进。方面军司令部命令此时驻扎在古尔别奈和别丘尔的第27集团军在西德维纳河东岸从利瓦诺至克拉斯拉夫组织防御，第8集团军从利瓦诺至西德维纳河入海口筑成防线。可是第27集团军部队还没来得及在指定地区展开防御，26日，德第56摩托化军便在陶格夫皮尔斯发动了进攻。4天后，德军轻而易举地渡过西德维纳河，占领了东岸的很大一块登陆场。西北方面军各部队为了避免被德军包围，只得再次向东和西北方向撤退。见此情况，苏军统帅部大本营随即又命令方面军在韦利卡河一线组织防御，为了以防万一，还从自己的预备队中调来了2个军。可惜的是，这次苏军的计划又迟了一步，就在7月5日这一天，德军摩托化和坦克部队顺利占领了奥斯特洛夫城，4天后，攻占了通向列宁格勒的重要门户——普斯科夫。就这样，列宁格勒州这块神秘的土地便开始遭到了德军史无前例的恣意践踏。

正如"巴巴罗萨"方案中所提及，6月30日，苏联西北面的邻国芬兰也不可避免地参加了对苏联的进攻。战争中，芬兰沿苏芬边界集结了15个步兵师、1个步兵旅和1个骑兵旅。芬兰的卡累利阿集团军，在拉多加湖以北的地方一一展开；东南集团军则沿卡累利阿地峡至芬兰湾一线推进，德军的第91山地步兵师与芬兰军队一起对苏军发起猛烈的进攻。这样，本来就处于劣势的苏军面对芬兰和苏军两国军队从西南、西北和北面的三面包围，处境更是说不出的艰难了。

列宁格勒危在旦夕！

第2章
CHAPTER TWO

急剧恶化的处境

★在热烈的气氛中，会议最终以陆军总部的计划为基础，讨论制订了各集团军群的具体作战计划，"北方"集团军群首要任务是粉碎苏军并前出至大卢基、伊尔门湖、普斯科夫湖地域。然后，再从伊尔门湖以西地区向东北及北面发起进攻，从东南冲击列宁格勒，并从行进中占领该城。

★"我建议抓紧时间加强和完善列宁格勒接近地上另两道防线，使敌人每挪动一步都要付出惨痛的代价。"

No.1 守卫卢加防线

德北方集团军群司令勒布元帅，眼见列宁格勒的大门已经被自己撞开了，剩下的不是担忧能否占领这座名城的问题，而是何时能第一个占领的问题。没错，他指挥的集团军群在7月初结束时，进展丝毫不比其他两个集团军群缓慢，取得的成果也是令希特勒万分满意，而令其他元帅十分吃惊：仅仅两个多星期北方集团军群已经向苏联腹地推进了500公里，使得像西德维纳河这样巨大的水障碍不再构成威胁。由于他的部队的强大攻势，波罗的海沿岸地区的苏军简直不堪一击，他们屡次试图建立防线，也最终被德军突破。令他们感到非常得意的是，苏军的2个受重创的集团军，一个撤往爱沙尼亚中部的重要港口，也就是波罗的海的舰队基地的里加；一个则退到普斯科夫一带，几乎失去了反抗的力量。因此，在勒布看来，当务之急是尽快抢在中央集团军群攻占莫斯科，南方集团军群夺取基辅之前拿下列宁格勒。

勒布这些天来为自己有这样的伟大设想而心情愉悦，为避免夜长梦多，他将自己下一步作战行动的打算与希特勒作了交流，并建议希特勒马上召开会议。1941年7月8日，希特勒在位于东普士腊斯堡的元首及国防军最高统帅大本营召开作战行动会议，陆军总参谋长哈尔德将军对过去10多天来的业绩作了非常得体的总结和汇报，继而谈了谈陆军总部的考虑。脸色红润的哈尔德将军尽管方言很重，但他非常善于抓住听众的心理，在对德军作了一通得体的赞扬之后，又适时地对苏军进行了一番蔑视。听着他激昂而得意的话语，在座的所有人似乎都受到这种胜利情绪的感染，连希特勒一向冷峻的脸也浮现了满意的微笑。这让胖胖的哈尔德将军更加喜形于色，发挥得更加淋漓透彻：

"基于各位的一致看法，"哈尔德眨了眨他那不大却很有神的眼睛，继续说，"下一步各集团军群的任务是：北方集团军群仍然坚决地向列宁格勒方向冲击，击溃苏军西北和北方方面军，从东面和东南面切断列宁格勒与苏联其他地区的联系，与芬兰军队协同作战，从行进中占领该城。"停顿了一会，他接着说道，"为一举击溃俄军，决定从中央集团军群中抽出第3坦克集团军，加强给北方集团军群。这也表明我们对勒布元帅充满信心。另外，我们还将派北方集团军群与中央集团军群共同去攻打——"说到这里，哈尔德扫视了一下会场，一字一句地说，"我们的下一个目标是——莫斯科。"这三个字无疑再次提起了大家的兴致。

会后大家畅所欲言，都紧紧围绕一个主题，那就是"列宁格勒"。在热烈的气氛中，会议最终以陆军总部的计划为基础，讨论制订了各集团军群的具体作战计划，北方集团军群首要任务是粉碎苏军并前出至大卢基、伊尔门湖、普斯科夫湖地域。然后，再从伊尔门湖以西地区向东北及北面发起进攻，从东南冲击列宁格勒，并从行进中占领该城。

勒布接到由陆军总司令勃劳契奇元帅和陆军总参谋长哈尔德将军签署的这份命令，要求勒布加快速度，把夺取列宁格勒作为当前的首要任务。勒布抑制不住喜悦之情，在他与希特勒私自交换意见时，他就拟好了下一步作战行动的具体计划：第16集团粉碎了正面的

↑ 苏军总参谋长朱可夫为列宁格勒战役拟订计划。

苏第27集团军之后，立即向东进入大卢基、赫尔姆、旧鲁萨地区。第4坦克集团军的右翼部队则向普斯科夫、诺夫哥罗德、丘多诺方向进攻，越过十月铁路，从西南包围列宁格勒。其左翼部队经过卢加，从行进间占领列宁格勒。原来作为集团军群后备队的第18集团军主力在普斯科夫湖东岸和楚德湖展开进攻，并攻占纳尔瓦；其左翼部队就占领塔林，并沿芬兰湾南岸攻入纳尔瓦区。芬兰军队应在卡累利河地峡和奥涅加与拉多加湖之间地带击溃苏北方面军部队，与占领列宁格勒的德军配合行动。第二天，德军各部队上上下下都在争相传阅勒布的作战计划。

这样一来，列宁格勒这座名城将会受到来自南、西南、北面芬兰军的严峻威胁。

德军肆无忌惮地威逼列宁格勒，这使身在莫斯科的斯大林更感肩上责任的重大。当他从总参谋长朱可夫口中得知库兹涅佐夫将军指挥的西北方面军的部队又没能守住西德维纳河防线时，不禁大发雷霆，立即令他以大本营的名义起草一份命令，撤销库兹涅佐夫将军方面军司令员职务，由第8集团军司令员索别利尼科夫接任。

朱可夫不愧为一位有胆识的军人，他看着斯大林一脸的怒气尚未平息，小心翼翼地递给他一杯水，侧着身子轻轻地说："西北方面军的部队在战争初期遭到严重损失，恐怕他们一时难以挡住德国人。"斯大林不解地看着朱可夫，以不满的口吻说："你在替西北方面军的失败找理由吗？"

一听这话，朱可夫知道斯大林误会了他的意思，干脆单刀直入地说："西北方面军是在毫无准备的情况下卷入战争的。而且在战争来临的时候，方面军各部队无论是人员的自身素质还是技术装备上都远没有达到最基本的标准。其中就有30%左右的师根本没有战斗力可言，而有一部分的师，譬如步兵第33、第126、第181、第183、第188师，摩托化步兵第220师，每个师的人数也仅有2,000人，这就更谈不上战斗力了。用这样的部队去与准备充分、有很多战斗经验的德军面对面进行对抗，我想要取胜只会是奇迹。"

"那我们岂不是要将列宁格勒拱手让给德国佬！还在这里谈什么？"斯大林显然是被气急了，本来肤色不白的他因为多日的焦虑而更加泛黄了，在闷热的天气下汗珠历历可见。

"我有办法，部队可沿卢加河一线，筑起新的防线，拖延敌人的时间，保住列宁格勒就有希望。"

"那西北方面军不是兵力不够吗？"斯大林尽管将火气压了下去，但还是有所顾虑。

"这就是我正要说的，我们完全可以从北方方面军抽调部队，如果时间来得及的话，我们还可以从其他部队中抽调一些部队。"朱可夫看了看脸色稍有所缓和的斯大林，接着说，"您也许会说芬兰人会从列宁格勒以北乘虚而入，这也是一个威胁，但并不是最主要的。当务之急是要挡住德国人的进攻。对于芬兰人的进攻，我们还能挤出时间。"朱可夫一口气将他的想法说完，见斯大林没有异议，便拿出军用地图，具体谈了谈下一步对抗德军的计划：首先，用北方方面军的步兵第70、第171、第177和第191师，列宁格勒城工人组成的3个民兵师，列宁格勒步兵学校的学生及独立山地步兵旅，组成一个卢加作战集群，沿卢加河构筑巩固的防线，形成一道从西北到西南掩护列宁格勒的天然屏障。斯大林肯定了他的作战方案，随即便通知北方方面军司令员。在7月6日　9日这几天时间内，苏军各部务必抢在德军向这里发起进攻前在卢加河一线占领防御。

与此同时，国防委员会还组建了一个西北方向总司令部，统一指挥该方向上的作战，并任命苏联元帅伏罗希洛夫为西北方向总司令，列宁格勒州委书记、政治局委员、中央委员会书记日丹诺夫为军事委员,扎哈罗夫少将为参谋长。西北方面军、北方方面军、红旗波罗的海舰队均隶属于这个总司令部。西北方向总司令部组成后,头一件事便是着手组织列宁格勒接近地上的防线,动员一切人力构筑防御工事,调动部队占领防御。

一场空前激烈的血战将在列宁格勒接近地上不可避免地爆发。

No.2 血战卢加防线

卢加防线全长300公里,南边是伊尔门湖西岸的西姆斯克,沿卢加河向北延伸至该河注入芬兰湾的入海口金吉谢普。赶在德军行动之前,苏军军队首先就占领了防御,但因为时间紧,这个重要的前沿阵地没来得及架设铁丝网和布设地雷,反坦克和反步兵壕沟也仅仅挖了一半,而挖好的掩体和修起的工事更是不符合质量标准。因此,这为后来的防御工作带来了一定的难度。

1941年7月10日,德军气势汹汹地沿普斯科夫—卢加公路向波尔霍夫、松尔岑、诺夫哥罗德方向发起进攻。扑向卢加的是德第4坦克集团军的第41摩托化军,该军辖1个坦克师、1个摩托化师和1个步兵师,在卢加方向进行防御的是苏西北方面军的第118师。在德军优势兵力的多次冲击下,该师损伤惨重,只好退往普斯科夫—格多夫公路以北。德军随后顺利地抵达卢加城下。与此同时,卢加城下担任第二梯队的西北方面军步兵第90师,刚刚抵达这里,还没来得及与118师军队的同志会合,就遭到德军坦克和空军严重打击,被迫撤往卢顿地区,到12日,在楚德湖东岸的苏军已撤到卢加防线的前沿地。第8集团军和第11集团军的步兵第41军也同时接到西北方向总司令部的命令,命令要求他们即刻从西北方面军转隶北方方面军,加入卢加作战集群,堵住德军从西南方向进攻列宁格勒的道路。

虽然卢加作战集群的力量有所加强,可是从部队数量和防御力量上看,要守住卢加防线真是太难了。步兵第191师的防区有70公里,列宁格勒民兵第2师有40公里,更危险的是,师与师之间最大的宽度有20公里没有部队占领。防线右翼的金吉谢普方向,也完全没有部队掩护。再看看火炮,情况更是令人担忧,整条防线上的炮火密度低得可怜,平均每公里不超过2门火炮和迫击炮。

对于苏军的防御情况,德第4坦克集团军司令赫普纳在暗中了解得一清二楚,他见时机已到,决定来个避实就虚,命令第41摩托化军避开卢加城,改道北上,从金吉谢普地区突破卢加防线。在一个炎热难当的晚上,第41摩托化军的先头部队在未遇任何抵抗的情况下,在金吉谢普东南方20~25公里处渡过卢加河,占领了河右岸的伊万诺夫和大萨布斯克地区。就在同一时刻,奉命向诺夫哥罗德进攻的第4坦克集团军的第56摩托化军,也顺利进抵卢加防线左翼的西姆斯克。

卢加防线岌岌可危,生死系于一发。

德军在金吉谢普方向已渡过卢加河的消息报告到西北方向总司令伏罗希洛夫元帅的时候，他在总司令部所在地诺夫罗德的野战指挥所里，正在电话里接受他的老战友斯大林的批评。在谈到卢加防线的时候，从伏罗希洛夫元帅接电话的神情上看，斯大林的火气非常之大："怎么搞的，居然眼睁睁地看着敌人无所顾忌地推进。再不想办法解决防线问题，我拿你是问，至少得把德军赶回到楚德湖以西去。"说完不等伏罗希洛夫回答，"啪"地将电话挂断了。

　　伏罗希洛夫还未回过神来，刚刚放下电话。参谋长扎哈罗夫将军和军事委员日丹诺夫急冲冲地赶来报告。一脸沮丧的伏罗希洛夫眼见两人神色紧张就知情况不妙，便挥了挥手：

　　"说出最糟糕的情况吧。"

　　扎哈罗夫低沉地说：

　　"德军在金吉谢普方向已经渡过卢加河，还占领了两处登陆场……"

　　"金吉谢普？怎么可能呢？不是有非常神勇的民兵第2师吗？"

　　伏罗希洛夫不相信地看了看日丹诺夫，日丹诺夫擦了擦额头上的汗珠，走到伏罗希洛夫跟前，无奈地说：

↓卢加河上，德军渡过卢加河向列宁格勒前进。

"当时民兵第2师还在路上呢！我们连卡车都没有，他们只好一路步行……"

"太危险了，再这样下去卢加防线也保不住了！刚刚接到斯大林同志的电话，若他知道卢加防线的处境，那可就……"伏罗希洛夫看了看脸色不太好的扎哈罗夫，终于将后半截话吞了下去，这使得日丹诺夫和扎哈罗夫都垂下了眼帘。

"是得采取行动了！"日丹诺夫接过话茬，"我提议以西北方向总司令部的名义号召全体列宁格勒人民在当前严峻的形势下，积极投入到保卫摇篮的战斗中来，并加快民兵师的组建工作，本月底，至少再组建7个志愿师。"

"好主意！"伏罗希洛夫神色舒坦了好多，拳头也不自觉地握了起来。扎罗哈罗受到了感染，大声说：

"我建议抓紧时间加强和完善列宁格勒接近地上另两道防线，使敌人每挪动一步都要付出惨痛的代价。"

"好极了！"伏罗希洛夫情绪激昂起来，"另外，同志们，对待凶狠的敌人，我们何不来个主动出击呢？有时候，一个成功的反击战，将会收到一个意料不到的结果。"说完似要在日丹诺夫和扎哈罗夫两人身上找出答案。

"让德国佬尝尝什么叫真正的厉害！"日丹诺夫用手托着下巴，冷不丁地冒了一句。

"我看可以这样，从旧鲁萨向索尔策地区实施反突击比较适宜。首先，这里的德第56摩托化军的侧翼，由于附近的步兵没有跟上而处于暴露状态；第二，现在的第41摩托化军又被调往北方的金吉谢普，一时无法支援第56摩托化军；第三，德军正全力进攻，对我军的反击防备明显不足，这样一来我们就能乘其不备，打敌人一个措手不及，至少能延缓德军向诺夫哥罗德的进攻。"扎哈罗夫将军满怀信心地说。伏、日两位将军听罢表示完全赞同。最后，伏罗希洛夫毅然作出决定：

"日丹诺夫同志，立即发表告列宁格勒人民书并组织民兵师的工作，你的责任不小啊！扎哈罗夫同志，你把反击计划上报莫斯科的大本营，马上安排反击的部队。我明天就去金吉谢普，我要亲自将德国人赶出卢加河！"

第二天天还没亮，伏罗希洛夫便驱车来到波列奇耶—伊万诺夫斯科耶地区，亲自指挥奉命前来的列宁格勒民兵第2师，向德军占领的两处登陆场发动反突击。民兵师的从天而降使得德军乱作一团，没有步兵掩护的坦克部队防御上漏洞一个接着一个，一场激烈的战斗之后，德军不得不暂时撤过卢加河。下午1时，伏罗希洛夫又赶到大萨布斯克，列宁格勒的年青战士们，为争夺渡口正与德军激战。其中学员队急行军为了赶到这里昼夜未眠，身边的武器也是少得可怜，只有几挺轻重机枪。前来布雷的工兵营与渡过卢加河的德军遭遇，在没有火炮、迫击炮等反坦克兵器的情况下，只得用燃烧瓶对付坦克，因此，与德军的战斗中也非常地顽强和艰苦。

伏罗希洛夫大步走进临时搭建的营指挥所，与一身尘土的大尉营长碰了个正着。显然，伏罗希洛夫的到来使他惊异不已，一时间弄得他手足无措，倒是伏罗希洛夫元帅主动伸出手来，大声道：

↓苏军奋勇抵御德军的进攻。

"你好，大尉同志，你们营打得不错嘛，德国法西斯8辆坦克还不是一样报销了嘛，干得好！"

"您好，元帅同志！"大尉这才想起敬礼，紧握住了元帅伸过来的双手。

"大尉同志，你们已经多次与德国法西斯交手了，仗也打得不错，你们是不是认为德国纸老虎也不过如此啊！"伏罗希洛夫看了看满头大汗的大尉，递给他一个毛巾，"很多人一听到德国佬，都说狼来了，我们惟有后退，再后退……"停顿了一会，伏罗希洛夫招呼着大尉在阵地上坐下来。

刚刚经历过一场血雨腥风的战斗，经过一场暴雨和战斗洗礼后的战场，显得虽然凌乱却也安静无比。

大尉稍作思考，拿着元帅递过来的毛巾似有感触，坚定地说：

"我一直都在想，不管敌人的装备是如何的强，作战经验如何的丰富，一看到他们那贪婪可恨的目光和想占领列宁格勒的疯狂，我的害怕就一扫而光了。"说到这里，大尉的声音有点发颤，继而直视着元帅说，"一想到身后就是列宁格勒，有我的亲人，有盼望过上和平日子的全国人民，我就来了一身的劲……"

大尉刚想接着自己的话题说下去，突然，3架德国的"梅塞施密特"飞机疯狂地掠过树梢，从高坡上呼啸而来，离伏罗希洛夫一行乘坐的汽车和他们蹲坐的地方非常近，敌机飞行员正要俯冲扫射时，大尉急忙拉着伏罗希洛夫，高声喊道："不好，空袭来了，全体快快进入深林！"

"梅塞施密特"怪叫着直扑而来，机身都快挨着地面了，伏罗希洛夫的身后，掀起了一串串喷泉般的泥浪。大尉回过身，看着一脸镇定、未迈开脚步的伏罗希洛夫，擦去一脸的冷汗，大叫道：

"我的元帅，您这是……"

伏罗希洛夫出奇平静地说：

"我想领教一下敌人的厉害啊！像你说的那样，我们不后退敌人就害怕了。"

自这以后，金吉谢普和大萨布斯克地区的战争一直持续到7月下旬。德军为夺取大萨布斯克渡口，竟同时派出50多架飞机对面积小得可怜的渡口地区实行狂轰滥炸，顿时，四周的大大小小枝叶茂盛的树林被火炮烧成了木炭，战士们借助有限的武器与凶猛的敌人进行了搏杀，直到最后一口气。

在卢加防线的左翼，从7月15日 18日，苏第11集团军分成两个作战集群。向索尔策地区的德第56摩托化军的第8坦克师和第3摩托化师发起了反突击，切断了该师与其他德军的联系，还切断了第56军的后方补给线。苏军立即从地面和空中对该师实行一场全方位的攻击，致使德军损失坦克约70辆。第56摩托化军司令曼施坦因急令两个师向西突围，撤到德诺一线建立防御，并马上要求党卫队"骷髅"师和第16集团军增援，突破包围的第8坦克师和第3摩托化师在德诺地区也一直忙着休整，直到月底才勉强进入进攻状态。

这次卢加战线上的防御战，特别是苏军在索尔策地区的反突击，使德军尝到了苦头，从而也大大打击了敌军士气，使德军在后来的一个月中由先前向西北方向推进500公里的速度降低到150公里。不管勒布的计划安排得怎么的高明和周密，德军想从行进中一举夺占列宁格勒的计划流产了。

No.3 拼死卢加防线

列宁格勒的地理位置颇具特点，它的东西两侧是两大水域，西边是波罗的海的芬兰湾，东边是欧洲最大的拉多加湖泊。卡累利阿地峡是两大水域之间所形成的一条窄长的地峡。地峡的南端便是列宁格勒。19世纪初，随着芬兰并入俄国版图，整个地峡成为沙皇俄国的领土。第一次世界大战后，芬兰独立，地峡的大部分划在芬兰国界之内。因为芬兰边界距列宁格勒太近，该城的安全问题一直是苏联人的一大心病，为此，苏联曾提议以两倍的领土换取芬兰把在芬兰湾和卡累利阿地峡上的边界向后移数十公里。结果酿成一场血战，战争最后以芬兰战败，接受苏联全部条件而结束。卡累利阿地峡转归苏联，芬兰湾里的一些岛屿及汉科港也为苏联所得。虽然苏联以战争的方式在战略上获得了一些成果，但也因此被芬兰人视为大仇人。当希特勒准备发动对苏战争时，他自然将芬兰列入胜利的砝码。这也是"巴巴罗萨"计划中最为关键的内容：根据"巴巴罗萨"计划，芬兰军队应与德军配合行动，一方面是经过卡累利阿地峡从北面进攻列宁格勒，另一方面从奥涅加湖与拉多加湖之间的通道，由

↑ 芬兰军队向列宁格勒进军。

东面迂回包抄列宁格勒。

芬兰为报失地之仇，雪战败之耻，几乎不等希特勒主动要求，便立即调集了2个集团军共15个步兵师及2个旅，沿卡累利阿地峡和拉多加湖—奥涅加湖之间的地带展开了迅猛的攻势。这时在列宁格勒的苏军，面对着来自两方面的威胁：一面要抵御来自西北方向德军的突击，一面还要抽出有限的兵力，抗击来自北方和东方芬兰军队的威胁。

芬军指挥部急不可待地派出了2个集团军：卡累利阿集团军和东南集团军。两个集团军立即奉命沿着拉多加湖的两岸展开。西岸的芬兰东南集团军，芬兰师6个、旅2个和德军师1个，任务是沿着卡累利阿地峡从北面进攻列宁格勒。东岸是卡累利阿集团军，下辖7个芬兰师，任务是通过拉多加湖—奥涅加湖之间地带，从东面进攻列宁格勒。由于苏军将大部分兵力主要集中在西岸，因此，芬军指挥部决定从东面展开进攻，牵制住苏军的兵力，继而从卡累利阿地峡直取列宁格勒。2个集团军的总兵力为20万人以上，3,000多门各口径火炮和迫击炮，另有飞机506架。

同芬军总的军事力量相比，苏军显然居于劣势：在卡累利阿地峡布防的是苏第23集团军共2个军，包括4个步兵师、1个筑垒地域部队和1个摩托化师，在拉多加湖—奥涅加湖之间的是苏军第7集团军共3个师的兵力。这2个集团军一共才有11万多人，各口径火炮和迫击炮也比芬军少了500门，飞机数量也不及芬军的一半，坦克仅有231辆。

芬军在继德军展开大举进攻后，才以空袭的形式对列宁格勒、芬兰湾内的苏联海军基地喀琅施塔得等地进行报复。1941年7月29日，双方在边界线上的里斯达拉赫基以南展开一场不见天日的血战，苏军体力渐渐不支被迫撤退。不久，芬军向苏军第7和第23集团军的结合部拉赫登波赫亚展开更凌厉的攻势，战斗持续了10天时间，芬军在损失一半的兵力后，只向前推进了15公里。这是自芬军进入战争以来损失最惨重的一次。

1941年7月10日一大早，树梢一动也不动，天气较往常更加的酷热。一场新的、规模更大的进攻战役，在拉多加湖岸边正紧张有序地进行着：芬兰卡累利阿集团军向拉多加湖东岸发起进攻。目的是前出至拉多加湖东岸后，再向东占领位于奥涅加湖西岸重要的铁路枢纽彼特罗扎沃特斯克。芬军动用了4个步兵师的力量向苏军步兵第71师和第168师气势汹汹地扑了过来。在敌军优势兵力的猛烈冲击下，2个师的防御很快瓦解，被迫撤向东方和东南方向。14日，芬兰顺利地占领了基洛夫铁路上的洛伊莫拉车站。两天后，进入拉多加湖东北岸。然后，芬军分两路出击：一路直扑彼特罗扎沃特斯克，一路沿湖岸南下奥洛涅茨城。苏第7集团军被分割成两部分，且没有后备队，处境越来越艰难。16日，西北方向总司令部命令北方方面军抽调1个摩托化团、1个反坦克团、2个山地步兵营、2个坦克连加强第7集团军。这无疑使第7集团军受到了极大的鼓舞，虽然这些部队不能从根本上扭转整个大的局势，但却给芬军的进一步推进造成了一定的影响和阻碍。

4天后，北方方面军司令部针对芬军的进攻方向，分别组成了两个作战集群：彼特罗扎沃特斯克作战集群和南作战集群。这两个作战集群曾一度进行多次反攻，迫于力量不足，只得再次转入防御。经过轮番的反击战，不知不觉到了8月中旬，天气更加的炎热难当，芬军的兵力从士气和战斗力上说，都大不如前。另外，苏军的勇猛和执着也一度使芬军望而却步。不管怎么说，苏军在军备无明显保障的情况下，采取了果断而坚决的积极行动，牵制了芬兰部分兵力，使之不能倾其全力从卡累利阿地峡方向进攻列宁格勒，为苏军后来的防御战赢得了宝贵时间。

芬军在拉多加湖东岸取得小小胜利之后，便按着预定计划，于7月的最后一天，在卡累利阿地峡方向转入进攻。不久，芬军就突破苏第23集团军的防线，深入苏军防御8～15公里。刚刚上任的方面军司令员格拉西莫夫少将，命令摩托化第198师和步兵第142师从拉赫登波赫亚地区向西实施反攻，消灭深入苏军防御的敌军，恢复国境线一带的局势。同时，步兵第115师和第43师以其部分部队沿列宁格勒—维堡的公路进行进攻，以牵制敌军。但苏军在反攻时，遭到芬军有组织的抵抗，未能达到预期目标，形势逐渐不利于苏军。芬军趁苏军失利之机连续地向苏第23集团军的右翼发起猛烈的进攻，并很快将这一侧的部队分割成三部分，并在步兵第115师地段上撕开一个足够让芬军自由进入卡累利阿地峡的突破口，从而使芬军向着地峡南端的列宁格勒前进。在一个月圆、凉爽的夜晚，芬军从维堡以东浩浩荡荡地渡过了乌奥克西河，维堡地区的苏军陷入了芬军的可怕包围。

面对芬军的傲慢的得寸进尺，面对眼前第23集团军防区的危险处境，西北方面军总司令部和北方方面军指挥部都感到前所未有的压力，因为他们掌握的所有力量都已投入到列宁格勒西南和南方方向上了。也就是在那儿，德军从容突破了卢加防线推进到丘多沃了，这里距列宁格勒只有100公里。大本营在情急之中，只好下令第23集团军撤离国境线，后退到更有利的地段即维堡以北、乌奥克西河右岸进行固守。但是狡猾的芬军又迅速切断了苏军南撤的道路，步兵第43、第115、第123师都相继陷入包围，被打散的部队也失去了指挥，只能各自为战。在卡累利阿地峡中央，咄咄逼人的芬军又以最猛烈的进攻迫使苏军再次向东南方向撤退。撤退严重影响了苏军的战斗力，一时间，军心大乱，第23集团军的部队在战斗中损失巨大，人员伤亡也是战争以来最大的一次。更可怕的是，这种少见的溃逃行动如同一场确诊的瘟疫，在部队上上下下蔓延开来，对那些时刻不忘奉献并找机会报效祖国的军人们无疑是一个大大的冲击。

　　无论它有着怎样的影响力，给苏联人带来怎样的一次精神冲击，它最终都不能改变列宁格勒即将面临的厄运。在紧要关头，刚刚组建成的列宁格勒方面军军事委员会，下令第23集团军各部队退到1939年国境线上的卡累利阿筑垒地域。经过一番努力修整，第23集团在筑垒地域重新建立了稳固的防御，芬兰军队的进攻势头遭到遏制之后，也不再如以前的强劲了。苏芬双方在卡累利阿地峡以及拉多加与奥涅加湖的湖间地带各自筹备新的力量，一场无声的战争硝烟顿时弥漫开来，卢加防线最残酷、最悲壮的一幕开始了。

↓芬军在卡累利阿。

第3章
CHAPTER THREE
新的难题

★沃尔霍夫—列宁格勒铁路线上的姆加车站失守，列宁格勒同苏联内地联系的最后一条铁路线，也不幸中断了。德军最高统帅部的首脑们一致同意，德军在列宁格勒城下的进攻的一切条件都已充足，剩下的就是如何与芬军协同作战并最终拿下列宁格勒了。

★勒布本想在最后的紧要关头大显身手，再创辉煌，可是他失算了，真的做梦也不会想到问题就出在自己屡试屡胜的佯攻上。

No.1 撕开，卢加防线的挑战

　　1941年8月初的一天，勒布元帅坐在自己宽畅的办公桌前，认真读着希特勒刚刚签署的命令。当他读到博克元帅指挥的中央集团军群在通向莫斯科的道路上遇到了麻烦，迫使他们被迫暂时放弃继续向前推进的任务和目标而停下来休整10多天时，他暗暗地高兴。经过多日的战斗，他非常清楚苏军现在的处境，腹背受敌、必须同时应付来自三个方向的进攻，兵力短缺，补给不足，指挥混乱，士气不高等许多关键的弱点慢慢在交手中暴露出来，这为北方集团军群抢在别的元帅之前率先拿下苏联最大的中心城市之一，无疑是一个最好的机会。一想到这些，勒布的脸上就增添了一些微妙的笑容，开心得逢人就点头，对待自己的下属也较平时和颜悦色多了。

　　眼看着这个伟大的名城即将要被自己拿下来，这对勒布来说，不啻为一件伟大的荣耀之事。人逢喜事精神爽，勒布因为心情好，思维也变得异常敏捷，看上去要比以前年轻好几岁。

　　根据希特勒的第34号命令，勒布把集团军群的主要力量集中在伊尔门湖至纳尔瓦之间，并且重新编排组合为3个作战集团：北突击集团，由第4坦克集团军的第41摩托化军和第38军组成，从伊万诺斯克耶和大萨布斯克出击，经科波尔高地进攻列宁格勒；卢加集团，由第4坦克集团军的第56摩托化军的3个师组成，它应在占领卢加城之后，沿卢加公路从南面进攻列宁格勒；南突击集团，包括第28和第1军，共有6个步兵师和党卫队"骷髅"摩托化师。它的任务是突破正面苏第48集团军的防御，攻占诺夫哥罗德，然后向丘多沃—柳班方向发起进攻，从东面迂回进攻列宁格勒，切断列宁格勒与苏联其他地区的一切交通联系。此外，第16集团军右翼部队在伊尔门湖以南进行战斗。命令还指出，集团军群、第18和第16集团军都不留后备队。

　　勒布再次将"巴巴罗萨"方案拿出来，并在草纸上划了两个圈，将自己军队的优势和苏军的弱势大体上作了一个宏观的对比后，不觉喃喃道：

　　"我军的29个达到规定编制80～90%的师与15个已经疲惫不堪的敌师相交手，暂且不计芬军的支持力量，结果只会是'鸡蛋碰石头'。除非出现奇迹，否则苏军仅是挡住我3个集团就够他们受的了，还有，就他们那些兵力……"

　　说着说着，他不停地在纸上圈圈点点，不知不觉，列宁格勒几个字渐渐地在他的视线中模糊起来，他似乎就站在列宁格勒的城楼上，正在得意地欣赏着苏军战俘在他面前低头一个一个地走过……

　　就在德军准备发动新的攻势的时候，苏军统帅部大本营也在加班加点采取一切可能的措施加强列宁格勒地区的防御。尽管苏军在苏德战场的各条战线上兵力普遍不足，大本营还是想出种种办法从自己掌握的后备队中抽调部队加强西北和北方方面军。在半个月的时间内，先后有9个步兵师和2个骑兵师被补充到西北方向上来。8月6日，大本营似乎预感到德军将向列宁格勒发起新的进攻，于是把第34集团军从后备役方面军紧急调了出来，交由西北方面指

↑ 德国步兵肆虐在苏联境内。

挥。这使得西北方面一下子补充了5个步兵师、2个骑兵师、4个炮兵团和2列装甲列车。西北方面军还准备用第34集团军的新锐部队从伊尔门湖以南对索尔策、旧鲁萨、德诺地区的德军实施打击。它命令该集团军于11日晚占领列奇雅河东岸的出发阵地，从这里向莫里诺实施主要突击。同时，左翼的第11集团军也应从旧鲁萨以南配合行动。而在伊尔门湖以北新组成的第48集团军，从什姆斯克以北地区，与第34和第11集团军部队相向突击，深入德第16集团军背后，围而歼之。突击的时间定在8月12日早晨。

为了加强对部队的领导和指挥，大本营和西北方向总司令部还决定把卢加作战集群分为3个独立的作战地段，即金吉谢普、卢加和东部作战地段，直接隶属于方面军指挥部。此外，西北方向总司令部和列宁格勒州委市委还动员了50万人加固卢加防线的工事，并从赤卫队城至芬兰湾的别杰尔克符建起一个筑垒地带，作为卢加防线之后屏护列宁格勒的又一道门户。

为了抗击德军对诺夫哥罗德和卢加—列宁格勒方向的进攻，西北方向总司令部曾在7月底就已作出决定，从所属部队中抽调步兵第272、第265、第268和第281师及坦克第1师，组成后备队，集结于巴杰茨卡娅车站地区。这一决定在当时看来是一件令众元帅感到非常英明和拍手称快的事。当时的局势明显地摆在每一个擅于用头脑思考的军人面前，如果敌人突破卢加防线并向列宁格勒发展进攻时，集结起来的后备队就可以从南面对敌人实施侧翼打击。然而，由于7月底、8月初卡累利阿地峡和拉多加—奥涅加湖间地带形势骤然恶化，苏第7和第23集团军部队节节败退，敌军从北面和东面向列宁格勒迅速推进，西北方向总司令部难以实现这一决定。在迫不得已的情况下，西北方向总司令部只得把一切能利用的部队都立即调往列宁格勒以北和以东的前线了。其中，步兵第272师前往彼特罗扎沃特斯方向；第265师被加强给在爱沙尼亚作战的第8集团军；而第281师也用在了金吉谢普地区；坦克第1师留在卢加防线后面的赤卫队城一带，准备随时填补战线出现的缺口。

这样一来，卡累利阿和湖间地带的局势虽然得以稳定，但是当德军于8月初向卢加防线发动更猛烈的进攻时，西北方向总司令部实际上已经没有后备队可以用了。在防御的过程中，就不能像预想的那样对迎面而来的敌人给予强有力的回击。对德军来说，这就意味着，只要他们想方设法突破卢加防线，前面将不会遇到苏军第二梯队的抵抗。没有防御纵深的卢加防线，苏军要面对兵力兵器占优势的德军3个突击集群，若按照平时一贯的打法，苏军除了乖乖地向德军束手就擒之外，要想突出重围，保住列宁格勒似乎难上加难了。

No.2 困难重重，敌人重重

经过一番战前筹备，1941年8月8日，德军就迫不及待地开始了对卢加防线的大规模的进攻。

在金吉谢普地区，德军在半个多小时猛烈炮火的掩护下，2个坦克师、1个摩托化师和1个步兵师，同时从伊万诺夫斯克耶和大萨布斯克两地发起突击。在这儿防守的列宁格勒民兵第2师和步兵第90师，也立刻投入到这场激烈残酷的战斗中。战斗当天，大雨滂沱，路面也很难辨认，即使有的能辨认出来，这些公路也很快变成了一条条走上去咯吱咯吱响的宽阔的烂泥路，泥巴如胶似漆般的粘到企图通过的车辆上。人马挣扎着前进，稀泥经常没到膝盖。往往弄得人筋疲力尽，马匹倒卧。机械化部队的境况也不佳。他们的车辆轮子，常常陷到车轴部分。惟一能够动弹的是那些宽履带车子，它们缓慢而又吃力地拖着其他车辆或火炮沿途前进，直到燃料耗尽为止。补给分队因为没有足够的燃料，造成部队补给奇缺，部队不得不从周围田野里挖掘马铃薯充饥。

由于通往卢加防线的公路上挤满了大批车辆，拥挤不堪且不说，很

快也变成泥泞不堪、水坑遍布的长带。交通运输几乎停顿下来，最后，只得抽出一个完整的步兵师来充当养路工。德军数以千计的摩托车辆一时间陷入了泥坑之中，这样恶劣的天气极不利于坦克和摩托化部队的进攻，但求胜心切的德军第4坦克师冲在前面，浓密的雨幕影响了进攻坦克的视野，泥泞使德军的快速部队行动迟缓，而这一切都为苏军的炮兵提供了极好的机会。隐蔽在森林内的苏军火炮、迫击炮一齐开火，德军坦克部队猝不及防，错过了躲闪时机，损失巨大。

11日，雨过天晴，德苏双方在克梁科沃地区展开激战。德第6坦克师在这里遇上了列宁格勒装甲坦克集训队的1个坦克营和第14反坦克炮旅的抵抗。德军的第一次冲击宣告失败，损失了15辆坦克后退了回去。然后他们又向伊万诺夫斯克以北4公里的中心镇发起冲击，顺利地占领了这个中心镇。德军接着又调来了第1步兵师，在坦克和飞机的支援和配合下，再一次向苏军发起了更猛烈的进攻，这一仗一直持续到太阳落山，德军再一次占领了这里。经过几天来的残酷战斗，受到极大削弱的苏军防线开始出现可怕的缺口。第二天，德军集中力量向金吉谢普—赤卫队城铁路猛攻，疯狂占领了铁路线上的维伊马尔和莫洛斯科维策车站。这样一来，德军就能将主力从森林地区调到开阔的科波尔高地，以重兵向赤卫队城推进了，眼前的形势对于苏军来说已构成了重大的威胁。

8月13日，西北方向总司令部把赤卫队城地区惟一一支驻防部队——步兵第281师编入了

↓德军出动空中力量，配合地面部队进行侵略。

金吉谢普防御地带。列宁格勒战时防御指挥部紧急动员了3,000名临时人员加强金吉谢普的防御力量。但这些措施并不能从根本上扭转金吉谢普方向上的局势。第二天，从多处突破防线的德军冷不丁地绕到苏军在金吉谢普地区的阵地之后，包围了坚守在此地的苏军。苏军战士在身陷重围的情况下使出浑身力气，与德军展开了激烈的白刃战。结果，第17号火力点的年轻战士们在弹尽援绝的情形下，毅然将火力点引爆，顿时，17号火力点的战士们光荣地献出了自己宝贵的生命。

16日，金吉谢普被前进的德军占领。在这以后，德军以主力部队向赤卫队城方向推进。同时分开一些兵力，向位于金吉谢普以西的纳尔瓦展开攻势，从东面突入在此防守的苏军第8集团军部队后方。第8集团军5个师由于在此之前就已经遭到德军的凌厉攻势，兵力大大削弱，难以抵抗住德军的屡屡进攻，只好奉命撤到卢加河下游右岸。虽然纳尔瓦失守，但撤过卢加河的第8集团军对进攻赤卫队城的德军侧翼和后方是个威胁。于是德军暂停了向赤卫队城方向的进攻，集中力量消灭第8集团军，以便更好地前出到芬兰湾，按照"巴巴罗萨"设想的那样，沿海岸大肆进攻他们眼中的神秘之城列宁格勒。

6天后，德军以4个步兵师的兵力，借助强大空军的支援，从金吉谢普向东北方向的科特雷发起更加疯狂的进攻。苏军能够抵抗德军如此声势的也只有第8集团军了。尽管第8集团军的各部队表现了英勇顽强的战斗精神，虽然他们利用了一切可以利用的胜利机会，但在实力雄厚的德军面前，苏军的势力实在是小得不忍提及，更让人咋舌的是，集团军中，包括营、团一级的部队，也因持续战斗的不断损失，指挥员缺乏严重，有的团、营干脆就没有团长和

↓德军在占领区讨论下一步作战计划。

营长，也没有相应级别的参谋长。受这种恶劣的战斗形势的制约，第8集团军只好一边和德军周旋，一边向后撤退，最后被压缩在芬兰湾沿岸一块长约48公里，最宽处只有20公里的地带上。但就是这块滩头阵地，一直由第8集团军牢牢控制着，这种局面一直持续到苏军后来的大举反攻。

当金吉谢普地区炮火连天的时候，德军的北突击集群也开始积蓄力量准备向卢加防线的左翼以及防线后的诺夫哥罗德方向发起进攻，只是时间稍晚两天。8月10日 12日，德第16集团军的3个步兵师在第8航空军的支持下，终于向苏第48集团军步兵第70师和独立山地步兵第1个旅的阵地猛扑过来。为了达到消灭苏军的抵抗力量并以此挫败苏军的士气的目的，德军将自己的大量重武器都搬了出来，并利用掌握着制空权的便利，对苏军采取了致命的空中打击。就在13日开始进攻这一天，德军出动的飞机就有829架次，对苏军阵地进行了史无前例的狂轰滥炸。而这时西北方面军在诺夫哥罗德方向上可以使用的飞机只有6架。在许多地段上，展开的是一场力量悬殊的较量。密集的炮弹雨点般倾注在苏军阵地上，火光频闪、弹片横飞，一股股直冲云霄的尘灰浓烟，形成一道巨大的密不透风的幕帐，把阵地上的人紧紧地裹住、罩住。四周昏天黑地，阵地上的人就像被扔进了深潭黑洞，一下子与世隔绝了，只有死神幽灵般地在身边围绕。这还不算什么，成群的德军轰炸机，轮番飞过已成火海烟浪的阵地上空，尖叫着超低空掠过，扔下炸弹。盛夏的暑热、战火的热浪、灼人的空气、滚烫的土地，似乎要把人的最后一滴血烤干。没有间歇的爆炸声、忽远忽近的刺耳尖叫，仿佛把人关在一面大鼓之中，外面有千百人同时擂动鼓槌，刺痛着你的耳膜，搅动着你的脑浆……

↓ 德军装甲部队横行于苏联境内。

置身于这种环境和气氛之中的军人们，无疑在经受着一种考验，或者说简直是一种震撼，对意志的震撼，对灵魂的震撼。在这种震撼之中，有的人意志崩溃了，神经错乱了，灵魂出窍了；而有的人眼睛充血了，肌肉不自觉地绷紧了，甚至横下一条心了。

即使在敌我力量悬殊的情况下，第48集团军的部队依旧表现了超人的意志力。但在强大的德军现代化装备的不断攻击下，苏军在遭到重大损失后，不得不开始向北方撤退。经过漫长却又紧张的45天的英勇防御之后，苏军决定放弃卢加。通往诺夫哥罗德的道路上德军几乎可以畅通直入了。24日，诺夫哥罗德全城不幸失守，列宁格勒西南方的又一个重要城市被德军占领。而在以前的战斗中，德军绕过诺夫哥罗德占领了该城东北的丘多沃。这样，德军向他们的最终目标迈进的方向就不再是一个了，无论是沿着丘多沃—列宁格勒的公路还是沿着诺夫哥罗德—列宁格勒的铁路，春风得意的德军对这个向往已久的目标更是充满信心，前进的脚步也更快了。

可是天有不测风云，越是看似唾手可得的东西，越是容易让人失手。上天似乎有意要捉弄德军，他们万万没有想到，纰漏会出在自己一向无可挑剔的部队上。

正在踩着胜利步伐的德第16集团军碰到了不大不小的意外，眼看着触手可及的列宁格勒就在眼前，现在却要停下来，这使他们窝火到了极点。刚刚从苏军后备队调来的第34集团军，利用德第16集团军主力北上而在右翼出现一个宽达80公里的缺口，毅然决定从旧鲁萨以南地区出击，直取德第16集团军军部所在地德诺。同时，第11集团军也用其左翼部队配合第34集团军的行动。苏军以8个师的兵力对德军进行攻击，正沉浸在甜蜜梦乡中的德军还没明白怎么一回事，就"嗯"的一声再也没有了动静。苏军趁胜攻击，两天之内向前推进了40公里，前出到德诺—旧鲁萨铁路，这就不仅对旧鲁萨地区的德军形成包围之势，而且威胁到了正向诺夫哥罗德进攻的德军后方。勒布元帅这一次惊讶非常，赶紧从诺夫哥罗德方向调回党卫队"骷髅"摩托化师，从卢加城下调来第56摩托化军和第3摩托化师，第8航空军的轰炸机主力部队，也不得不转向旧鲁萨地区。德军在在苏军突破地区重新形成兵力兵器优势之后，开始展开更加肆无忌惮的反扑行动，经过一场血腥的战斗，兵力明显处于劣势的苏军第34集团军和第11集团军的部队，不得不开始向原出发地撤退。

德军见万事俱备，只欠东风了，便继续从西南、南面以及西面向列宁格勒大举进攻。25日至29日几天之内，德军占领了柳班车站和多斯诺；30日，在奥特拉特诺耶西南前出至涅瓦河。同一天，沃尔霍夫—列宁格勒铁路线上的姆加车站失守，列宁格勒同苏联内地联系的最后一条铁路线，也不幸中断了。德军最高统帅部的首脑们一致同意，德军在列宁格勒城下的进攻的一切条件都已充足，剩下的就是如何与芬军协同作战并最终拿下列宁格勒了。

列宁格勒地区的危险局势，牵动了莫斯科最高领导层的心，莫斯科因受这种急剧恶化的当前形势的影响，上上下下都陷入一片战前紧张的状态。如今德军兵临列宁格勒城下，而北方方面军指挥部需要照顾和指挥的战区战线过多过散，既分散了注意力，又分散了兵力。于是苏军最高统帅部决定，将北方方面军分为卡累利阿方面军和列宁格勒方面军，卡累利阿方面军负责列宁格勒以北和西北对芬军作战，列宁格勒方面军则集中精力对付来自西南、南面的威胁。任命弗洛罗夫中将为卡累利阿方面军司令员，波波夫中将为列宁格勒方面军司令员。

6天之后，国防委员会又经过再三考虑，决定将西北方向总司令部与列宁格勒方面军指挥部合并在一起，而西北方面军直接隶属于大本营指挥。这实际上撤销了西北方向总司令部。9月5日，列宁格勒方面军主要领导人在调整后的情况是：原西北方向总司令伏罗希洛夫元帅任列宁格勒方面军司令员；原西北方向总司令部军事委员日丹诺夫任方面军军事委员；参谋长是戈洛杰茨基上校。为了阻止德军突向拉多加—奥涅加湖间地区与芬军会师，苏军大本营将第52、第54集团军和重建的第4集团军，沿着沃尔霍夫河东岸展开，以掩护沃尔霍夫、季赫温方向。从而打破德军与芬军会师的捷径。在列宁格勒城里，组成了以伏罗希洛夫、日丹洛夫等人为首的"保卫列宁格勒军事委员会"，并组织人员努力加强城防，以加快赤卫队城地区的筑垒地域的修建工作。

可是，苏军的挽救工作并不能阻止列宁格勒城下的形势的进一步恶化。9月初，德军继续从西南、南面逼近列宁格勒城，并在7日攻占了拉多加湖南岸涅瓦河河口的什利谢尔堡。德军在十几公里的地带上前出拉多加湖南岸。什利谢尔堡被德军攻克，到这里，德军终于实现了对列宁格勒陆上包围的计划。

对于包围后的列宁格勒，这座拥有几百万居民和军队的大城市，看来惟有靠拉多加湖上的水上交通和空中运输才能进行日常的生活和战斗工作了。但是身处绝境中的列宁格勒人，却在希望中找寻一切可能的机会，并没有被眼前的恶劣局势所吓倒。对于斯大林来说，只要还有一线希望，他就要把列宁格勒保下来。为了抢救这座具有强烈象征意义的城市，斯大林不再将希望寄托在老战友伏罗希洛夫身上，因为他并没有让列宁格勒转危为安，形势反变得越来越不容乐观，这促使他毫不迟疑地作出了一个新的决定。

No.3 "救火员"来啦

1941年9月13日，一个雨后的傍晚，列宁格勒方面军指挥部所在地斯莫尔尼宫此刻正在召开一个紧急的军事会议。方面军司令员伏罗希洛夫、军事委员日丹诺夫等人表情严峻，商议着如何加强列宁格勒的城防。城防问题现在提到了一个重要的日程上，这不仅因为德军和芬军一天比一天逼近列宁格勒，而且从9月4日起，德军从所占领的多斯诺北郊，用240毫米口径的火炮终日向列宁格勒城区实施炮击。不仅如此，德军的飞机还开始了首次白天对列宁格勒实施轰炸。面对德军的得寸进尺和淫威，列宁格勒人被激怒了，显然也在暗中作出挽救的决策，不愿列宁格勒城就这样白白地落入德军手中。

会议正在进行的时候，朱可夫受斯大林的委托，急冲冲地走了进来，递给伏罗希洛夫一张纸条，伏罗希洛夫连忙欠身接过，急忙展开一看，斯大林那特有的刚劲有力的字迹赫然跃入眼帘：

约·斯大林

尽管纸条上只有廖廖数语，伏罗希洛夫拿着它还是看了又看，似乎不相信这就是真的。但作为斯大林的老战友，伏罗希洛夫对于他处理问题的风格又非常的熟悉和了解。只是没有想到，这种事情也会落到自己的头上、他有点尴尬也有点失落，一时间倒是不知说什么好。精明干练的朱可夫将这一切都看在眼里，为了不使伏罗希洛夫顾虑太多，便凑到他耳边悄悄地补充了一句：

"最高统帅让我先把它亲自交给您，正式任命随后发到。"

伏罗希洛夫心领神会，他明白了这是斯大林想让他心里有个思想准备，而采取了先打招呼的方法。作为老战友，他哪能辜负对方的一番苦心，于是，他站起身，用一贯平静的口吻对着与会的所有人说道：

"最高统帅召我马上回莫斯科，大本营将任命朱可夫元帅为列宁格勒方面军司令员，从今天起接替指挥。"

朱可夫朝与会者轻轻点了点头，然后用手指着随同进来的两位将军，介绍道："这两位是霍津中将和费久宁斯基少将。"然后扫视了一下会场，直奔主题，"军事委员会在讨论什么问题？"

"有关城防问题、军事物资供应问题、疏散问题……"日丹诺夫急忙上前一步，对朱可夫一一报告道。

朱可夫挥了挥手，示意他停下，并果断地说："说得很好，但我建议本次会议到此为此。作为新接任的方面军司令，我对局势有个更详细的了解之后，才能有正确的判断，从而作出有效的决定。"他有意将"有效"这两个字拖得长长的，顿了顿，接着意味深长地说，"请大家做好准备，晚上11时咱们再作详细讨论。"

时间过得很快，离晚上11时还差5分时，方面军军事委员会成员一个都没缺席，坐下后齐刷刷地将目光盯着新任的元帅朱可夫。这时的朱可夫桌前堆满了地图和各种军用文件，他等人们坐定之后，头略微抬了抬，没有任何多余的自我介绍，没有开会前繁琐的开场白，只是直视着参谋长，说道：

"参谋长，请简单介绍一下过去一天来的情况。"

方面军参谋长戈罗杰茨基慢慢吞吞地站了起来，脸微微有点红，看得出来他因为紧张而语句不太连贯，这一急，额头上的汗珠也出来了，他用袖口擦了擦汗，手拿上来又放了下去。作为参谋长，他是刚刚上任的一个，在短短的几个星期以来，就碰到了如此复杂多变的形势，这也确实令他感到吃力。从参谋长比较生硬的报告陈述中，会场的每一名军人都提前感到了一种说不出来的重压感。

在列宁格勒西南，德军向第42集团军的防线发起了进攻，集团军右翼的民兵第2师和步兵第500团，由于力量不足，终未能顶住敌人的进攻。8月12日，红村不幸被德军占领，虽然

↑ 前往一线布防的苏联水兵

民兵第3师目前在红村以北顽强抵抗，但德军仍推进到乌里茨克附近，而从乌里茨克到列宁格勒市中心，只有12公里的距离，已经严重威胁到列宁格勒城的生命财产安全。

在列宁格勒以南，第55集团军在普希金、卡尔皮诺和普耳科沃高地一带同兵力充足的德军英勇作战。9月12日，德军以3个步兵师的兵力猛攻第55集团军的右翼，在部分地区侵入了苏军防御阵地。这里离列宁格勒不到20公里。同时德军在红村地区的进攻严重威胁到该集团军的后方。从谨慎的角度考虑，第55集团军也随时有被包围的危险。

在芬兰湾，德军继续把第8集团军压向海岸。如果让德军前出芬兰湾，那么列宁格勒在芬兰湾内的重要依托——喀琅施塔得军港及停泊在这里的波罗的海舰队将受到极大威胁。列宁格勒的处境会更加恶化，到那时候即使最好的办法也难以摆脱列宁格勒的危险局面。

在列宁格勒以东，德军前出至拉多加湖南岸后，已在宽大正面上进抵涅瓦河东岸，并在一些地区开始强渡。由于第54集团军已与列宁格勒之间的联系中断，苏军在涅瓦河西岸的防御部队更显得势孤力单，危险自在情理之中。

戈罗杰茨基报告完毕，眼睛下意识地看了看朱可夫，朱可夫的眼睛也一直未从地图上移开，声音非常的低沉：

"从参谋长的描述中看，敌人正把他们的主要兵力集中在我们的西南方向，并打算从这里，"他用箭头指着，并划了一个圈，接着喝了一口水，说，"他们想从乌里茨克和旁边的普耳科沃高地冲进列宁格勒。他们这样想非常合乎情理，不过，他们的意图也暴露了，可是，"他突然走到会场中心，再折回座位，突然嗓门一下子提了上来，"你们有哪一个发现了其中的问题了呢？你们为什么还在所有战线上平均部署部队？"说到最后，朱可夫情不自禁地站了起来，又情不自禁地用拳头将桌子重重地敲了一下，"为什么不把方面军的主要力量放在这个方向上？嗯？"

在座的绝大多数人都是头一次见到朱可夫发火，虽然曾经也耳闻过朱可夫发起火来非常可怕，就连最高领导人也敢于顶撞，为此也甚至职务不保，但今天真的看到了他发起火的样子还真有点接受不了。顿时，会议室里的气氛非常的压抑和安静。

"我提出，"朱可夫的声音在安静的会议室里显得极其响亮，语气有点咄咄逼人，"首先，用火炮、迫击炮及航空兵的火力，消耗敌人的兵力，阻止他们冲击我们的防御阵地；第二，在9月18日前，组建5个步兵旅、2个步兵师，将他们集中起来直接用于列宁格勒城防，以建起第四道防线；第三，命令第8集团军积极活动，对向乌里茨克、普耳科沃高地进攻的敌军的侧翼和后方实施打击；最后，我们与第54集团军联合行动，实施相向突击，以收复姆加和什利谢尔堡。有不同意见吗？"朱可夫这才扫视了在座的各位军事委员，众人这才舒展开了一直紧绷着的脸，表情也慢慢放松了下来。见众人没有什么反应，朱可夫最后大声宣布道：

"我命令，马上从第23集团军中抽出部分兵力调归第42集团军指挥，以加强乌里茨克和普耳科沃方向上的防御。"

坐得最近的戈罗杰茨基赶紧记下朱可夫的命令，似乎又想起了什么，小心翼翼地看着朱可夫："可是，司令员同志，第23集团军防守的卡累利阿地峡，压力也非常大，如果抽出部分兵力，这样，是否会造成危险，因为那个地段的防守力量……"

"多余的担心！"朱可夫毫不客气地打断了他的话，然后站起身，一只手背在身后，一只手撑在写字台上，傲然地说：

"危险，现在考虑的不是简单的一个危险问题，任何一个作战参谋都应该想得到，调动部队也是不得已之举。看看现在是什么形势？每一次调动部队，都会削弱一个地段，加强另一个地段！现在，摆在我们面前的是，如何保住最危险的地段，像乌里茨克、普耳科沃就是最危险的地段，是全线防御的重点。不加强这里难道加强卡累利阿地峡不成？当然，若卡累利阿地峡成了重点，自然也会再调部队去加强它！"

戈罗杰茨基听后恍然大悟，不好意思地挠了挠稀少的头发，正想对朱可夫表示什么，朱可夫这时早已走到了大家中间："我命令任命霍津将军为方面军参谋长，任命费久宁斯基将军为方面军副司令员。如果没有什么话讲，今天的会议就到这里！"

接下来的几天，列宁格勒方面军军事委员会采取一切措施加强防御。朱可夫把重新组建的第21步兵师和民兵第6师，及由水兵组成的2个陆战旅调往乌里茨克、普耳科沃高地，同时原第42集团军的指挥权交由费久宁斯基接管。布置这一切的同时，朱可夫密切关注着敌人的一切动静。按照朱可夫的推算，在9月20日左右，德军会向列宁格勒再次发起一场大规模的猛攻。因为近在咫尺的列宁格勒，始终是他们的一块心病，时间拖延久了也只能对敌人不利，谁会保证没有变数呢？然而，狡猾多端的勒布将会把主攻方向选在哪里呢？这正是朱可夫一直以来所要寻找的答案。

No.4 棋差一招的勒布

列宁格勒久攻不下，这让勒布恼怒不堪。眼看冬季即将来临，作战将会比现在困难得多。一直关注列宁格勒战局的希特勒，对北方集团军群的行动开始不满起来，脾气也越发的暴躁了。

当德军切断了列宁格勒与外界的一切陆路联系后，希特勒认为列宁格勒方向上的战局已成定势，就把目光开始移向苏联的首都莫斯科。以布劳希奇和哈尔德为首的陆军总部，当然全力支持希特勒进攻莫斯科，这不仅仅是因为攻占敌国首都的政治影响和军事意义非同凡响。为准备莫斯科战役，不仅由勒布指挥的第39集团军要重新编入中央集团军群序列，而且，北方集团军群中别的力量极有可能被抽走。希特勒为了避开泥泞的秋季和寒冷的冬季作战，在恶劣天气来临之前拿下莫斯科，便火速通知勒布，最迟他将于9月20日调走第39集团军。这对建功心切的勒布来说无异于釜底抽薪，精明过人的勒布似乎有种预感，希特勒的意思很明确，如果不尽快拿下列宁格勒，他将永远失去这最后的一次机会。

现在距希特勒给的期限只有一个星期了。从现在德军所处的有利形势上看，7天看上去足够用了，可是勒布却非常清楚：随着北方集团军群完成从陆上对列宁格勒的包围，德军的战线从卢加以东的芬兰湾到拉多加湖，再沿沃尔霍夫河到诺夫哥罗德，战线长达400公里，哪一处都得有德军防守，这样一来，直接用于攻占列宁格勒的部队，只剩下十几个师了。这些师经过几个月来的持续作战，尤其是突击列宁格勒的战斗，损失巨大。现在却要用这样的兵力在7天中完成过去29个师在两个月中没有完成的任务，这让勒布细想起来，不禁打了一个寒噤！

然而，勒布绝没有因此而灰心丧气，尤其是看到比自己小很多的朱可夫，他更是不想丢这个脸，好胜心又促使他再次自信起来。他苦思冥想，结合着这几年自己的成功战例，自然想出了好多不错的战术，但随即又被他一口否定了。作为一名经验丰富的老指挥官，什么样的仗没打过，他深知现在防御一方最为紧张，对进攻的一举一动都非常敏感，因而也极容易上当。他想好了一个他惯用的伎俩，决定在普耳科沃方向实施一次佯攻。这里正对着列宁格勒，是苏军防御的重点，以前德军曾几次从这里实施突击，比较容易让俄国人误以为是德军的主攻方向。然后，在烟幕掩护下，向西北方向实施迂回机动，绕过普耳科沃高地，从位于乌里茨克和普耳科沃之间的芬斯克—科伊罗沃猛攻通向列宁格勒的公路，再沿公路一举冲入列宁格勒。

勒布对自己的设计信心十足，他终于站起来，眯着眼得意地走出门外，对着久违的太阳长长地舒了口气，伸了个懒腰，自言自语道："你朱可夫还有什么好法子，就等着乖乖投降吧！"

与此同时，在列宁格勒城里的斯莫尔尼宫，朱可夫也在苦苦地思索着勒布会选择哪个方向进攻的问题。尽管他采取了一切可能的措施来阻挡德军的反复进攻，但时间紧迫，冬天又快来临，这对陷入重围的列宁格勒将是一场更为严峻的考验。眼看列宁格勒的形势还在继续

→ 德军一步步向列宁格勒逼近。

恶化，敌人变得更加积极了。对勒布元帅来说，只要加把劲，列宁格勒就肯定无疑是他们的了。但作为斯大林委以重任的英雄，作为经历过多次重大战役的朱可夫，他明白自己的下一个抉择将对列宁格勒意味着什么。此刻，他正从勒布的角度，审视着地图。经过把自己变成敌手，一一分析作战的种种可能性，他不禁豁然开朗起来。

"迂回高地"，就是这个，他勒布绝对会想到这一招，没有比这一招更好的招数了。朱可夫将笔一扔，离开办公桌，干咳了几声，不无嘲讽道："这可是擅长玩这手的勒布元帅的惯用招数，勒布啊勒布，这下你可算死到临头了。"想到这里，他二话没说，立即要求霍津执笔，传达他的命令。

"首先，告诉费久宁斯基密切注意德军动向，如果发现敌人企图绕过普耳科沃高地，就用他的左翼部队抢在敌人前面发动进攻。其次，命令空军司令员诺维科夫，迅速作好短时间内向芬斯克—科伊罗沃地区实施密集轰炸的一切准备。最后，通知波罗的海舰队司令部，准备用舰上炮火对乌里茨克和普耳科沃之间地带的德军实施拦阻射击。好，就这些，快去执行吧！"

苏军的军队准确地理解并极其认真地执行了这一命令。

9月17日上午，德军遵照勒布的指示，对苏军进行了1小时的密集炮火和航空兵火力准备后，在普耳科沃方向发动了猛烈的进攻，作战之初，德军就摆出与苏军一战到底的架式，坦克部队引导着步兵轮番进行冲击。守在这里的55集团军顽强捍卫着每一寸土地，不断地反击敌人。战斗一直持续到中午，德军退了下去，随即德军阵地前沿腾地升起一道道污黄而浓厚的烟幕，使能见度一下子降低了许多，从苏军那里很难看清这边的景物，这道雾墙极好地掩护了德军的调动，德军迅速向芬斯克—科伊罗沃地区实施机动。本想神不知鬼不觉给苏军一个突然袭击，没想到他们冲到这里时，就遭遇到苏军铺天盖地倾泻的炮弹、炸弹，甚至苏第42集团军部队强有力的反突击。在这样强大的炮火轰击下，德军守军从肉体上、精神上彻底垮了。他们一个个从掩体、地下室和坦克后面滚爬出来，有的不顾一切地狂奔，有的跪在地上高举双手发疯似地大叫，有的跑回掩蔽部，可没过多久又跑了出来，在滚滚浓烟和飞扬的石块之间东躲西藏……勒布本想在最后的紧要关头大显身手，再创辉煌，可是他失算了，真的做梦也不会想到问题就出在自己屡试屡胜的佯攻上。

次日一大早，脸色发青，眼睛红肿的勒布，便以4个步兵师、13个坦克师和1个摩托化师的兵力，在北方集团军群几乎全部空军力量的支援下，在乌里茨克进行强攻。在第8集团军的支持下，第42集团军终于顶住了德军的进攻，乌里茨克仍掌握在英勇的苏军手中。由于希特勒调走了第39集团军。这样，遭受重大打击的勒布无法再发动新的攻势，只好转入防御。9月25日，抑郁不已的勒布不得已给希特勒写了一份报告，内容大意不外乎是：集团军群所剩兵力不足以向列宁格勒继续进攻……

希特勒终于气得忍不住咆哮起来，直骂勒布无能，但一想到事已至此，怨恨无济于事，况且在他看来，列宁格勒城迟早要被夺回来。一想到这，希特勒脸上露出凶光，一个阴险的念头随之产生了，那就是：切断苏军的一切供给线路。

第4章
CHAPTER FOUR

来自内部的恐慌——饥饿

★拉多加湖这条堪称"生命之路"的宝贵航线却无时无刻不面临着德军火炮的威胁。敌人的轰炸机不停地骚扰拉多加湖,甚至将几十门远程大炮对准着拉多加湖,炮弹把冰层轰得粉碎。

★"……由于衰弱,我现在步履艰难。上楼是一个巨大的负担。妈妈说我的脸开始浮肿了……已经很晚了,大炮暂时停止了射击。蜡烛要燃尽了。饥饿、寒冷、黑暗、泥泞、蛋子和前景。黑暗笼罩着血红色的未来。"

No.1 突围！突围！

对于勒布元帅的失职，希特勒没有马上追究他的责任，碍于眼前大局，不得不将怒火强压了下去。但他心里比谁都清楚，拖延时间不利于德国，而有利于苏联。苏联可以利用它克服巨大的困难，成功地动员人民力量，组建新的武装部队和制造强大的武器。夏秋季战局已结束，在战略目的方面没有取得明显成果。冬季临近了，希特勒军队还未曾想过要在这里度过冬天。

如今他不得不安排过冬计划，并要亲自看到列宁格勒人陷入重围中惨遭饥饿之苦。

身为苏军最高统帅，斯大林密切注视着列宁格勒的局势，动员一切人力物力支援城市居民。用越野汽车、马车以及一切能用的工具，将食品、弹药、服装和药品通过拉多加湖冰道，运到列宁格勒。同时，他还把身边的党政军高级领导人轮番派往斯大林格勒，实地了解情况。而且常常一个电话或电报，把人召到莫斯科，直接向他汇报情况。像朱可夫大将，只要斯大林电话一来，他就知道最高统帅又有什么新的指示或是发现了什么新的情况。

果不其然，朱可夫正这么想着，斯大林电话就来了。朱可夫把电话一放，就急冲冲地赶往莫斯科，刚一进屋，就见斯大林埋在一张巨大的军用地图里在沉思着、比划着，桌子右角放着一束削得尖尖的铅笔、一个很大的放大镜和一副眼镜。朱可夫已经有一些日子没有见到斯大林了，但这次见面，着实令他暗暗吃了一惊，从斯大林布满血丝的眼睛中看得出他又是整晚未眠，脸上也瘦削了好多。朱可夫走到斯大林身边，只向最上面的那张地图望一眼，就足以明白整个西路的情况了，许多蓝色的直线箭头和扇形箭头冲破了防线，从北方、西方和南方指向莫斯科。

在北方，一些箭头直指加里宁；在西方，指向莫斯科的西郊——索耳恩策沃和库宾卡；在南方，指向谢尔普霍夫、图拉、卡希拉和斯大林诺格尔斯克。

斯大林一见朱可夫，劈头就问："德国人在短期内会向列宁格勒发动新的攻势吗？"

朱可夫想了想肯定地说："不会，德国人从列宁格勒城郊调走了一部分坦克和摩托化部队。他们用剩下的兵力是不可能攻下城市的。但我认为，在人员补充和物资准备就绪后，他们将要在莫斯科方面采取行动。"

"问题是莫斯科，"斯大林慢慢打量着他，慢慢地说，

"你到沙波什尼科夫那儿去，然后，火速从那儿赶到西方方面军司令部去，就地把真实情况搞清楚。从那儿设法打电话给我。"

朱可夫走后，斯大林召见了国防人民委员兼红军炮兵司令沃罗诺夫将军，像往常一样的平和语调说：

"我们决定把您作为最高统帅部的全权代表派到列宁格勒去，您看怎么样？"

"我服从命令。"沃罗诺夫一边回答，一边还是有些意外。在他看来，首都正处在决定命运的时刻，而自己却不得不离开这儿。

"好吧，"斯大林说着便将手中的烟斗放下，指着地图说，

　　"为了突破德军对列宁格勒的包围，以恢复列宁格勒同全国的陆路交通，消除列宁格勒所面临的饥饿的威胁，我们有必要发动一次新的更大规模的进攻。我决定在10月下半月用列宁格勒方面军的部队，其中包括第50集团军的兵力来发动一个攻势。就从这儿！"他伸出指头，指了指带箭头的弧形线，说，"从这两个方向。从西面……"看了看认真倾听的沃罗诺夫，又补充道：

　　"这次行动将对莫斯科城下的严重形势产生巨大影响。因为即使部分粉碎勒布的集团军群，也能够从部署在敌人包围圈外围的第7、第4、第54集团军中调出一部分部队来支援莫斯科。此外，还可迫使希特勒从莫斯科方面调走一些军队……"

　　随着斯大林对这次战役的具体计划的叙述，沃罗诺夫头脑也在飞快地思考，他在规划着，努力地判断着，这次战役，将有哪些兵团、部队的番号以及相关的指挥员姓名需要自己去一一熟悉。

　　"如果你没有原则性的反对意见，"斯大林又说，"那就执行吧。"随手拿起桌上的茶水，清了清嗓子，声音略带嘶哑地说，"您必须立刻飞往列宁格勒。请用我的名义告诉日加廖夫，让他给您派飞机和护送的歼击机。"

　　沃罗诺夫很清楚列宁格勒方面军的形势，特别是被斯大林赞许为"战争之神"的炮兵的情况，他也增加了很多信心。对在包围圈外围的第54集团军的处境，却作了最坏的打算。因为就在前不久，这个由库利克指挥的集团军，由于几次突破包围都未取得成功，朱可夫便采取他那特有的果断手段，要求最高统帅部将库利克撤职，把第54集团军列入列宁格勒方面军。不过，现在第54集团军虽然由经验丰富的将军霍津接替指挥，但集团军的实际战斗力、干部和物资技术装备状况却不得而知。

　　尽管斯大林没有将"饥饿"两字说得更透彻一些，但采取突围的方式不就是为了不让饥饿这个恶魔在列宁格勒施以淫威吗？即便有了这个思想准备，沃罗诺夫也不曾想到，被围困的列宁格勒城内只剩下六七天的粮食了，还得凭配给证在食堂用膳。就是这微量的食品，也只能提前一天供应。

　　当沃罗诺夫下飞机后赶到日丹诺夫的办公室，日丹诺夫立即召集留在斯莫尔尼宫的方面军军事委员会委员们开会。沃罗诺夫站起来，会场上所有人都把视线集中在他的身上，安静地等待着他所带来的指示。

　　沃罗诺夫朝大家点了点头，大声说道："同志们好！"便伸手接过委员递过来的茶水，猛喝了一口，说道，"最高统帅部命令我们发起一次大规模的攻势，目的是突破列宁格勒的包围……我们打算在这里，"他指了指地图上用红箭头标的位置，大家都俯身在上面看着，"我们打算从东面的锡尼亚诺区突破包围。"沃罗诺夫用手指划出了拉多加湖以南的一个地段。"大家知道，这个地区目前在敌人手中。但是这个把我们围困的部队同第54集团军隔开的地带，是最狭窄的，总共不到12 14公里。我们的任务是：包围并消灭什利谢尔堡—锡尼亚维诺一线的德军集群，突破东南面的弧形包围线，同时恢复列宁格勒同全国其他地区的

陆路交通。最高统帅部规定在10月20日发起战役。"

　　说完这些，沃罗诺夫开始向司令员和委员们提出问题，并就这些问题找出了一些相应的对策。

　　等到只剩下沃罗诺夫和日丹诺夫两个人的时候，沃罗诺夫说："安德烈·亚历山德罗维奇，我们是在冒险。对于防守得那么严密的敌人，如果没有比他们多两倍的兵力，那发动进攻就未免太轻率了。"

　　"您认为突破包围的战役需要多长时间？"日丹诺夫问。

　　沃罗诺夫撩了撩额前的头发，没有直接回答日丹诺夫，但随即转过身坚定地说道："我和霍津谈了以后再告诉您。这次战役，第54集团军的行动是决定因素，总而言之，我希望能在两三天内取胜。"

　　"这就是说，在10月22日　23日之间，这么说，我们还得支撑两个星期。"

↓拉多加湖冰道——当时列宁格勒与外界物资交流的惟一通道。

沃罗诺夫正想问，日丹诺夫急忙接上话茬："我指的是城里的粮食供应情况。您跟巴甫洛夫谈谈，他比谁都清楚。"在上个月，主管粮食供应工作的巴甫洛夫曾向莫斯科和方面军军事委员会报告过有关保障供应军队和居民的存粮情况，一系列的数字证明这些粮食仅够市民和军人吃30天左右。然而军事委员会在短短的一个月内，就做了三次降低居民粮食供应标准。

飞行员和拉多加湖的船员以及铁路员工为了把宝贵的粮食运到列宁格勒，都尽了最大努力，可是城里的存粮还是一天比一天减少。

在饥饿和困难面前，所有的列宁格勒人都没有丧失信念，他们相信最高统帅部包括斯大林本人一定在关心着列宁格勒的命运，不会让这个城市众多的居民就这样饿下去。围困生活肯定会很快地过去。正是由于这个信念的支持，市民们才没有倒下去，而是像往常一样工作和生活。

沃罗诺夫走进巴甫洛夫的办公室，温和地对他说：

"我想了解一下城里和方面军的粮食供应情况，能否说得具体点。"

巴甫洛夫面带愁容，指着地图说："粮食在这里，在沃尔霍夫，从车厢搬到驳船上，然后沿着河流运到新拉多加，就在这儿。"他又指了一下一个坐落在拉多加湖边上的名为沃尔霍夫湾的点，"这里又要转运，装到湖里的驳船上。然后把粮食沿湖运到奥西诺维茨。到这里还得转运，从驳船上搬到车厢里。总共得经过4次转运！但离列宁格勒为时尚早，驳船在通过拉多加湖的途中，得防备德国飞机的随时轰炸。通过了拉多加湖，再从奥西诺维茨到列宁格勒，这段路处在德国炮兵的大炮射程之内。他们就从什利谢尔堡绕行，不过在北方也有芬兰人的威胁。这是一条只有60公里宽的走廊。可以说是一条缝，一个通风口！敌人可以随时把它关上，如果我们不尽快突破重围的话，后果将不堪设想……"

粮食需要如此费尽波折才能运到列宁格勒。沃罗诺夫曾作过种种困难的设想，但没想到实际情况是这么的严酷。

沃罗诺夫眉头缩得更紧了，扬了扬手："继续说吧。"巴甫洛夫声调有所提高："现在拉多加湖的风暴期刚刚开始……西北内河航运局的水运人员和拉多加湖舰队的水兵们都尽了最大努力，可是已经有几十条载货的驳船和几百个海军战士沉入了拉多加湖底。州委只好决定第3次降低定量。您进来时，我就在想，再这样下去的话，列宁格勒就要……"

沃罗诺夫平静地听他说完后，作出一个重要的决定："突破重围！德米特里·格里戈利耶维奇，我请求您，和方面军后勤部长在这几小时内一起考虑一下，想办法给明天就要调到涅瓦河边的杜勃罗夫卡去的兵团供应粮食。调动计划可以去参谋长作战处了解一下。明早向司令员和我汇报意见。"

"接受命令，"巴甫洛夫大声地说，"我现在就跟尼古拉诺夫联系。"末了，沃罗诺夫加上一句："越快越好，时间不等人，战争10月20日就要打响！""20日，就等这一天了，"巴甫洛夫重复道，"我们要把德军赶出列宁格勒城……"

No.2 兵贵神速

一切并不像费久宁斯基、沃罗诺夫、日丹诺夫和方面军军事委员会全体委员所希望的那样。

就在突破列宁格勒包围的战役打响之前三天，也就是10月16日，那是异常晴朗的一天，德国人向季赫温和小维谢拉发起了进攻。季赫温是列宁格勒东南面的铁路枢纽站，粮食就是通过这里运往围困的城市的；处在列宁格勒和莫斯科之间的小维谢拉仅仅是一个小小的车站。反之，如果让德寇占领了这两个铁路枢纽站，列宁格勒和全国的联系不仅被中断，而且北方集团军群的部队将严重威胁到莫斯科的安全。

按照原定计划，沃罗诺夫和费久宁斯基本来指望在德国人展开对季赫温的攻势之前，让第54集团军的部队和涅瓦河特混集团兵分两路，以强有力的迎击迅速开出一条通道，实现会师。可如今，除了迫使敌人后退一点点之外，苏军目前的窘迫局势并没有得到丝毫改善，反而更加复杂和多变起来。

由于兵力不足，把部队和技术装备运送到涅瓦河左岸出现了特殊困难，德国人在包围圈外面发起进攻，以及随之而来的第54集团军后方受到的威胁，打乱了全部作战计划。敌人大肆活动的地区距列宁格勒方面军的防区较远，那里的防务由统帅部直接指挥的第4集团军和第52集团军担任，德军进攻得手正在给列宁格勒带来更严重的后果。

就在22日凌晨时分，一夜未合眼的方面军司令员费久宁斯基接到了副总参谋长华西列夫斯基从莫斯科打过来的电话。他是奉斯大林的命令来转达最高统帅的意见的。从他转达的每一句话的语气和语调上看，斯大林显然对方面军的行动迟缓表示极端不满。

费久宁斯基默默不语。当他听到华西列夫斯基俨然以斯大林的口气说："斯大林同志命令转告你们，"费久宁斯基将话筒离自己稍远些，还是能清楚地听见，"如果你们今后用这种速度行动，那就会把整个战役搞垮。""砰"地一声华西列夫斯基挂掉了电话。费久宁斯基虽然困乏无比却睡意全无，只好痛苦地闭上了眼睛。一想到日丹诺夫那彻夜未眠、凹陷下去的脸，他不知如何将华西列夫斯基所传达的斯大林的严厉的话一字不差地说出来。

这样一来，必须采取措施，可是现在一切的措施都因德军的提前进攻而失去了意义。全部希望都寄托在突围战役的迅速完成上。但是，眼前并没有取得多大的效果，况且更大的敌人还在后面，那就是驱不走的恶魔——饥饿。只要不想办法突围出去，饥饿将威胁着整个列宁格勒。

↓ 粮食与其他急需物资装满驳船，等待运往列宁格勒。

几百万列宁格勒人被封锁在包围圈里，忍受着饥饿的威胁，冰冷阴沉的拉多加湖是他们和其他地区联系的惟一渠道。当他们感到突围的时刻就要来临，胜利的曙光就在面前的时候，日丹诺夫、沃罗诺夫、库兹涅佐夫和费久宁斯基围坐在列宁格勒方面军司令员办公室的会议桌边开会：

　　"同志们，我刚才和莫斯科通过话。德国人正加紧向季赫温进攻。统帅部命令从列宁格勒方面军抽调2个步兵师到沃尔霍夫方向去支援第4集团军。另外，霍津中将那里也要抽出2个师，交给雅科夫列中将。莫斯科要求我们尽一切力量挽救季赫温。"说到这里，沃罗诺夫离开坐位，继续说，"尽管莫斯科附近局势非常紧急，统帅部还是想方设法从自己的后备队中抽调1个步兵师和1个坦克师交给第4集团军。那么，我们现在必须作出两个决定：从我们的方面军和第54集团军各抽出2个师，调给第4集团军。这就是我要向大家说的。"

　　委员们似有难色，面面相觑。

　　自从沃罗诺夫宣布突围以来，人们无不认为，列宁格勒突破包围的时刻就要来临了。尽管20日和21日成功不大，但他们心里仍然抱着希望。正因为有着坚定的胜利信念，列宁格勒城工人阶级在劳动中表现出来的忘我精神，很难用笔墨来表述。人们以极大的热忱冒着炮击和轰炸，废寝忘食地工作着。英雄的战士们冒着生命的危险，夜以继日地渡过涅瓦河到达左岸，去接替伤亡的战友。

　　在华西列夫斯基来过电话以后，军事委员会采取了一些措施。但是，沃罗诺夫的汇报使所有这些打算全部落空了。本来可从其他地区抽调来的那些部队，现在都划归涅瓦河特混集

团指挥了，而且又把列宁格勒方面军的部队减少整整4个师，在这种情况下要想突围胜利只能是奇迹。

现在沃罗诺夫的一番话无疑使大家从希望中回到冰冷的现实中来，与会者一时语塞。

有点不悦的沃罗诺夫走到地图跟前，一一描述着列宁格勒州的苏军分布情况。大家的眼光都集中在这些箭头上，一刻不停地跟着铅笔移动着。日丹诺夫和库兹涅佐夫相视一眼，当然，他们对于这些属于列宁格勒州的地方是再熟悉不过了。沃罗诺夫停了一下，有点激动地继续说下去：

"敌人的攻击指向这2个集团军的接合部，就是从丘多沃到布多哥什这个地区。毫无疑问，他们想继续向东北方向，也就是向季赫温推进，截断我方的第54集团军。"

在座的日丹诺夫、库兹涅佐夫还有身为职业军人的费久宁斯基，心里都非常明白。从布多哥什直达季赫温只有几十公里，季赫温是全国运往列宁格勒的所有粮食集中的火车站，一旦这个地方失陷了，列宁格勒那就如同空中之城了。

沃罗诺夫从巴甫洛夫那里得知，有2架装载粮食的运输机昨天被敌人空军打了下来。这样一来，列宁格勒的面粉、谷物和黄油只能供应半个月，而食糖顶多只能供应一个月。列宁格勒粮食储备的数字是国家机密，包括巴甫洛夫本人在内一共只有为数不多的几个人知道。

但是除这些数字外，还有另一些数字，巴甫洛夫将这些数字写在一张纸上，藏在保险柜里，那张纸上写着新的、剧增的粮食配给标准，这是突破包围后第二天可以在市区内实行的。

那些数字对于巴甫洛夫来说不仅仅代表着粮食，而是一个让人兴奋的希望。这一希望将会随着德国人对季赫温的占领而彻底破灭……

事情很清楚：要不惜一切代价挽救季赫温，它一旦失陷，列宁格勒就要完全断粮。

于是，日丹诺夫就第4集团军和第52集团军的战斗力作了一一分析，言外之意是必须从方面军抽出4个师。

又是一阵沉默。一直蹙着眉头的费久宁斯基终于开口了："我想可以从第8集团军抽调1个师，再从第42集团军抽调1个师。如果没有反对意见，我立刻和特里布茨联系，让那边准备运输工具，把部队运送过拉多加湖去。而第54集团军方面，必须加紧和霍津商量一下，我估计他得交出310师和304步兵师……"

费久宁斯基的话震动了大家，日丹诺夫激动地补充说道："不管怎样，我们在锡尼亚维诺方向的突围行动必须进行下去。直到今天，我也不排除实现突围的可能性。因为德国人进攻季赫温，显然不得不从目前在锡尼亚维诺地区的驻军中抽出一些部队。这就可能使力量对比发生有利于我方的变化。即便德国人不抽调部队，我们就从涅瓦河滩头阵地展开积极行动，哪怕流血牺牲也得把一部分德军力量牵制住，使他们无法参加对季赫温的进攻。您同意我的看法吗？"

"当然同意，"沃罗诺夫的脸上终于露出了笑容，"而且统帅部要求把锡尼亚维诺方向的攻势坚持到底。"

　　会议气氛渐渐活跃起来，大家如释重负，与会者心里都很清楚，列宁格勒的历史时刻就要来临了，突围真的不再是纸上谈兵的事。然而，看似包围圈最小的地方却往往容易出现变数，面对突围，列宁格勒人并没有感到害怕，相反，它却带来了希望之光。可是，何时突围呢？这不免使那些敏感而急于建功的军人们变得更加焦虑和不安起来。

No.3 硝烟包围了列宁格勒

　　金秋十月，本该是天高气爽，气候宜人的季节，然而，列宁格勒城的天空却已失去了往日的祥和气息，取而代之的是高空中敌人轰炸机所特有的嗡嗡声。显而易见，德军正在进行苏联十月革命节的轰炸，他们想把在苏联人看来光辉和神圣的节日变成治丧日。虽然苏联飞行员和高射炮兵已击落了数百架法西斯飞机，但是敌方空军还保持着数量上的优势。统帅部偶尔派来增援列宁格勒的有限的空军，并不能从根本上改变力量的对比。而增援的空军之所以数量不大，是因为莫斯科和其他城市同时也受到敌机的猛烈轰炸。苏军的歼灭机飞行员们

↓少年儿童们因为粮食缺乏，而长期处于饥饿状态。

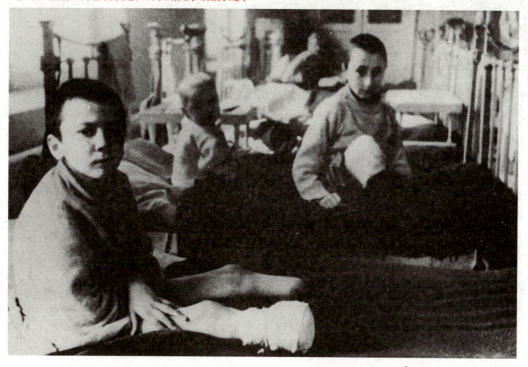

得同自己三五倍的敌机进行战斗。

炸弹、炮弹四处横飞，摧毁了保育院、医院、学校甚至教堂。市区的消防队已无力对付夜夜笼罩列宁格勒的火海。200多万人生活在被敌人紧紧包围，不断遭到炮击和几乎没有电力供应的城市里。除了要忍受难以置信的艰难困苦之外，渐渐地又加上了饥饿。11月的第一个星期，市区里就有几千人饿死。人们很快衰弱下去，行动很吃力，对死亡也渐渐地感到了麻木。每当街上发生爆炸，空袭警报响起时，人们的腿像灌满了铅，已不再像从前那样急于搬到防空洞里去了。

一个孩子在日记中写道：咳，谁能想到事情会这样呢？展望未来，不禁令人毛骨悚然：寒冷、饥饿、炮击、轰炸，折磨人的、没完没了的……日日夜夜，之后是……细菌战。即使在细菌战中死里逃生的人以后也会饿死，商店里所有的食品将被污染，我再也不往前看了……10月29日……由于衰弱，我现在步履艰难。上楼是一个巨大的负担。妈妈说我的脸开始浮肿了……已经很晚了，大炮暂时停止了射击。蜡烛要燃尽了。饥饿、寒冷、黑暗、泥泞、蚤子和前景。黑暗笼罩着血红色的未来。

更要命的是，列宁格勒剩下的粮食只够供应两个星期左右，而拉多加湖已结了薄冰，停止通航，这样，供应城区的粮食现在只好依靠空运。而拉多加湖除非结上一层厚而结实的冰——哪怕是在11月下半月就可以开辟几十公里的路，在这样的情况下，生活还可以维持下去。或是据当地人反应，整个湖从来未完整地结过冰。不仅如此，拉多加湖冬天暴风雪肆虐，湖水流动，即使在严寒凛冽的时候，也有水面不结冰，甚至在某些浅水冰层还会形成巨浪。

列宁格勒人的命运决定于拉多加湖的冰块的结实程度，他们骨瘦如柴，面容憔悴，神情呆滞。为了维持市民的生活和军队的供给，每天最低限额是2,000吨粮食，而这么多的粮食，光靠空运远远不够。这件难题还未得到解决，另一个不幸的消息也几乎同时传来：11月8日，希特勒军队终于占领了季赫温，敌人切断了向拉多加湖运送物资供应列宁格勒补给的惟一铁路线，并开始向沃尔霍夫推进，形势非常的严峻。大家都把希望落在拉多加湖上了。

日丹诺夫派出了一个30人的勘测队，去勘测拉多加湖的情况。另外，他还开始了居民疏散委员会的会议。自从拉多加湖结冰航运被迫停止后，疏散工作就暂时停顿了。而现在疏散工作又不得不再次提到日程上，日丹诺夫整个身心都惦记着那些拉多加湖冰面上消失得无影无踪的勘测队员。这些毅力坚强、不畏艰险的30个苏联人长时间地呆在严寒的拉多加湖上，由于对冰的厚度没有把握，勘测队员们相互间保持一定的距离，为了集中精神，大家不敢讲话。小心而机械地往前挪动每一步，用铁棍在冰上打洞，把特制的木头测量器放到冰洞里，量好厚度，然后插上标记，标明回去的方向。

不久，令人激动的消息传来了。运输线的全程都作上了记号，经过细致地勘测，拉多加湖上的冰不但经得住马拉雪橇，而且汽车也能通过。即便是这样，新的非常现实的问题又摆在所有保卫列宁格勒的领导人面前，冰封的湖上开辟了运输线后，还得过很长一段日

→ 驻扎于列宁格勒的高射炮部队，随时警戒着空中的敌袭。

子才会对列宁格勒的粮食供应起重要作用。事实正是这样。由于长时间的饥饿，不少牲口饿得撑不下去了，在回来的途中，再也没能从冰上起来。人也饿极了，当场将牲口斩成一块块……后来虽然车队冒险派卡车运回了一些粮食，但接着几辆卡车却连人和粮食都陷到冰底下去了……

由于饥饿，死亡急剧增加。与此同时，列宁格勒方面军第54集团军和第4、第52集团军在西北方面军的配合下，于11月10日～12月30日实施了反攻。

11月10日，诺夫哥罗德集团军群在诺夫哥罗德以北首先转入进攻，过了两天，第52集团军在小维谢拉以北及其以南，第4集团军于19日在沃尔霍夫市以西分别转入进攻。第二天，第52集团军攻占小维谢拉。12月7日，第4集团军左翼各兵团在季赫温以西突破敌人防御，进至锡托姆利亚。德军统帅部被迫把在季赫温地域被击溃的各兵团残部仓促撤到沃尔霍夫河对岸。两天后，季赫温获得解放。12月16日，第52集团军粉碎大维谢拉的德军守备部队，开始向沃尔霍夫河推进。到月底，第54集团军将法西斯德军赶过姆加—基里希铁路。

苏军在季赫温反攻，重创了敌人10个师，迫使德军统帅部向季赫温方向增调5个师。苏军前进100多公里，解放了被法西斯夺去的大片国土，保障了直达沃伊博卡洛站的铁路交通。希特勒以饥饿扼杀城市保卫者的计划彻底破产了。法西斯德国的威信遭到无可挽回的打击。

尽管苏军解放了季赫温和罗斯托夫，拉多加湖也在11月22日正式开始冰上运输，但这还不符合人们对它所抱的期望。城里的现有库存的粮食连应付两天都不够。

只有做出增加口粮的决定，才能使成千上万的列宁格勒人好好地活下来。

决定通过之后，一些责任感极强的领导们便立刻从斯莫尔尼宫出发往拉多加湖去。他们在德军猛烈炮火的攻击下，仍然和司机、装卸工人们、修理工们坐在一起，和他们进行谈话，用自己的行动来感化每一个有良知的工人，让他们尽可能地加速把粮食大批运到列宁格勒。

然而，拉多加湖这条堪称"生命之路"的宝贵航线却无时无刻不面临着德军火炮的威胁。敌人的轰炸机不停地骚扰拉多加湖，甚至将几十门远程大炮对准着拉多加湖，炮弹把冰层轰得粉碎。

为了保卫运输线，一些共产党员和共青团员都纷纷要求到运输线上去工作。与此同时，苏军在拉多加湖两岸和捷列涅茨岛上集中了强大的高射炮兵；在冰上，每隔一段距离便设有轻便的速射炮、多枪炮和高射机关炮；方面军和海军的飞机在湖附近进行空中巡逻；转运基地和储藏库则由专门的部队守卫着。

从1942年1月初到中旬，拉多加湖的运输量几乎增加一倍，并突破完成规定的一天的运输量。现在城市不再被饥饿所笼罩，计划以外的大批量食品也陆续涌向列宁格勒。列宁格勒城终于摆脱了寒冷和饥饿交加的围困阴影。那些穿着军装，戴着野战军肩章，高颧骨、瘦弱不堪的人激动得抱在一起，笑着、哭着，在这漫长的围困的日子里，留在他们的记忆里的东西太多太多，而现在，一切都过去了。

第5章
CHAPTER FIVE

柳班战役

★只要想到这些，梅列茨科夫就坐立不安，却又无可奈何。毕竟，在接到大本营的命令之后，突击第2集团军的命运也不再与他有关，甚至最高统帅斯大林也把话说得很直接："至于突击第2集团的命运，还是让霍津去多操心吧。"

★1942年8月初，天气热得像火炉。在克里姆林宫最高统帅部召开了大本营和国防委员会联席会议，应会议安排，总参谋长沙波什尼科夫元帅对大本营关于组织锡尼亚诺地区战役的意图作了简单介绍。

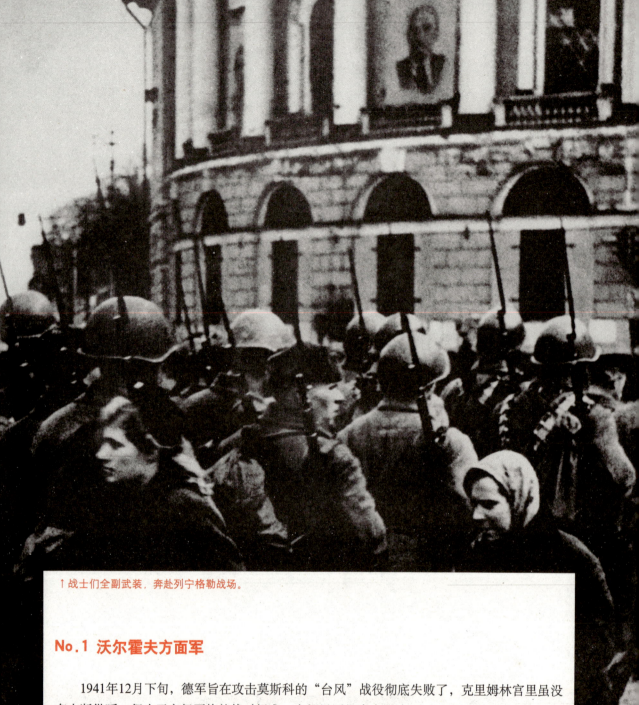

↑战士们全副武装，奔赴列宁格勒战场。

No.1 沃尔霍夫方面军

　　1941年12月下旬，德军旨在攻击莫斯科的"台风"战役彻底失败了，克里姆林宫里虽没有中断供暖，但由于实行严格的战时标准，房间里还是有点阴冷。

　　在克里姆林宫最高统帅部斯大林的办公室里，坐着总参谋长沙波什尼科夫、副总参谋长华西列夫斯基、接替朱可夫任列宁格勒方面军司令员的霍津和军事委员日丹诺夫。刚刚从季赫温城下回来的第4集团军司令员梅列茨科夫、第26集军司令员索科洛夫、第59集团军司令员，以及第4集团军参谋长斯捷利马赫等人也在座。日丹诺夫刚刚汇报完列宁格勒城的情况，显然，列宁格勒军民的艰苦的围困生活深深震撼了每一位与会者的心。

一阵短时间的沉默后，斯大林站起身，他顺手拿起放在桌上的烟斗，从衣袋里摸出一根纸烟，一边把纸烟捻得细碎将烟丝填进烟头，一边对大家说：

"列宁格勒的供应问题已经严峻地摆在我们面前，不能再耽搁了。不能仅仅依靠拉多加湖的冰上之路啊，这毕竟不是长久之计。依我看，必须尽快打破敌人对列宁格勒的包围。为此，大本营的计划是……"他向总参谋长示意了一下，沙波什尼科夫心神领会，慢慢离开座位，拿起一根指挥棒，站在临时架起的一块大图版前，只见他身躯微微发胖，长方形的脸上戴着一副金丝眼镜，薄薄的头发整齐地梳向脑后，加上他那不急不慢，平缓又不失深沉有力的语调，流露出一种典型的儒将风度。只听他说：

"为加强列宁格勒包围圈外围各部队的统一指挥，集中力量尽早协助列宁格勒守军突破包围，最高统帅部大本营经讨论决定成立一个新的方面军——沃尔霍夫方面军，在诺夫哥罗德至基里希之间沃尔霍夫东岸的4个集团军即第4、第52、第59和第26集团军，编入沃尔霍夫方面军。该方面军的主要任务是，协助列宁格勒方面军，粉碎在列宁格勒地区作战的德北方集团军群主力，从而解除列宁格勒的封锁。"

说到这儿，沙波什尼科夫顿了顿，慢慢收回了指挥棒，在手中轻轻转动了两下。用手扶了扶眼镜，看着坐在旁边的梅列茨科夫："大本营任命梅列茨科夫同志为方面军司令员，扎波罗热茨同志为军事委员，斯捷利马赫同志为参谋长。"

作为有着丰富战斗经验的梅列茨科夫将军，对这个任命并没感到意外。在苏芬战争中，他作为苏军主帅就亲自经历了战争的全过程。后来他被任命为总参谋长以及副国防人民委员。苏德战争爆发后，他先后担任第7集团军和第4集团军司令员，指挥苏军在列宁格勒东南的季赫温地区同德军展开生死激战，如今他还未结束那场战斗，就被迅速召回大本营，接受新的任命。

就在任命后不久，梅列茨科夫等人没有离开莫斯科，而是同总参谋部和大本营共同确定了总的作战方案，也被后人称为"柳班方案"：沃尔霍夫方面军应以其战线中央的部队，突破德军在沃尔霍夫河西岸的防御，歼灭西岸之敌后，以主力沿丘多沃—柳班方向发展进攻。然后进一步向西北方向突击，与从东向西进攻的列宁格勒方面军所属第54集团军相配合，孤立并消灭前后出至拉多加湖的德国集团军。与此同时，沃尔霍夫方面军的左翼部队，配合西北方面军所属第11集团军，向旧鲁萨、德诺、索尔策方面突击，然后从诺夫哥罗德和卢加方向切断敌人的退路，最终消灭列宁格勒地区的德军，达到解除该城的封锁的目的。

梅列茨科夫立即从莫斯科赶回方面军司令部，开始着手战役的组织工作。第59集团军在接到转隶给沃尔霍夫方面军的命令时，正在奥涅湖东北的阿尔汉格尔斯地域构建筑垒地区工事，虽然是日夜兼程地赶往前线，但由于铁路运输情况的极其糟糕再加上敌机的不断轰炸，最终未能在指定之日前到达位置。在1941年12月中旬，第4和第52集团军转入进攻，只在沃尔霍夫河西岸夺得三个不大的登陆场。梅列茨科夫眼看部队疲惫不堪、军力不足，便想暂时停止进攻，稍作休整，待新的集团军到来之后再作决定性的突击，但由于大本营急着解除列宁格勒的突围，一而再地催促，沃尔方面军只好在未能作好足够准备的情况下，于1942年1

月7日，勉强以部分兵力转入进攻。

在进攻的头三天，苏军多次被德军猛烈的火力压回到出发阵地。梅列茨科夫此时非常清楚这次的突击意义重大，弄得不好将会葬送掉几百万人的生命。经过一番仔细观察，他发现德北方集团军群司令部和在此地防御的德第18集团军指挥部对沃尔霍夫河东岸的苏军集结与调动，并没有等闲视之，反之，令梅列茨科夫感到吃惊的是，德军好像早已有所预料，新的部队不断地增加，德军的防御力量显然很充足。梅列茨科夫火速赶回司令部，直接拨通了斯大林的电话，好在大本营也及时看出了问题，于是，斯大林决定将进攻时间推迟到1月13日。

这一天终于来临了。

进攻之初，苏军的进攻并没有起色，只在对德军的第一防御地带的反复冲击中度过。进攻部队也没有向纵深推进，但是在某些地段强渡过沃尔霍夫河并夺取了岸边的几个居民点。而从15日起，突击第2集团军，第52集团军把第2梯队投入战斗，德军的第一防御地带被突破。在斯帕斯卡亚波利斯季、米亚斯诺伊波尔两地，突击第2集团军经过数次突击终于突破了敌人的防御。在米亚斯诺伊波尔突破之后，方面军指挥部向突破口投入了刚刚组建不久的骑兵第13军，同时命令第59和第52集团军各以其一部，向两侧扩大突破口。进入突破口的骑兵军和突击第2集团军的部队，经过奋勇作战，切断了列宁格勒至诺夫哥罗德的铁路。但当苏军转向东北方向的柳班时，却意外遭到了德军的猛烈抵抗，结果，苏军消耗了大量的兵力及弹药，而且苏军不得不选择了从西面迂回前进的道路。时值隆冬季节，在积雪满地、沼泽遍布的荒原地带，苏军采取实施大范围的迂回，使得部队体力大大消耗，供应部队的运输交通线也拉长了。而与此同时，在突破口两侧的德军，正趁机想切断深入敌占区纵深的苏军赖以生存和战斗的运输线。柳班战役的眼前局势越来越不利于苏军。

在突击第2集团军等部队的孤军深入到红戈尔卡地区时，列宁格勒方面军所属第54集团军，在费久宁斯基将军指挥下，正从基里布以北向柳班方向进攻，准备与突击第2集团军会合，从而准备歼灭柳班的德军。当时任北方集团军群司令的屈勒尔急忙从别处调来3个步兵师，东西相向朝红戈尔卡猛攻，突向柳班的苏军被围困在红戈尔卡地区。经过几天的血战，苏军才杀出一条生路，在强大的德军势力面前，突击第2集团军部队只好在丘多沃—诺夫哥罗德和列宁格勒—诺夫哥罗德两条铁路之间的森林沼泽地带固守待援。

面对突击第2集团军部队的危险局面，方面军军事委员会请求大本营加强方面军，以便趁春季泥泞季节尚未到来之时，利用突破第2集团军所

一 在坦克的掩护下，苏军发起了反击。

占地域再向柳班冲击。如果冲击成功了，列宁格勒的封锁就能解除。于是苏军大本营命令沃尔霍夫方面军指挥部建立一个由5个步兵师、1个骑兵师和4个步兵旅组成的突击集群，再次向柳班方向实施突击。同时命令守卫着斯帕斯卡波利斯季和米亚斯诺伊波尔之间突破口右翼的第59集团军，向西北方向的丘多沃进攻。这样一来，虽然德军在柳班地区的兵力有所分散，但削弱了守卫突破口的兵力，给德军封闭突破口，切断向突击第2集团军输送必要物资的交通线，提供了宝贵的机会。

果不其然，德军没有放过这次千载难逢的良机，最高统帅部对北方集团补充了6个师的兵力，屈希勒尔调来了5个师，立即向突破口两侧——东边的斯帕斯卡亚波利斯季和西边的大扎莫希耶增补兵力，凭借技术装备和部队的优势，德军向守卫口的第52师和第59师集团军部队猛冲。3月19日，面对力量明显优于自己的德军，苏军费尽心血占领的突破口最后被德军封闭，突击第2集团军赖以生存和战斗的交通线也被残酷地切断。

就在这紧急时刻，梅列茨科夫亲自指挥第59集团军第372师，重新打开了突破口，恢复了交通线。但在强大的敌军面前，又几次易手。当战斗进行到最激烈的时候，苏军只是在调来了一个刚刚得到补充的步兵师之后，才基本上稳定了突破口地区的局势。梅列茨科夫并没因此而歇口气，而是继续着手完成大本营的命令，组建新的突击集群向柳班再次发动进攻。他先以方面军后备队的1个近卫步兵师为基础组建了近卫步兵第6军，然后等从大本营调来的其他部队一到便开始新的进攻。可就在这时，列宁格勒方面军司令员霍津却向他传达了大本营取消沃尔霍夫方面军的决定，其部队组成列宁格勒方面军所属的沃尔霍夫作战集群，由霍津统一指挥。而且，令梅列茨科夫大感意外的是，霍津已同意把近卫步兵第6军调给西北方面军了。在梅列茨科夫看来，突击第2集团军已疲惫不堪，以现在的编制，它既不能进攻也不能防御。只是全由一条时断时续的交通线维持着，如不采取措施，它将陷入绝境。

只要想到这些，梅列茨科夫就坐立不安，却又无可奈何。毕竟，在接到大本营的命令之后，突击第2集团军的命运也不再与他有关，甚至最高统帅斯大林也把话说得很直接："至于突击第2集团的命运，还是让霍津去操心吧。"

No.2 被封锁的走廊

1942年6月，梅列茨科夫早已辞去了西方方向副总司令员的职务，被任命为第33集团军司令员。6月初的一天，正当他从一个营里检查战役准备情况回来后，朱可夫的一个电话使他来不及换下野战服装，赶忙驱车直奔朱可夫办公室。

一见面，朱可夫便说："找你好难啊，斯大林同志来过好几次电话了，要你赶紧过去一趟。"梅列茨科夫来不及解释，也顾不得一身泥土的野战服和靴子，径直来到克里姆林宫斯大林的办公室。斯大林办公室主任兼秘书波斯克列贝舍夫注意到这点嘴角只是动了动，却还是让他马上进了办公室。黑压压的坐着满屋子人，里面都是联共中央政治局几乎全体成员。梅列茨科夫这才注意到自己的打扮有失雅观，看见倒背着双手的斯大林，急忙折回门口，理了理衣服，将靴子上的泥擦掉。这才走进屋里，迎着斯大林的目光，捡个空位坐了下来。

"沃尔霍夫方面军和列宁格勒方面军的合并，现在看来是一个不可忽视的大错误。霍津将军虽然坐镇沃尔霍夫方向，但仗打得不好啊！"说到这里，斯大林站着没动，猛吸了一口烟，又立刻吐了出来，因为太急了烟被呛在喉咙里，咳得很厉害。秘书波斯克列贝舍夫赶紧递过来一杯水，斯大林接过杯子并没有马上喝而是放在桌上，继续沉重地说：

"他没有及时将突击第2集团军撤出来，结果，战得眼睛发红的德军切断了该集团军的交通线，并包围了他们。"说到这里，斯大林表情凝重地看了看与会的所有人，并默默地来回走了几步，来到梅列茨科夫身边，"梅列茨科夫同志，你曾经成功地控制了突破口的防线，显而易见，你对沃尔霍夫方面军很熟悉很了解。因此，我们经过慎重考虑，决定派你和华西列夫斯基同志一起到那里去，恢复沃尔霍夫方面军并接管指挥。请记住我的话，此次任务艰巨，非同儿戏，无论采取什么办法也要让突击第2集团军撤出包围圈，即使丢下重炮和技术兵器也行。至于具体的情况，你可直接问沙波什尼科夫。"

会议结束之后，梅列茨科夫和华西列夫斯基没来得及和大家握手告别，便连夜赶往沃尔霍夫方面军指挥部所在地小维谢拉村。情况正如斯大林所说的那样，非常的糟糕：突击第2集团军由于在最需补充兵力的情况下，没有得到任何一支部队加强，战斗力急转直下，不得不在强大的德军面前向沃尔霍夫河岸一带撤退。5月最后一天，德军发现苏军的去向后，马

↓ 在战壕中奔走的苏军战士。

上纠集兵力，从各个方向压向包围圈。5天后，德军猖狂插入突击第2集团军的战斗队形中，强行分割其兵力。而到了6月6日，德军完全把苏军7个师和6个旅紧紧包围起来。突击第2集团军断绝了与外面苏军的任何联系。第59和第52集团军被迫分散在宽大的正面上，只能使出有限的力气勉强顶住敌人的进攻，使他们与突击第2集团军之间的距离不至于继续扩大。

梅列茨科夫知道突击第2集团军凶多吉少，一想到这，他心疼得直对德军大骂不停，牙也咬得出奇地响。可是事情绕了一大圈，最后还是得面对这个僵局，这不免使梅列茨科夫有点说不出来的滋味。不管是出于何种原因，没有时间也容不得他再往下想了。

在短短的几天时间内，梅列茨科夫还是抽出了3个步兵旅和1个坦克营，将他们编成两个集群，命令他们打开一条宽1.5 2公里的走廊，并掩护走廊两侧，以保障陷入合围的部队撤出。

6月10日清晨，这些集群一一展开攻势，战斗一直进行到傍晚，进攻没有什么起色。梅列茨科夫又多次组织力量冲击包围圈，到19日，梅列茨科夫领导的部队终于突破了敌人的防御，与从西向东南进攻的突击第2集团军的部队会合。21日，从东西两面沿丘多沃至诺夫哥罗德铁路线打开了一条几百米宽的走廊，突击第2集团军一大批伤势不一的战士们撤出了包围圈。可是，意外情况发生了，这是梅列茨夫无论如何也想不到的事，跟在伤员后面的部队，居然没有按照命令去扩大突破口和巩固两侧，而是跟着伤员撤出了包围圈。这样，德军又有了卷头重来的机会。事情正是这样，22日，德军集中了航空兵和炮兵火力，向走廊展开了凶猛的攻势，打开并支撑走廊的苏军一时难以顶住德军的进攻，最后走廊被切断。梅列茨科夫命令第59集团军从西面，突击第2集团军轻装上阵从东面，再次沿铁路线相向突击，要不惜一切代价地进行到底。突击时间定在第二天的晚上11时。

23日23时，苏军同德军展开了一场激战。这场激战整整持续了一个晚上。第二天拂晓，苏军奋勇抗击德军的大队人马的轮番攻击，突击第2集团军好不容易沿铁路线打通了一条走廊，正准备通过走廊撤出来。但不幸的是，中午时分，德军又控制了铁路。此时，第59集团的部队迎着德军的凶猛火力，又一次打通了这条走廊。虽然在打通走廊的时候，苏军突击第2集团军也陆陆续续地撤出了一些部队。但是，筋疲力尽的突击第2集团军部队面对越来越强大的德军，兵力也大不如前，只能拼着最后一点力气支撑着，撤出来的一批部队有的因为劳累过度而在路途中猝死，有一部分意志不坚定的人则被后来赶来的德军捉到后当了叛徒，一些人则意外失踪。

到了25日上午，德军最终以优势兵力封闭了走廊，这一次是非常彻底地封闭了。据真实资料统计，在这次突围过程中，突击第2集团军有16,000多人突出了包围，6,000多人死于战场，失踪的人数达8,000多人。英勇的突击第2集团军，在异常复杂和险恶的条件下，一直坚持到最后，尽管命运把他们投入了一场因多种原因而无法取得成功的战役，但他们的英勇气概将永存于世，为无比悲壮的列宁格勒会战，庄重地划上了真实而发人深醒的一笔。

No.3 迷惑，让德军丧失决策力

艰苦的柳班战役结束后，列宁格勒地区的苏军两个方面军，仍被德军扼守的一条不规则地带阻隔着。隔离带内的列宁格勒方面军，从西南至东南，坚守着芬兰湾南岸的别杰尔科符—乌里茨克—普希金—雅姆伊若拉—拉多加湖南岸的什利谢尔堡一线。在隔离带外面的沃尔霍夫方面军的战线，南起诺夫哥罗德，沿沃尔霍夫河向北。在基里希附近折向拉多加湖南岸的锡尼亚维诺地区附近，只有区区16公里。这个16公里决不只是因为它距离很近，苏军最高统帅才决定在这儿作为突破尝试的地带。坦白地说，这个不算距离很远的地方，从这一头想跨越过去，却远非想象的那么简单。这条路上不仅有无边无际的森林、沼泽，还有泥泞多水的泥炭地、纵横交错的深沟、毁坏严重的道路。这里只有一条便于通行的地方，那就是锡尼亚维诺高地，这块高地比周围地势高十几米，地势相对平展而干燥，也就是这么一个惟一能让苏军寄予希望的地方，将直接决定着苏军是否能解除列宁格勒封锁。但正是因为这个能让苏军看好的地方，却被德军修筑起了坚固的防御工事，这为后来苏军的进攻，带来了一定的难度。

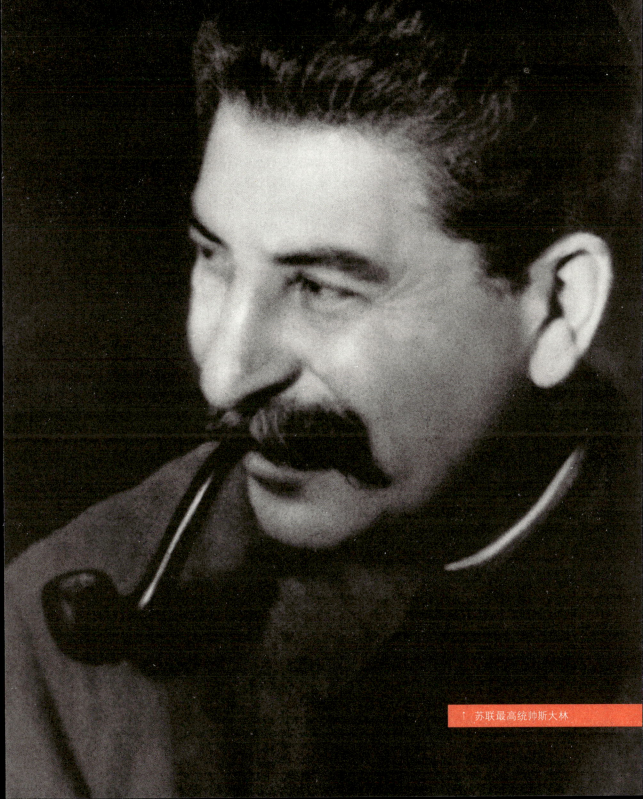

↑ 苏联最高统帅斯大林

尽管不利的地形和坚固的防御工事，给日后苏军的进攻造成了极大的障碍，但苏军最高统帅部并没因此而退缩。作战前，他们认真查看了地形，并作出种种可能的分析。最后，最高统帅部决定从实际的情况出发，毅然决定将这里作为打破列宁格勒封锁的突破口。而在德军统帅部认为，这个使人插翅难飞的鬼门关，除非苏军真长了三头六臂，想来是不可能在这里发起进攻的。

　　1942年8月初，天气热得像火炉。在克里姆林宫最高统帅部召开了大本营和国防委员会联席会议，应会议安排，总参谋长沙波什尼科夫元帅对大本营关于组织锡尼亚诺地区战役的意图作了简单介绍。

　　与会的委员们听完介绍开始交头接耳起来，见大家脸上一副疑惑和不安的神情，站在一旁很会察言观色的沙波什尼科夫元帅向大家摆了摆手，不慌不忙地站起来，将声音拉得长长的：

　　"我想在座的各位肯定会有一些顾虑，这正是我要和大家汇报的，大本营选择在这个方向上发动进攻，原因很简单，不知道大家有没有想到。首先，若情况顺利，我们能在两三天内到达涅瓦河。这一点刚好符合我军情况，因为两个方面军的现有兵力情况，不允许战役时间拖得更长。我们只能利用有限的力量速战速决。其次，根据种种迹象和情报分析来看，德寇部署在这里的部队还没有什么重要的变化，这说明敌人并没想到我们会在他们的眼皮底下、在这个机关重重的狭窄地带发起进攻。这样，我军首次突击的突然性将得到保证。这一点至关重要。"说到这里，见大家没有异议了，沙波什尼科夫看了看一直眯着眼睛保持沉默的斯大林，接着缓缓地像是咬着每一个字眼似的严肃地说道：

　　"总的战略意图是，由列宁格勒方面军和沃尔霍夫方面军部队进行相向突击，在红旗波罗的海舰队和拉多加湖区舰队支援下，粉碎敌什利谢尔堡和姆加集团，打破对列宁格勒的陆上封锁。另外，大本营还考虑，在列宁格勒东南进行的战役，将起到一个牵制敌人的作用，不使其把部队调往苏德战场上的其他地段，尤其是南方。我不说大家也知道，在那儿，在斯大林格勒城下，我军正与德寇展开一场非同寻常的生死决战。"沙波什尼科夫越说越激动，挥动着手臂，似乎自己就置身在战场上。

　　会场上鸦雀无声，在座的每一个人的心都有所震动，都无不感受到战争的残酷和无情。

　　见此情形，斯大林在会场中间走了走，一会儿他拔下烟斗，象征性地提了几个问题，见一切顺利，便开始对会议作总结陈词：

　　"大本营研究并批准了列宁格勒方面军和沃尔霍夫方面军拟订的作战计划。"

　　斯大林走到桌子的另一头，这样全场的人都能直视他的表情，他这次嗓门有所提高：

　　"但好的计划并不就表示万无一失，还需要过硬的军队和充足的行动。"

　　他转过身子，指着戈沃洛夫同志和梅列茨科夫同志说道："你们会后好好沟通一下，应该彼此了解对方的计划，因为这次战役本身就是一次联合行动。"

　　接替霍津任列宁格勒方面军司令员的戈沃洛夫炮兵中将和沃尔霍夫方面军司令员梅列茨科夫对视了一眼，又冲着斯大林点点头。

　　"我们决定在这次战役中，沃尔霍夫方面军将扮演一个决定性的角色，其他军队要好好配合行动。"斯大林指着地图上的箭头说，"列宁格勒方面军的涅瓦作战集群在进攻中首先要强渡涅瓦河，部队实力必然要遭到一定程度的削弱，因此，很可能没有足够的兵力兵器用于向锡尼亚维诺突击。突击应指定由沃尔霍夫方面军完成，列宁格勒方面军可以用自己的炮兵和航空兵支援其他的部队。"

接下来就是紧锣密鼓的战役准备了，戈沃洛夫和梅列茨科夫当天就加紧一切战役的准备措施。虽然梅列茨科夫也经历过不少战斗，但对于这一次，胜利与否，在他看来，心里还真是没有多大的底，这不仅仅是眼前筹备工作所出现的一系列困难。这次战役准备之初，他要做的一件事是需要变更部署，大规模地调动部队。根据计划，方面军突击部队将组成3个梯队，第1梯队由第8集团军担任，第2梯队是近卫步兵第4军，这2个集团军的任务是突破德军防御的全纵深。第3梯队由重新组建的突击第2集团担任，任务是在战役的最后阶段消灭敌人的后备队。所有3个梯队总计有13个步兵师、8个步兵旅和6个坦克旅以及20个炮兵团。

在紧张准备的一个多月的时间里，沃尔霍夫方面军可谓使尽招数迷惑敌军。苏军在军队部署中，首先不得不考虑的是，在只有两条通行能力不高的铁路及德军航空兵不断实施空袭和空中侦察的情况下，部队的每一个小小的集中，每一处急速地调动以及任何一面的展开，这些具体关系到战役全过程的环节如果处理不当，都势必会影响到战役的整体效果。另外，为了以防万一，不让武器装备先进的德军看出这边的丝毫动静，部队决定将在夜间进行所有的调动。而在部队离开之后，迅速把电台和搭建的指挥部留在原地，并佯作仍然与实际上不存在的各个部队保持联络。同时，苏军还假戏真做，在部队新的集结和展开地区，则严格禁止各种电台工作，也不下发任何有关战役准备和意图的书面命令，一切命令都限在口头传达，而且是把各集团军和军队主要领导召到方面军司令部当面下达。

同时，为了进一步地迷惑敌人，方面军司令部还制造了许多假象，诱导敌人作出错误判断。苏军特意以各种战役伪装器材在诺夫哥罗德东北的小维谢拉造成军队大规模集结的假象，给德军要在这儿作战的假象。所有措施都在神不知鬼不觉中安排进行，一度成功地迷惑了敌人的眼睛，使他们到战斗打响的一刻也未能察觉苏军部队调动的真实方向。在8月底，沃尔霍夫方面军司令部在召开的会议中宣布了进攻的时间，即定于8月27日的早晨。

8月27日，德第11集团军司令曼施坦因元帅率领部队到达了列宁格勒前线，也就是在这一天清晨，沃尔霍夫方面军的第8集团军，经过几个小时的炮火准备，从拉多加湖的布戈罗夫斯角到沃罗诺沃开始了进攻。进攻在开始两天后进展顺利。在主要突击方向上，苏军强渡过锡尼亚维诺以东的小黑河，在28日傍晚，已经抵近德军的主要防御枢纽锡尼亚维诺。北方集团军群司令部起初并未对苏军在锡尼亚诺方向上的进攻在意。在他们眼里，沃尔霍夫方面军并没什么了不起，这场战役只不过是苏军一厢情愿的小打小闹而已。因此北方集团军群司令屈希勒元帅与曼施坦因仍然在一起制订进攻列宁格勒的计划。计划的宗旨是首先在最大限度上使用炮兵与空军的火力支援，以坦克部队与步兵攻破列宁格勒以南的正面，但不进入该城进行巷战。在突破苏军防御后，德军应向东转，迅速渡过涅瓦河，与在涅瓦河对岸的德军会合，歼灭夹在列宁格勒与拉多加湖之间的苏军，再切断拉多加湖的"生存之路"，从东面

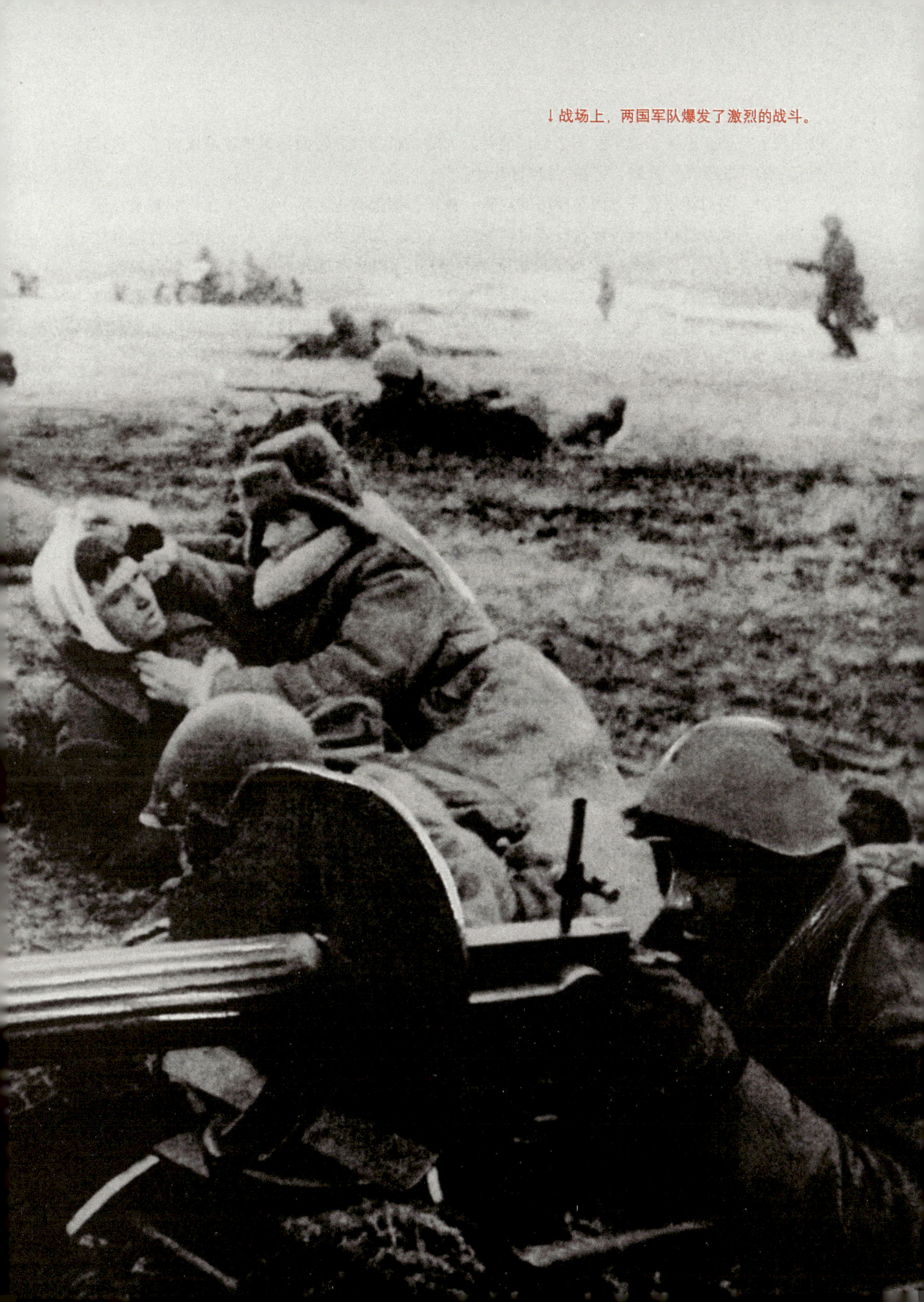

↓战场上，两国军队爆发了激烈的战斗。

包围列宁格勒。这样，德军就不必经过消耗巨大的城市巷战而轻而易举地攻陷该城了。这就是有名的"北极光"计划，定在9月14日开始。

然而，面对沃尔霍夫方面军凌厉的攻势，德军指挥部再也坐不下去了。在他们看来，这是苏军的一次经过精心准备旨在打破封锁的强大攻势，如果目标实现，"北极光"行动将意味着流产。于是，刚刚开到的德第11集团军的第170师和从涅瓦河地段调来的坦克第12师，奉命从行进间投入锡尼亚维诺地区的战斗。第277师的全部后备队，第96步兵师的先遣队也先后调到这里。另外，北方集团军群的几乎所有的航空兵都被调到这个地区对苏军进攻部队实施空袭。不久，双方在锡尼亚维诺附近展开了一场遭遇战。从29日起，作为方面军第1梯队的第8集团军，推进速度明显降低，最后被迫停顿了下来。9月4日，近卫步兵第4军也因力量耗尽，不得不中止进攻。

梅列茨科夫见形势危急，不得不对战役计划进行变动，急令方面军第3梯队突击第2集团军投入战斗。按计划第3梯队的任务是歼灭德军后备队，而不是实施突击。在柳班战役中损失巨大的突击第2集团军，重新组建后只有1个8,000人的步兵师和1个步兵旅，以这点兵力难以维持长时间的有力突击。

正当苏军在作兵力补充时，德第11集团军司令曼施坦因元帅也刚刚接过锡尼亚维诺方向的指挥权。在阻挡住苏军的推进之后，他在锡尼亚维诺南、北两个方向上集结起两个突击集团，以便从两个侧面上向苏军突击部队发起攻击。9月10日，德军发起反攻。两个集团军向苏军突破口根部两翼猛攻。双方展开了一场激烈的战斗，直打得天昏地暗，尸横遍野，战斗一直无法停下来。20日，德军全线反攻，苏军仍然坚守着小黑河两岸的阵地，德军南北两个集团在次日封闭了突破口，切断了第8集团军、近卫步兵第4军和突击第2集团军突击部队与方面军其他部队的联系。就在这紧要关头，梅列茨科夫命令被围部队向东突围，撤回到小黑河东岸。曼施坦因为了避免自己部队受到损失，下令对苏军只围不攻。同时，从包围列宁格勒的部队中调集了大量的炮兵，并从中央集团军群、南方集团军群甚至从斯大林格勒前线调来了数个轰炸机群，不分昼夜地对包围圈实施狂轰滥炸。一时间，一阵阵刺鼻的浓烟从整个包围圈里里外外弥漫开来，整个战场看上去千疮百孔，布满了大大小小深浅不一的弹坑，大片的郁郁葱葱的森林，顷刻之间变成了一片焦土。

据曼施坦因本人战后透露，这一战，他让苏军的7个步兵师、9个步兵旅和4个坦克旅与锡尼亚维诺附近的森林同归于尽了。

苏联方面则统计出在锡尼亚维诺战役中，共让德军损失了近6万人、200辆坦克、200门火炮、400门迫击炮和260架飞机。这些数字虽然没有经过考证，但这些具体数字足可表明，苏德双方在这次战役中都付出了难以挽回的惨痛代价。

苏联通过千辛万苦准备多日的突破列宁格勒封锁的努力又一次遭到了致命的打击。而信心过足的德军虽然一时间维持住了封锁，但攻克列宁格勒的甚为辉煌的"北极光"计划也因第11集团军损失过大而宣告流产。

第6章
CHAPTER SIX

突破，就在此刻

★就在列宁格勒方面军向德军发起进攻的同一天，沃尔霍夫方面军的突击第2集团军和第8集团军右翼部队也在这区区12公里宽的正同上展开一场惊心动魄的突击。

★受尽围困之苦的列宁格勒终于以它不懈的抗争迎来了不朽的一页，并为下一步更彻底的战争创造了有利条件。

No.1 闲聊中拟订出的计划

    1942年11月19日和20日,天气渐渐变得寒冷起来。这时刚刚离锡尼亚维诺战役结束两个月,苏军的3个方面军在斯大林格勒地区展开了一场更大规模的反攻。两天后,包括德第6集团军和罗马尼亚的几个师在内的近30万敌军,以非常完备的新式武器和人员装备包围在伏尔加河与顿河之间的斯大林格勒地域,伴着隆隆的炮声,伴着滚滚的硝烟,越战越勇的苏军毅然吹响了战略反攻的号角。这个使人们浑身振奋和期待很久的号角终于真实地回荡在苏德战场的各个战略方向上,这给饱尝围困之苦、依旧在血雨腥风中骄傲挺立的列宁格勒带来了希望。

    寒冬的悄悄来临,使战火离列宁格勒越来越近了。尤其在南、东南和西北面,最多也只有二三十公里的距离。德军的大炮始终对着列宁格勒城市进行没命地炮击。经过锡尼亚维诺战役洗礼后的苏军,基本力量有第23、第42、第55和第67集团军、红旗波罗的海舰队及空军第13集团军。这些为数不多的部队任务极为艰巨,它们既要守卫着卡累利阿地峡以抵抗芬兰部队的随时进攻,又要保卫着芬兰湾沿岸及其中的海军基地,从西南屏护列宁格勒,还要在西南、南面、东南坚守列宁格勒接近地。而此时的沃尔霍夫方面军大致情况是:已编入的部队有第8、突击第2、第54、第4、第19和第52集团军及空军第14集团军。从部队数目上看,明显多于列宁格勒方面军,但是,沃尔霍夫方面军负责防守的战线也长,这条战线始自伊尔门湖终至拉多加湖,全程有300多公里。

    说来也巧,在这儿与苏军对峙的仍然是德北方集团军群的第18集团军和芬兰军队。只是不同的是,到1942年11月第18集团军编成内还有26个师,占领着450公里长的战线,平均每个师17公里。芬兰军队的5个师则在列宁格勒西北,在卡累利阿地峡地区活动。苏军在南方展开的战略反攻,迫使德军统帅部不仅把曼施坦因的第11集团军从列宁格勒城下调走,而且还从第18集团军中抽走了9个师,实际上,这就意味着希特勒已经无奈地放弃了攻占列宁格勒的"北极光"计划。苏军最高统帅部抓住这个少见的好机会,立即命令列宁格勒和沃尔霍夫方面军准备新的进攻计划,以达到解除列宁格勒城包围的目的。

    锡尼亚维诺战役虽然才过去两个多月,但只要是熟悉此战的人无不觉得触目惊心,想起过去朝夕相处如今战死沙场的勇士们,他们心里实在难以平静。正是有着这样一次惨痛的教训,列宁格勒方面军和沃尔霍夫方面军主要领导人都一致认为在新的战役中,每个集团、每个师甚至每一名军人都必须做到更紧密地配合,要协同行动。

    在梅列茨科夫看来,如果按戈沃洛夫的意见考虑,因为苏军的兵力有限,如果在距离列宁格勒较近的地方实施相向突击,那么也就是拉多加湖附近地域了。从地图上看,苏军所能选择的最佳位置也只能从老地方即锡尼亚维诺进行突破。

    而列宁格勒司令员戈沃洛夫在听取梅列茨科夫的意见后,表达了自己的看法:

    "看来是得在锡尼亚维诺进行突破了。我们每个人都很清楚,敌人在锡尼亚维诺地区下了很大功夫,比如说,工事坚固,火力配备完整,兵力强大,而且地形对进攻的一方也

↓战斗中，苏军用重炮向德军发动猛烈的进攻。

不利，但这里纵深毕竟只有16公里，最短的只有12公里。我想过，只要我们每个人拿下6公里，德寇也就没有翻身机会了。"

梅列茨科夫略一沉吟，答道：

"我看这样办可以，就像你说的从最短的地方下手。我准备让突击第2集团军当第1梯队，从锡尼亚维诺以北靠近拉多加湖的位置上发起突击。显而易见，这个位置要比上次的位置对我们稍微有利些。锡尼亚维诺以南的森林和沼泽地，真是机关重重啊，在那儿牺牲了我们的好多同志，那次教训可是不小啊！"

戈沃洛夫一听说突击第2集团军，就不免将上次突击第2集团军陷入重围后损失很惨重的情景联想到一起，梅列茨科夫这么一说自然多少让他有点不可接受。梅列茨科夫一眼就看出

了他有所顾虑，拍了拍他的肩膀，笑了笑：

"您不用担心，我们已经尽了最大努力对它进行了补充，现在它的编成内有2个步兵师、3个炮兵旅和2个坦克旅，以及4个独立坦克营、1个炮兵团和3个迫击炮团。与当初那个兵力不足的突击第2集团已不可同日而语了。现在的人数已达到近4万人。虽然规模不大，但也还是过得去的。"

↑列宁格勒保卫战的主要领导人之一——梅列茨科夫

← 苏联军队跋涉雪原，支援列宁格勒战场。

戈沃洛夫听沃尔霍夫方面军司令员这么一说，对突击第2集团军的兵力也有了进一步的了解，于是放下心来，说话语气也缓和了好多，禁不住滔滔不绝起来：

"离突击位置最近的是杜哈诺夫将军指挥的第67集团军，刚刚组建了一个月，基础是原来的涅瓦作战集群。它的编成有3个步兵师、2个步兵旅、1个滑雪步兵旅、1个筑垒地域部队，以及2个独立坦克营、3个炮兵团、2个迫击炮团、3个强击反坦克炮团、6个师属炮兵连；每个步兵师10,000人左右，步兵旅5,000人左右；整个集团军有850门火炮和迫击炮，75毫米以上的；近400管M－30火箭炮，还有50多辆坦克。"因为戈沃洛夫曾是名非常专业的炮兵手，这次关于炮兵的情况他也如数家珍，和盘托出。

梅列茨科夫见戈沃洛夫对炮兵的情况掌握得如此的清楚和准确，禁不住啧啧称赞起来。正所谓话匣子一经打开，就是想合也难以合上了，只见他们从上午直说到中午，而从中午又接着上述话题谈了下去，越说越投机，越说越激动。此时此刻，一份作战计划就在二人闲聊中有了一个大致的框架。最后，谈到下次战役的发起时间，他们也都不约而同地定在1943年1月初。

1942年11月中旬，列宁格勒方面军在向大本营呈送的计划中提出了在什利谢尔堡方向进行战役的请求。几天后，戈沃洛夫又将列宁格勒方面军和沃尔霍夫方面军以及舰队协同实施战役的具体计划一一向大本营作了汇报。12月初，大本营正式批准了列宁格勒方面军的请求，指示沃尔霍夫方面军和列宁格勒方面军着手战役准备工作。不久，大本营在12月8日的训令中明确了两个方面军的具体任务。根据这一训令，列宁格勒方面军和沃尔霍夫方面军在1943年1月，要以其突击集团协同行动，消灭什利谢尔堡—锡尼亚维诺突出部、里普诺、加伊托罗诺、莫斯科夫斯卡娅什希罗夫地区之敌。突破对列宁格勒的陆上封锁。1月底，两个方面军的部队应推进到莫伊卡河、米哈伊洛夫斯基、托尔托罗诺一线，并在此固守，保证列宁格勒方面军的交通线。2月上旬，两个方面军应再发动新的战役，消灭姆加地区的敌人，肃清基洛夫铁路，推进到沃罗诺夫、瓦斯克列契尼耶、西戈罗沃、沃伊托罗诺一线。

就在苏军接到指示后的第一天，即12月2日，列宁格勒方面军和沃尔霍夫方面军在人员和技术装备上都得到了极大的补充。列宁格勒方面军得到了1个步兵师、5个独立步兵旅、1个高炮师和3个空降营。沃尔霍夫方面军得到了5个步兵师和1个工程旅、3个滑雪步兵旅和4个空降营。如果细算起来，列宁格勒方面军人员增加了10%，技术装备没有多大变化；沃尔霍夫方面军人员增加了22%，火炮增加了20%，迫击炮增加了30%。从两个方面军的人员和技术装备对比上看，苏军最高统帅部大本营着力加强沃尔霍夫方面军，意思很明确，即意在让它在即将打响的新的战役中再次担任起重要的角色。

准备工作刚刚完毕，时间就到了1月初，即大本营规定突击战役开始的日子。列宁格勒方面军的侦察人员一早从涅瓦河赶来，报告说涅瓦河上的冰层厚度还不能达到标准，即无法承受大部队及重武器通过时的压力。同时，越是到战役期限临近的时候，许多问题越是能体现出来。譬如，这次因为两方面军的领导同志在对部队进行补充工作时，都十分的审慎和细致，每一个问题具体到某个细节甚至某一名士兵的情绪都有清楚的记录。当两个方面军在投入很大精力对部队进行补充时，发现上报的数字和实际的人员还是有点出入，这就造成了一些人员和武器不能马上到位。因此，为了做到万无一失，他们要求将战役开始时间推迟到1月12日，两个方面军好抓紧最后十几天的时间，准备着这场有着决定意义的战役。

正是有着这种神圣而默契的感觉，2个方面军的领导人都在全力以赴，精心准备着让人期待已久的战役。

No.2 封锁冰消瓦解

1943年1月12日的清晨，俄罗斯冬天的阳光照耀在无人的涅瓦河上，这条平时好不热闹的河流如今却处在一片安详而静谧的气氛中。河的四周布满了层层叠叠的油松和白桦林，河面早已被冰雪覆盖了，一经太阳照射，便反射出一道道刺眼的光芒。细小的雪粒在寒风的吹动下，沿着河道不停地飞舞旋转，风凛厉地吼叫着。单是零下20℃以下的严寒，就足以让德军认为这样的早晨苏军是不会有什么行动的。虽然涅瓦河给人呈现的是一副天寒地冻、风雪交加的景象，但一场有着上万人参加，又决定着几百万人命运的大博杀，却在悄悄地拉开序幕。

9时30分，涅瓦河右岸列宁格勒方面军第67集团军阵地上空，随着几颗信号弹的准确腾空，十几公里的狭长地带上近2,000门火炮和迫击炮几乎同时展开射击。刚才那副祥和的美好画面忽然不见了，取而代之的是一片火海。河对岸的德军阵地，随着苏军发射的数不清吨数的"钢铁"，顿时被滚滚浓烟烈焰所笼罩。在冲天火海的掩映下，被炮弹击毁的建筑物的轮廓清晰可见。离涅瓦河岸边不远的地方，有一只半浮半沉的驳船在燃烧。一颗浸满油的大树披着雪花吐着火舌，照亮了周围上百米的地方，也照亮了涅瓦河左岸。翻卷的大火，殷红

的鲜血，再加上上万双通红的眼睛，整个涅瓦河好似一片燃烧着的大熔炉。

在战斗打响后，苏军为了保持河上的冰面的完整，有意将炮击的目标定在距岸边200米之外，这使德军距岸边最近的火力点在惊慌失措的忙乱中，开始了猛烈的还击。德军的火炮和迫击炮弹也掠过涅瓦河，在苏军阵地附近争相爆炸。涅瓦河两岸被双方发射时所产生的巨大气流搅起的团团白雾笼罩着，从两个方向炸烈开来的一串串火球，一个接着一个，烟火交加，甚是骇人。随着一片惊天动地的轰轰炮声，德军阵地前雷区中120组的悬挂式炸雷也发出了震天动地的爆炸，真是遥相呼应，俨然一幅惊险而残忍的大搏杀画卷。

12时差5分时，涅瓦河的上空又突地升起红色信号弹，身穿白色伪装服的苏军强攻小组和清障小组像箭一样跃上冰面，向对岸冲去。霎那间，"喀秋莎"火箭炮一齐射向对岸。成千

↓苏军火箭炮向德军发动轰击。

上万人的呼喊声在涅瓦河两岸此起彼伏，声势颇为壮观。涅瓦河上，从莫斯科夫斯基杜布罗夫卡到什利谢尔堡13公里长的地段中，列宁格勒方面军第67集团军发起了总攻。白色的人浪纷纷滚上右岸的河堤，又排山倒海似的泻向冰封的河面，再一齐涌向左岸，不一会儿工夫便漫上了对面的堤岸。在巨大的火力面前，德军惊魂未定，幸存下来的火力点尽管以最大火力企图压制苏军的进攻，但在汹涌如潮的人浪面前，则显得尤其脆弱。强击小组在敌人雷区中顺利地开辟了通道，与此同时，清障小组敷设了必要的工程设施，步兵先遣队紧跟其后，主力部队随后压上，整个突击从炮火准备开始到冲过涅瓦河，整个过程像一副下得极好的棋，环环相扣，扣人心弦，不得不让人惊叹苏军的一系列突击步骤做得天衣无缝，无可挑剔。

在如此训练有素的苏军突击部队面前，不出半个小时，在战线中央的德军便被赶出了前沿阵地。苏军炮兵立即向前转移发射阵地，以便支援突然向敌防御纵深的步兵和坦克兵。经过数小时的激战，太阳快要落山时，第67集团军借着有利时机，在炮火的掩护下，飞快地冲过涅瓦河，在对岸占领了一个宽5公里，纵深3公里的登陆场。夜幕降临的时候，越战越勇的苏军还没有放下武器，仍然以部分力量向德军展开不连贯的进攻。

战斗进行到这个时候，苏军虽然已经取得了小小的胜利，但并没有因此就此放松戒备情绪。反之，苏军的各个部队的领导人都在密切关注德军的发展动态，以便及时采取应变措施。从13日起，德军明显地加强了防御和反击力量。据苏军侦察人员报告，德军从早上10点至太阳落山的时候，他们都在以每次2～3个步兵营的兵力向位于第67集团军右翼的近卫步兵第45师发动了4次反突击。苏军及时调整兵力，给敌人的反突击行动以重大打击。但由于苏军在击溃敌人的同时，自己也或多或少削弱了一部分势力，这样，第45师部队再也不能像开始一样按着指定速度向前推进了。

因为敌人的一次反突击，情况开始变得复杂起来。第67集团军的突击力量集中在中央，因为这里是预计要与沃尔霍夫方面军突击部队会合的地方。右翼力量相对弱一些，在这种情况下，尽快调集兵力去巩固右翼至关重要。集团军司令员杜哈诺夫将军立即把集团军第2梯队投入交战。但这天右翼部队除了在某些地段上推进了1公里外，其他几乎是按兵不动，没有一点点进展。

但战情并非都令人悲观，要说集团军中央的部队，那自然是另外一幅进展喜人的景象。西莫尼扬克少将指挥的步兵第136师成果最大。他指挥的师不仅占领了德军在一些居民点的大火力点，还与加强给他们的轻型坦克第61旅一起，向前推进到第5工人新村以西1～1.5公里，与从东向西发展进攻的沃尔霍夫方面军的突击第2集团军部队相距只有四五公里了。这个距离是当初西莫尼扬克少将所不敢想的，但奇迹似乎真的发生了。

在集团军左翼作战的步兵第86师，进攻方向是什利谢尔堡。该师强渡涅瓦河时，遇到德军配属在纵深阵地上的强大炮兵火力的阻挡。结果，只有几个营突破了对岸，师主力部队被迫退回到出发阵地。当天下午，重整部队并变更部署后，他们再次对德军发动了攻势，朝什利谢尔堡以南方向突击。第二天，步兵第86师终于突破德军炮火阻挡，向前推进了1公里以上，接近了第3工人新村和普列奥布拉任斯基山，但遭到德军的更猛烈的火力攻击，战斗不

↑ 面对列宁格勒中的德军，苏军发动了反攻。

得不进入艰苦的相持阶段。

　　就在列宁格勒方面军向德军发起进攻的同一天，沃尔霍夫方面军的突击第2集团军和第8集团军右翼部队也在这区区12公里宽的正面上展开一场惊心动魄的突击。

　　在不到两个小时的时间内，苏军对主要突击地段，以高密度的火炮和迫击炮进行了强大的火力准备。然后，突击第2集团军第1梯队的5个师，在炮火即将形成的烟幕掩护下，发起了全线突击。几十分钟后，第8集团军右翼部队也随之转入进攻。双方马上展开了激烈的白刃战。在集团军右翼，步兵第128师未能从行进中占领里普卡，这主要是由于里普卡、第8工人新村和"圆树林地"等地靠近德军的抵抗据点，德军反抗比想象的要顽强得多。后来，德军以制高点的猛烈侧翼火力，封锁了该师前进的道路。在德军的猛烈火力面前，苏军的部队的损失急剧增加。在这危急关头，步兵第523团先遣队长上尉波格丹腾地从队伍中跳了出来，进而卧倒在地，不顾炮弹的威胁，一步步地向德军火力点爬去，在战友们惊愕的目光的注视下，毅然顶住了射击孔。这个勇敢的行为激发了所有战士，他们纷纷仿效，这使得正在操纵机枪的几百名德军还没来得及睁开双眼，就被一拥而上的苏军点上了脑袋，做了战场上的游魂。

　　与此同时，步兵第372师和256师，在集团军中间对德军实施进攻。就在进攻前一天，他们从北面和南面两个方向向第8工人新村推进了近2公里。从南面进攻的步兵第256师战绩斐然，而步兵第372师就没这么幸运，中途遇到了敌人顽强的抵抗，德军利用这里的石质房

↑向前推进中的苏军炮兵部队

屋、抽水站、钢筋混凝土与土木工事以及兵力上的优势，挡住了苏军的进攻，并在第二天把后备队调往这里，4支部队被从多斯诺运到姆加。此后，突击第2集团军司令员罗曼诺夫斯基征得梅列茨科夫同意后，于13日把作为第2梯队的步兵第18师和加强的坦克第98旅投入战斗，并令其从南面绕过第8工人新村，向第5工人新村发展突击。而此时，列宁格勒方面军第67集团军的步兵第136师，正迅速接近此地。

在左翼，步兵第327师经过顽强地反复冲击，占领了"圆树林地"的大部分。而在它以南进攻的步兵第376师和第8集团军的右翼部队攻入德军阵地前沿后，马上被对方加强的火力所挡住。他们几次试图再行进攻，都以失败而告终。沃尔霍夫方面军在两天的时间内，在从里普卡至盖托诺沃12公里的地段上突破敌人防御，部分占领了德军在里普卡、第8工人新村的抵抗据点，几乎全部占领了"圆树林地"，在中央方向向纵深推进了2公里以上，抵近第4和第5工人新村。

德北方集团军群指挥部为了固守什利谢尔堡—锡尼亚维诺一带阵地，几乎采取了一切可能的措施，以阻止列宁格勒方面军与沃尔霍夫方面军会合。1月14日夜，德第16步兵师被从基里希地区调到第6工人新村一带。同时，从其他地段紧急抽调了一些步兵、坦克、炮兵部队和分队，以作增援。而苏军两个方面军指挥部，也是在这一天，在突破防御任务后，也将第2梯队——步兵第123师和加强给它的坦克第152旅投入战斗。任务是组成突击战斗群与沃尔霍夫方面军部队做相向突击，并歼灭第一和第二小镇的敌人。随后，步兵第13师、步兵第102旅、步兵第142旅和滑雪步兵第34旅也先后投入战斗。但把第2梯队分批投入到广阔的战线上，这是两方面军共同犯的一个不小的错误。事实证明，由于第2梯队几乎是平均使用在集团军全部进攻战线上，利用它去加强已经严重削弱的第1梯队，效果不是很好。如果第2梯队去替换第1梯队，那就情况大不相同了。14日，步兵第19师开始在"圆树林地"以北行动。次日，从方面军后备队调来的步兵第239师，以及步兵第11师和2个滑雪步兵旅投入战斗。由于不正确地使用了第2梯队，以致在投入新锐力量后，所有进攻方向上的推进仍然较为缓慢。德军抓住这段时间部署部队并加强每一个抵抗据点的防御，给苏军的进攻带来了一定的困难。

这时，第67集团军的主要战斗方向主要集中在第5工人新村，第一、第二小镇和什利谢尔堡。在第5工人新村方向战斗的仍然是步兵第136师和配属给它的坦克第61旅。几天后，他们又向前推进了2公里以上，从西面靠近了第5工人新村。这一胜利大大激励了列宁格勒方面军的战士们，使得他们更加争分夺秒，对敌人的进攻势头也更为猛烈。在右翼的第一和第二小镇方向，苏军进展缓慢。几天的苦战，加上第2梯队的力量，苏军只是占领了第一和第二镇以东的一小块地区。在左翼，争夺什利谢尔堡的战斗已进行得无比激烈，德军凭借坚固的建筑、有利的地形进行拼死顽抗。15日下午，步兵第86师巧妙地利用迂回战术，终于拿下了普列奥布拉任斯基山，次日从南面突入该城，与德军展开了一场大搏杀。

沃尔霍夫方面军这时也在加紧攻击的力度。14日，突击2集团军的步兵第256师，也发挥了自己的所有力量，行进中占领了波德戈尔纳亚，然后挥师向西南，在锡尼亚维诺以西的接近地上展开战斗。步兵第372师消灭了第8工人新村的敌人后，便迅速接近第1工人新村。同时，步兵第18师已经切入第5工人新村，与来自列宁格勒方面军的部队的距离越来越近。两个方面军的部队对第1和第5工人新村的德军开始实施相向夹击。德军陷在这条狭窄走廊之中，随时都面临着全军覆没的危险。而此时苏军一旦会师，那么处在走廊北端什利谢尔堡的德军将被切断退路，只有死路一条了。德军指挥部眼见形势不对，于是决定在走廊未失守的时候，立刻从什利谢尔堡撤出部队。然而，情况发展得非常快，就算德军指挥部再有什么高招也难以挽回失败的局面了。1943年1月18日9时30分，苏军胜利的时刻终于来到了。在第1工人新村以东，列宁格勒方面军和沃尔霍夫方面军的部队胜利会师，德军对列宁格勒长达16个月的封锁终于一举突破了。人们沉浸在胜利所带来的巨大喜悦之中，2小时后，列宁格勒方面军步兵第86师完全肃清了什利谢尔堡城内的德军，解放了位于涅瓦河口与拉多加湖之间的这个重镇。随后不久，沃尔霍夫方面军右翼部队消灭了在里普卡抵抗的德军，使拉多加湖南岸这个德军有意插入的重要钉子不复存在。然而，苏军想从行进间夺取关键的锡尼亚维诺城的意图并没有成功。1月底，双方战线自北向东稳定在第二和第一小镇—第6工人新村—波德戈尔内亚—锡尼亚维诺高地—贡托卡亚利普一线。

受尽围困之苦的列宁格勒终于以它不懈的抗争迎来了不朽的一页，并为下一步更彻底的战争创造了有利条件。

第7章
CHAPTER SEVEN

阳光重回
列宁格勒

★1944年1月14日上午10时30分，列宁格勒方面军的突击第2集团军和沃尔霍夫方面军的第59集团军同时开始了强大的炮火准备，一场伟大的列宁格勒卫国战争在隆隆的炮火声中就要打响了。

★8日，在当地游击队的大力帮助下，步兵第110军占领了沃罗克、红丘、向卢加推进。步兵第117师军在达列科沃地区与沃尔霍夫方面军第8集团军步兵第115军的右翼部队会合，步兵第115军的主力已抵达奥列杰日城以西的奥列杰日河左岸。

No.1 蛰伏防御的德军

列宁格勒封锁线顺利解除之后，苏军于1943年7月22日到8月22日在姆加方向又组织了一次进攻战役。目的有两个，一是要打破德北方集团军群重新封锁列宁格勒的企图；二是为了配合苏军此时在苏德战场中部库尔斯克地区展开的大规模交战中实施反攻。沃尔霍方面军的第8集团军从东向北，列宁格勒方面军的第67集团军则由北向南，向集结在姆加地区的德军实施向中心突击。这一次突击收获颇丰。当时没有时间准备的德军遇到苏军的突然进攻顿时乱作一团，不得不忍痛放弃了重新封锁列宁格勒的企图，转入防御。苏军与德军激战了一个月，在僵持中谁也没能够向前推进一步。当然，这次战役苏军的意图很明确，即进行姆加战役目的不是为了占领土地，而是牵制和消灭敌军。从这点上说，姆加战役还是有一定的促进作用，效果也是有的。屈希勒尔的北方集团军只好使尽全部力量稳定战线，它的68个师及6个旅被死死地拴在沃尔霍夫方面和列宁格勒方面军作战地区内，不能抽调足够的力量去支援在库尔斯克溃败的中央集团军群部队。而德军在库尔斯克战役及紧接着在第聂伯河会战中的失败，彻底改变了苏德战场上的战略态势。新的一年，1944年，苏军西北方向三大方面军共同走进最具有历史意义的大反攻时期。

正所谓"风水轮流转"，德军在姆加战役遭受重大打击后，北方集团军群被迫放弃了重新进攻列宁格勒的计划，转入全面防御，暗中计划和安排从现有的战线上撤退。为此，德军分两个步骤行事：一方面加强撤退沿线的工程保障；一方面在爱沙尼亚境内建立大规模的物资储备，构筑工事，以希望将这里作为固守阵地。列宁格勒方面军和沃尔霍夫方面军的领导同志并没有因为姆加战役的胜利而放松警惕，反之，德军的一举一动都没能逃过苏军侦察员的眼睛。两方面军领导人从最接近敌人的地方进行观察和分析后，对德军的意图有了基本的掌握，并在各自的冬季作战计划中，作了细致认真的安排，并于9月将各自的下一步作战设想提交给苏军最高统帅部大本营。列宁格勒方面军军事委员会的看法是，德寇的主要注意力已集中到锡尼亚维诺和姆加方向，而德第18集团军在沿芬兰湾及诺夫哥罗德方向上的一个侧翼，其防御体系已极为脆弱，而且暂时没有补充的可能性。因此，列宁格勒方面军准备实施旨在对第18集团给予歼灭性打击的作战行动。

要想坚决彻底地打击敌人，列宁格勒方面军认为可选两个方向进行：北面的打击在列宁格勒、赤卫队城、金吉谢普方向进行，东南面的打击在丘多沃、诺夫哥罗德、卢加方向进行，任务是前出至敌人里加—赤卫队城和普斯科夫—赤卫队城的交通运输干线，使第18和第16集团军丧失补给，进而对其主力形成包围之势。沃尔霍夫方面军军事委员也对德军的行动进行了暗中观察，并随后提出作战意图：以方面军主力部队从诺夫哥罗德以北地区向卢加方向实施突击，从第18和第16集团军的结合部分割敌北方集团军群，然后与列宁格勒方面军和西北方面军密切配合，包围并消灭第18集团军主力，不让其撤退到卢加河或更远的纳尔瓦—沃尔霍夫一线。

与此同时，西北方向三个方面军纷纷接到大本营的指示：必须加强侦察，提高警惕，

↑苏军在波罗的海中的海军，也加入到陆路作战当中来。

在敌人撤退前就作好一切准备，并在敌人撤退必经道路的方向上建立打击集团。10月中旬，列宁格勒方面军和沃尔霍夫方面军接到命令，当敌人撤退时，必须立即转入坚决而猛烈地追击。同时，大本营领导部门即刻着手准备突破敌人防御的作战。这样，两个方面军又担负起更艰巨的任务，既要准备在敌人撤退时追击敌人，也要准备突破敌人防御的作战。在列宁格勒和诺夫哥罗德地区作战的总的意图是：粉碎德第18集团军，完全解除对列宁格勒的包围，将列宁格勒州从敌人手中解放出来。为了完成这一重大历史任务，列宁格勒和沃尔霍夫方面军应同时实施突击，以粉碎敌第18集团军在列宁格勒西南和诺夫哥罗德地区的侧翼集团。然后向金吉谢普、卢加方向发展进攻，粉碎敌军主力并前出至卢加河河岸。接下来的任务便是向纳尔瓦和普斯科夫方向进攻，消灭列宁格勒州境内的敌人，给以解放苏联波罗的海沿岸地区为目的的新的进攻创造有利的条件。

　　10月份，这对苏军来说是一个意义非凡的月份，列宁格勒方面军开始着手准备方面军的作战方案了。为此，他们在很短时间内就准备了两个方案，分别命名为"涅瓦—1"方案和"涅瓦—2"方案。"涅瓦—1"方案比较适用于追击撤退的敌人，而"涅瓦—2"方案则是为了突破敌人的防御。列宁格勒方面军在情况不一的情况下，最终确定"涅瓦—2"方案为方面军部队的作战计划。该计划总的意图是，用刚刚由沃尔霍夫方面军转隶过来的突击第

↑波罗的海海军通过火力支援帮助陆路军队。

2集团军和第42集团军，分别从芬兰湾南岸的奥拉丁包姆登陆场和普尔科沃地区向洛普沙总方向实施对进突击，从两个地段突破敌人防御，包围并消灭红村、洛普沙、斯特列尔纳地区的敌人。第67集团军则以炮兵和先遣队牵制正面来的敌军，目的是使其不能向突击第2集团军和第42集团军主力部队向西南方向的金吉谢普、部分部队向赤卫队城发展进攻，同时第67集团军亦应向姆加、乌里扬诺夫卡及稍远的赤卫队城转入进攻。突击第2集团军的进攻应比第42集团军早开始一昼夜。这也是一个缓兵之计，为了在突击方向上给敌人造成错觉。空军第13集团军、列宁格勒近卫轰炸机第2军及波罗的海舰队的部分航空兵从空中支援进攻。红旗波罗的海舰队除用舰上炮火支援陆上行动之外，还承担着运送部队、物资以及武器弹药的任务。

沃尔霍夫方面军也在慎重考虑如何用最佳的途径和最短的时间完成大本营的作战意图。后来，根据战场上的情况变化，沃尔霍夫方面军决定启用自己最强大的力量——第59集团军。该集团军应进行两个突击。主要突击从诺夫哥罗德以北30公里沃尔霍夫河西岸的登陆场实施，辅助突击从诺夫哥罗德东南经伊尔门湖向该城以南发展。两个突击计划向柳博良德对进实施，以突破敌人防御，包围并消灭诺夫哥罗德地区的敌人，从而解放这个城市。上述任务一经完成，第59集团军应向西和西南方向发展进攻，夺取卢加城，前出至卢加、克拉布基岑、小乌多尔阔什一线，切断敌人撤向普斯科夫的主要退路，与列宁格勒方面军配合歼灭敌第18集团军的主力。第8和第54集团军则应在多斯诺、柳班和丘多沃方向积极活动，不让敌人往诺夫哥罗德调动部队。在敌人退却时，两个集团军应立即转入进攻，消灭十月铁路多斯诺—丘多沃一段的敌人，而后，向卢加总方向发展进攻，与方面军主要突击集团协调行动，歼灭敌第18集团军右翼部队。

同时，列宁格勒运动司令部还为活跃在敌后的游击队规定了作战任务。虽然只有不到4万人的部队，但他们的任务却是积极配合苏军的行动，从后方给敌人以打击，占领最重要的抵抗据点，在苏军到来前夺取并坚守铁路枢纽站、大居民点及具有重要意义的高地、渡口、桥梁，等等。

在这段时间内，各集团军及各军、师一级指挥部，又都根据方面军的作战计划进一步明确了各自的任务，并进行了多种战役战术图上演练和各种针对性的训练。为了使实施辅助突击的部队在通过伊尔门湖时更为迅速，方面军把有关参战部队送到离湖很远的地方进行训练，只是在进攻开始前一昼夜才隐蔽回到湖边。另外，值得一提的是，连以上各级指挥员实地勘察了地形，进一步明确了自己的任务和目标，并商定了各兵种协同动作的具体问题，规定了各分队和部队的具体任务。包括战斗队形、冲击地区、排除障碍作业、炮兵的分工、坦克和行动方向、时间和队形、协同行动的信号等等。

在紧张的筹备过程中，2个方面军还频繁但却极其隐蔽地大规模调动部队。突击第2集团军的所有人员、武器装备和作战物资，由涅瓦河畔调往芬兰湾沿岸奥拉宁包姆登陆场。因为这种大规模的调动，在两个方面军的主要突击方向上集结起了巨大力量，在突击地段上形成了对德军的压倒优势。从调整后的兵力上同德军作一比较后，苏军优势非常明显。

虽然距离战役开始的时间还有几个月，但由于置身于筹备工作的每一名军人都意识到这场战斗对于列宁格勒意义非同寻常。所以，当这一天真的如期而至的时候，两方面军的所有战士都是紧握拳头，没有一个人想到退缩，人人都是热情高涨、情绪激昂。因为他们想到，距离德寇偿还血债的日子不远了，列宁格勒城因饥饿和空袭而死去的老老少少，这些人的冤魂也该得到慰藉了。

No.2 势如破竹的苏军

1944年1月14日上午10时30分，列宁格勒方面军的突击第2集团军和沃尔霍夫方面军的第59集团军同时开始了强大的炮火准备，一场伟大的列宁格勒卫国战争在隆隆的炮火声中就要打响了。

在突击第2集团军进攻地段，"喀秋莎"火箭炮炮手做好了准备，随着指挥员此伏彼起、绵延不断的口令，炮兵阵地卷过一股旋风，瞄准手飞快摇转着手轮，装填手抱起炮弹推入炮膛，击发手挽起拉火绳，目不转睛地盯着指挥员手里在风中飘舞的红色小旗……10分钟的准备时间，显得如此漫长。过去几个月来和战争爆发以来的两年半时间中所经历的艰辛与苦难，期待与渴望，都在这10分钟里汇聚了、浓缩了、凝结了。时间似乎停滞了，空气似乎凝固了，单腿跪在地上的一群群炮手似乎变成了一组组雕塑。突然，那一面面静止的小红旗，划出一条火红的弧线，像流星掠过，像铁水出炉，紧接着是一声声运足全身气力的嘶喊："开——火！"也许是对这一时刻期待已久，也许那一双双盯着小红旗的眼睛看见小旗落下后已来不及通过大脑而迅速去对拉着炮绳，举着炮弹的手下达了指令而来不及等听觉系统再作出认定，指挥员们第一个音节刚出口，"喀秋莎"火箭炮便把一排拖着火焰的飞弹推向了天空，空气在撕裂般的巨响中震颤，在震颤中大地也以抖动的姿态作出回应。随着惊天动地的"喀秋莎"火箭炮的第一次齐射，1个多小时的炮火准备开始了。

在短短的时间内，10万枚炮弹雨点般地倾泻到德军阵地上，炮弹撕裂空气的声音，甚至掩盖住了滚雷般爆炸的轰鸣。转瞬之间千万吨钢铁倾泻在敌人阵地上，德军的防御体系遭到了巨大的破坏，在苏军步兵和坦克兵转入突击的最初半小时，德军只能用步枪、冲锋枪、机枪火力进行抵抗。一个晚上，德军只还击3,500发炮弹。突击第2集团军部队迅速夺取了当面之敌的第一道防御阵地。战斗第一天，苏军在10公里宽的正

↑ 苏军以猛烈的炮火向德军阵地发动攻击。

面上向前推进了近3公里。第二天9时左右，第42集团军也转入进攻。在1个多小时的炮火准备阶段，近22万枚炮弹落在德军的阵地上，对其人员和装备给予了重大打击。炮兵对事先侦察好的目标实施直瞄射击，摧毁了165个火力点和4座军火库，这里存放着德军近7,000枚炮弹。在集团军第1梯队近卫兵第30军地段上，德军前沿的三道防线几乎全部摧垮，因此，步兵发起进攻时没有遇到抵抗。但在步兵第109军和110军进攻地段，由于炮火对敌压制较弱，进攻一度受阻。德军以3个步兵师的火力和反突击展开顽抗。就在这一天，组织了近30次突击。突击第2集团把第2梯队投入战斗后，又全线向前推进了3公里。到这时，在前两天的战斗中，突击第2集团军向洛普沙方向推进了6公里。第45集团在第一天中，则向红村方向推进了5公里左右。

在后来的几天中，苏军夜以继日地在两个方向上实施突击。虽然每天部队都能取得一些战绩，但总的推进速度却不是很快。这主要是由于苏军在进攻中也逐渐暴露出一些问题。尤其是在战斗组织和指挥上出现了不协调。虽然在战役准备阶段，各级指挥员进行了一定时间的演练，而且成绩也都还不错。但理论和实践从来就有一个不可逾越的距离，纸上得来终觉浅，到了实战中碰到具体问题时就不是套用某个公式那么简单了。在突击第2集团军，步兵的重武器和装备经常落后于步兵部队，使其在达到某一地带时，不能及时巩固阵地，往往造成冲上去又不得不退回来的尴尬局面，使进攻速度大受影响。另外，为坦克部队提供的专门侦察非常缺乏，导致不合理的技术兵器损失大大增加。

尽管苏军在后来的战役中，受到了不少的挫折，但这些挫折并未使苏军有丝毫气馁。反之，有实战经验的苏军在吸取每一次作战教训后，变得更加意志坚强，更加信心十足了。对德军的进攻也一直没有停顿。2个集团军在分别投入了第2梯队后，之间的距离越来越近。19日傍晚，德军在洛普沙、基别尼地区的抵抗急剧减弱。21时，突击第2集团军步兵第168师、步兵第462团和第42集团军工程兵第54营的先头部队在洛普沙以南的罗斯科—索茨基地区会师。第二天一大早，2个集团军的大队人马也在洛普沙会合。

从10月18日开始，苏德双方为争夺红村展开了激烈的战斗。红村是德军打算长期坚守的一个巨大的防御枢纽。在城的四围德军挖有反坦克堑壕，土木火力点和钢筋混凝土的据点星罗棋布。城里的石质建筑也被改建成了防御据点。杜杰尔科弗卡河穿城而过，把城市分为东、西两部分。河道和堤岸也成了防御配体中的组成部分。18日中午，第42集团军近卫步兵第30军的近卫步兵第64师部队经过激战进入城东部。然而，苏军在进攻途中遇到了困难，由于德军炸毁了杜杰尔科弗卡河上的桥梁和红村车站附近的堤坝，使车站以西地区都被冰水淹没，这使得苏军不得不从破坏的桥上打过河去，与坚守在河西的德军展开激烈的白刃战。傍晚时分，近卫步兵第64师控制了红村东部，坦克第260团进入城西区，步兵第109军的步兵第291师从东北方向包围了红村。同时，在杜杰尔科弗卡河以东的沃罗尼尤山丘地区也进行了一场激烈的巷战。这个山丘是列宁格勒州的一个制高点，居高临下控制着周围10公里左右的地区。在包围和封锁列宁格勒时期，德军在山上建起7个观察点，以校正和引导轰击列宁格勒的重炮火力。这座山丘如果不拿下来，已夺得的红村阵地就不能固守。18日深夜，师长茨克罗夫上校率领一个团从正面进攻，两个团从西北和东南迂回山丘。在这个伸手不见五指的黑夜里，战士们沿着泥泞的河岸，涉过冰冷的河水，以迅雷不及掩耳之势来到了敌人的后面。自天而降的苏军的出现，使处在梦乡中的德军还没来得及睁开双眼，就"嗯"的一声，几乎全部做了刀下鬼。19日清晨，沃罗尼尤山的德军被完全铲除。同一天，苏军全部解放了红村。20日，陷入突击第2集团军和第42集团军夹击之下的德军洛普沙—红村集团被分割后，也都全部肃清。就这样，通过6天的对进突击，2个集团军在近30公里宽的正面上，突破敌人防御纵深共25公里，消灭了德军2个师，重创德军5个师，为下一步向金吉谢普方向的进攻打下了良好的基础。

沃尔霍夫方面军的第59集团军，也是从指定的1月14日起转入进攻。在1个多小时的炮火准备还没有完全结束的时候，第1梯队的步兵第6和第14军的一些团，已经进入了冲击地区。当苏军的炮火火力逐渐加大，在向德军方向延伸的更长些的时候，这些团就已经冲向敌人防御地带了。梅列茨科夫得到侦察员的报告后得知，这次冲击效果非常好，敌人的第一道阵地一下子就被苏军占领了。事后发现，带头冲击的为步兵第14军步兵第378师的步兵1258团。这个团的团长不仅作战经验丰富，而且还能根据情况的变化发明一些新的战术。当苏军炮火准备开始时，敌人纷纷从前沿向后跑，团长向旁边的师长要求允许部队转入冲击，师长迟疑了一会儿，没有同意，但建议在炮火准备结束前一刻钟，先遣队可发起冲击，但实际上全团都紧追先遣队之后冲了上去。而这个团明显地起了好的带头作用。

作辅助进攻的南集群，此刻活动在方面军的左翼一边，由独立步兵第58旅担任强渡冰封的伊尔门湖，从南面迂回诺夫哥罗德的任务。南集群在斯维克林少将的指挥下，借着14日夜暴风雨的掩护，不顾刺骨的寒风，在冰上行进了几十公里，夺取了湖西岸大约25平方公里的一片登陆场，然后前出到维良日河地区，并于第二天顺利切断了诺夫哥罗德—西姆斯克公路，从南面威胁到敌人的主要交通线。德军得知情报后，急急忙忙地派出飞机轰炸伊尔门湖上不太厚实的冰层，想以此阻断苏军往这里增调兵力。梅列茨科夫知道情况后，也立即采取紧急措施，借着移动小桥跨越被破坏的冰面，并且还派出一个装甲汽车营。命令第2梯队中的步兵第372师投入紧张的战斗。经过一番惊险的激战，湖西岸的登陆场终于脱离了危险，并在此基础上又做了一些相应的巩固措施。

在后来的几天，第57集团军在诺夫哥罗德以北的地方持续向前推进，在德军主要防御地带上打开了不小的突破口。就在苏军快要冲上来的时候，屈勒尔火速从姆加和丘多沃附近抽调了德第24师和第21步兵师各一部，从索尔策和旧鲁萨附近抽调了第290师和第8师各一部，以指望封锁突破口并在纵深建立防御。但德军"拆了西墙补东墙"的小伎俩被苏军一眼识破。到了16日早晨，苏军第54集团军在柳班地区转入进攻，牵制了这个方向上的德军，使屈勒尔从这里抽调更多的部队的希望落空。18日，第59集团军指挥部把第2梯队——步兵第112军和坦克122旅投入交战。19日傍晚，步兵第6军的部队占领了纳申，切断了诺夫哥罗德—巴杰茨卡娅铁路。由于诺夫哥罗德以北进攻的步兵第14军部队行动有点迟缓，德军利用这个宝贵时间仓皇从城中撤出了自己的部队。到了第二天上午9时左右，步兵第14军步兵第191和第225师用步兵第7军步兵第382师的先头部队一路畅通地进入了诺夫哥罗德。这一天，步兵第6军的部队在科雷涅沃地区与南集群的步兵第372师会师，德军被击溃的第28轻步兵师、第1空降师残部、2个独立营和1个骑兵团，在强大的苏军武装力量面前，很快就在包围中被歼灭了。这一个星期的时间，沃尔霍夫方面军第59集团军在宽50公里正面上突破敌人防御，向西推进了20公里，使重要的经济政治中心和交通运输枢纽——诺夫哥罗德得以解放。因为两方面军如期解放了红村、洛普沙和诺夫哥罗德，莫斯科城内上上下下一派喜庆气氛，为英雄的到来献花鸣炮。

↑胜利后的苏军战士兴奋地挥舞着红旗。

No.3 侵略者，滚出列宁格勒

　　列宁格勒方面军和沃尔霍夫方面军经过协同作战，在战斗前期中取得了不小的战绩。这在盼望着解除包围的莫斯科城人看来，是一件了不起的大事。但方面军认为，胜利是在他们的预料之中，因此，当胜利的光环照耀着他们的时候，他们显得很平静很镇定。因为，更重要的任务还在等着他们。这不，莫斯科轰隆隆的礼炮声还未散尽，列宁格勒方面军和沃尔霍夫方面军鞋上的尘土还未擦拭，又开始对德军进行了新的攻势。

　　列宁格勒方面军将自己的进攻矛头从西南转向东南，指向赤卫队城和多斯诺，攻击敌姆加集团的侧翼和后方，粉碎这一地区的敌人，肃清十月铁路，完全解除列宁格勒的包围。沃尔霍夫方面军则把眼睛盯住了卢加方向，同时与列宁格勒方面军配合，消灭列宁格勒东南和南面的敌人。

↑ 苏联的冰天雪地，给德军士兵带来了很大的困扰。

1944年1月22日，列宁格勒方面军军事委员会将下一步作战计划重新作了调整后，立即提交给大本营。大本营很快就批准了这项新计划。次日，方面军给集团军下达了新的任务：突击第2集团军向沃罗索诺、金吉谢普方向发展进攻，1月30日前在金吉谢普以北前出至卢加河。第42集团军也向西南方向进攻，1月30日前在金吉谢普、大萨布斯克地段前出至卢加河。第67集团军的眼前的任务是尽快消灭普希金—多斯诺地区的敌人。就在同一天，沃尔霍夫方面军的计划也提交给了大本营，也同样获得了大本营的批准。计划规定，第59集团军的主要任务是攻占卢加。第8集团军的任务是控制多斯诺和乌沙基之间的联系，将两地之间铁路线一带的敌人铲除掉。然后，第8集团军的部队转交给第54集团军指挥，第8集团军的司令部调到方面军左翼，以改善对向卢加方向进攻部队的指挥。第54集团军应先占领柳班，之后与左翼的第8集团军配合占领乌沙基、多斯诺。最后，大本营对沃尔霍夫方面军提出了严格的要求，即对方面军占领列宁格勒西南的重镇——卢加的期限规定为1月29日～30日。

　　苏军各集团军没有辜负大本营的期望，到1月底，他们捷报频传，陆续取得了令人注目的战绩。第67集团军遥遥领先，解放了维里察和锡维尔斯基；第42集团军不甘示弱，占领了斯卢茨克、普希金、赤卫队城和大萨布斯克；突击第2集团军则冲向金吉谢普；第54集团军与第67集团军斗志昂扬，肩并肩勇敢地冲向柳班和丘多沃。自列宁格勒被围困的900多个日日夜夜后，莫斯科—列宁格勒的铁路第一次全线通车。如果把列宁格勒以南地区的战线形容为一把斜放的角尺，顶点在丘多沃，那么它的一条边从丘多沃向西北扬上直达芬兰湾，另一条边则从丘多沃向西南垂下通往波罗的海。在向西北扬上的那条战线上，从北至南依次排列的苏军集团有：突击第2集团军、第42集团军、第67集团军和第54集团军，向西南垂下的战线展开的集团军是第59集团军，而第67、第54和第59集团军现在分别从三个不同的方向，一齐将各自的进攻矛头对准了西北方向的焦点——卢加。

　　最近以来，德军在列宁格勒城下的连连败退，使德军最高统帅部大为震惊。希特勒脾气越来越暴躁了，事已至此，一味地抱怨也显得有点不合适宜，对于这次德军遭到的重大损失，他也只好怪自己看错了人。果然，没过几天，希特勒就下令撤了屈希勒尔北方集团军群司令的职务，以莫德尔上将接替指挥。屈特勒尔辛辛苦苦地忙了大半阵子，最后却落得和其曾经嘲笑过的前任勒布元帅同样的下场，这不免使他难受了一阵子，日子也在落寞中过了下去，但除了接受这个事实之外也没有其他办法了。至于新上任的莫德尔上将，在德军陆军中，以善于组织防御战著称，享有"战略防御专家"的称誉。新官上任三把火，面对北方集团军司令这个换得像跑马灯似的职位，他倒是有足够的心理准备，但面对希特勒的信任和期待，他倒是拿出了自己所有的看家本领，成与不成，也由不得他了。这样一思量，他心情倒也平和了不少，打算立即在筑有良好防御工事的卢加河一线阻挡苏军进攻。为此，他在卢加地区集中了1个坦克师、近4个步兵师、6个步兵战斗群、4个步兵师的残部、2个步兵旅和1个喷火坦克营。除了在卢加城外沿萨巴河、卢加河和奥列杰日河岸的防御工事外，所有城市以北、以西的铁路，公路，桥梁，以及惟一的一条从北面通向该城的公路和林间小道都布设了地雷。真是不愧为"战略防御专家"啊！但这一切根本瞒不过一直在和德军周旋的游击队员。对于德军刚上任的莫德尔，方面军领导人早已对此人的一些防御高招有所耳闻，自然也对他惯用的手段想出了种种可能的对策。

2月2日天一亮，列宁格勒方面军的第67集团军步兵第117军和步兵第110师军所属部队，沿赤卫队城至卢加的公路发起进攻。公路两旁的沼泽地带使苏军坦克和炮兵部队的行动越来越困难，作战的重任落在步兵身上。向卢加方向每推进一步，德军的抵抗就越强烈。4日，步兵第117师占领了姆申斯卡娅，在多尔左什卡河一线作战；步兵第110军推进到斯诺里查。第二天，该军左翼部队强渡卢加河，在沃罗克和红丘一带与德军展开一场激烈的争夺战。德军倒也借着新上任军官的火势，对苏军作出顽强抵抗，使得苏军从行进间夺取该地的计划没能成功。这时，在敌后战斗的游击队员给苏军带来了很大的希望。由于他们一直在暗中观察德军和有着神出鬼没的特性，这使得他们对德军的防御体系、道路情况和雷区布置特点等都了如指掌。

8日，在当地游击队的大力帮助下，步兵第110军占领了沃罗克、红丘，向卢加推进。步兵第117师军在达列科沃地区与沃尔霍夫方面军第8集团军步兵第115军的右翼部队会合，步兵第115军的主力已抵达奥列杰日城以西的奥列杰日河左岸。

与此同时，沃尔霍夫方面军也在向卢加进攻，但情况远非列宁格勒方面军那样的顺利。第59集团军从东面向卢加进攻，在2月的第一个星期内，它的第1梯队推进速度极其缓慢。因为这儿的德军抵抗凶猛，而且不断发起有空军支持的地面部队反突击。12日，第59集军的部队趁着德军丢了奥列杰日气势有所减弱的时候，加大进攻力度，终于在12日进抵卢加河岸。第8集团军在行进中遇到的抵抗更是激烈。在它的进攻地段内，德军曾经让惟一一个坦克师——从中央集团军群调来的第12坦克师进行抵抗。这使得进攻速度非常缓慢。甚至德军有对该军步兵第256、第372师的其中一部和游击队的一个团形成包围的势头。情急之下，步兵第256师师长科泽耶夫上校乘战斗机飞进包围圈指挥战斗。被围困的苏军在他的指挥下进行了艰苦的战斗，方面军用航空兵向被围部队提供了足够的物资、食品和弹药等。15日，第59集团和第8集团军分别从南面、东面发动突击，被围部队终于脱离了危险。

2月12日，列宁格勒方面军第67集团军部队以强大的突击冲入卢加城。同时，沃尔霍夫方面军步兵第112军的部队也从东南抵进该城。苏军花了不到一个晚上的时间，前进了30公里，虽然也遇到了德军的抵抗，但比预想的情况要好。然后，两个方面军的部队挥师前进，在2月下旬一连攻克纳尔瓦、普斯科夫和奥斯特洛夫等重要地区。到此时，德军在列宁格勒州界的地盘已全部失去。苏军用自己的行动打破了德军不可战胜的神话。

1944年下半年，借着胜利的雄风，苏军的卡累利阿方面军在卡累利阿地峡和拉多加与奥涅加湖之间地带，组织了几次进攻战役，击败了芬兰军队，迫使其退出战争。并把战线一直推进到1940年的苏芬国界线。苏军在解除了从东南、南面、西南对列宁格勒的威胁后，将北方的威胁也一举消除了。这样，至少是在苏德战场上，苏军历尽辛劳、南征北战终于为自己的国家赢来了自由和独立。列宁格勒保卫战，作为战争进程中的一个具有重大意义的组成部分，将永远被镌刻在历史的长墙上。

03

BATTLE

第三篇 > 保卫·斯大林格勒

第1章
CHAPTER ONE

噩梦始于夏天

★希特勒的军事信条很简单，他信奉两点：第一，是克劳塞维茨的名言："进攻是最好的防御"；第二，拒绝任何形式的军事撤退。所以在德军战线后方很难找到一条预备性的防线。当苏军的攻势减缓时，他更不会畏首畏尾，自信一场大规模的进攻将决定战争的最终结局。

↑希特勒的演讲以善于蛊惑人心著称。

No.1 进攻还是防御

　　1941年6月23日（星期日）拂晓，德军突然在北起波罗的海、南至黑海的长达2,000多公里的战线上，对苏联发起全面进攻。灭亡了欧洲14个国家的希特勒骄横不可一世，妄称苏联的社会主义制度是脆弱的，"只要在门上踢一脚，整个破房子就会倒下来"。

　　的确，战争初期，希特勒依仗其有充分的战争准备、丰富的作战经验和突然袭击所造成的有利地位，在对方准备不足的情况下，曾取得相当进展，18天内便向苏联腹地推进了数百公里。九、十月间，已进逼列宁格勒和莫斯科城下，使苏联处于相当困难的境地。

　　希特勒欣喜若狂，在柏林的集会上挥舞双拳，得意地宣告："敌人已经被打倒，再也站不起来了。"

进攻莫斯科的战役打响后，德军坦克兵团像一把利刃把苏西方方面军和预备队方面军切割成两半。钳形攻势获得意外成功，德军又俘虏了苏军67万之众。德军指挥官的望远镜里已看到了克里姆林宫顶上的红星。

然而，战场风云瞬息多变。11月7日斯大林在红场检阅苏军，并发表了演讲。大将朱可夫临危受命，开始整顿莫斯科的防御阵地，苏联人的抵抗变得顽强起来。当德军向莫斯科发动第二次猛攻时，严冬开始降临，莫斯科遇上了140多年未遇的寒流。而这时德军士兵还穿着单薄的夏装，成千上万的德国人在凛冽的寒风中被冻死冻伤。更可怕的是连坦克也发动不起来，大炮无法瞄准，机枪和其他自动武器几乎全部失灵，德军士气降到了最低点。

战局发生了戏剧性变化。当斯大林顶住了德军进攻后，立刻从远东调来精锐部队，红军的坦克冲垮了德军阵地，打得德军尸横遍野，伤亡达百万之多，被迫向西溃退。希特勒的"闪电战"计划破产了。

俄国战场传来的不祥消息，使希特勒进退维谷。他原先计划3个月结束对苏战争，在后方没有做防御准备。现在希特勒老是听到前沿指挥官的抱怨和要求撤退的请求。他本能地意识到，在冰天雪地中撤退会一败涂地。

不久，希特勒对在冰天雪地中的德军士兵下了"不准后撤"的死命令，同时他开始向那些不遵命令的将帅们开刀了。

1941年12月9日，屈从希特勒的旨意，老资格的陆军总司令布劳希奇元帅以患有严重心脏病不能胜任工作为由提交了辞呈。希特勒毫不犹豫地接受了元帅的离职，索性自己当了陆军总司令。

接着，德中央集团军群司令博克元帅、北方集团军群司令勒布元帅、第2装甲集团军司令古德里安大将、第4装甲集团军司令赫普纳大将纷纷被解职。

希特勒也深深意识到，德国在军事上失利的同时，在政治上也日渐孤立。就在苏军在莫斯科发动反攻的次日——1941年12月7日——日本人偷袭了珍珠港的美国舰队，从而使战争从欧洲、亚洲和大西洋扩展为全球性的冲突。12月11日，德国和意大利遵照了与日本签订的三国公约，向美国宣战。美国和英国也以宣战回敬了他们。

1941年底，英国首相温斯顿·丘吉尔从伦敦匆匆飞抵华盛顿，与美国总统富兰克林·罗斯福紧急磋商，商讨同盟国的战略。这就是著名的"阿卡迪亚"会议。这次会议的一项重要成果，是所有与德、意、日轴心国宣战的同盟国家签署一项共同宣言，包括美、英、苏和中国在内的26个国家在新年伊始庄严宣告，要动员所有的人力、物力反对法西斯。

希特勒的军事信条很简单，他信奉两点：第一，是克劳塞维茨的名言："进攻是最好的防御"；第二，拒绝任何形式的军事撤退。所以在德军战线后方很难找到一条预备性的防线。当苏军的攻势减缓时，他更不会畏首畏尾，自信一场大规模的进攻将决定战争的最终结局。

克里姆林宫，斯大林办公室。

"伏罗希洛夫同志，"斯大林果断地说，"我们怎能坐等德国人先进攻呢？苏德战争现在已进入关键时期，从1941年6月德军入侵到同年底是这场战争第一阶段。这一阶段，德军利用突然袭击和机动作战的手段，占领了我们许多土地，表面上我们败了，但从整个战局看，我们没有败。我们在辽阔的国土上与敌苦战，使希特勒速战速决、3个月打败苏联的阴谋彻底落空了。莫斯科会战是战争的转折点。我军在冬季作战中给敌人沉重打击，使一贯轻视我军的希特勒大为震惊。现在德国人已感到兵力不足，补充困难，已无法全线进攻。我军要进行积极防御，积蓄力量，而不是消极等待。应在适当时机、场合主动出击，打乱敌人部署，夺取战场主动权。朱可夫建议只在西方向上展开进攻，在其他方向上实施防御，我认为这是个治标的办法。”

斯大林最后决定：近期内在克里木、哈尔科夫方向和其他地域内准备并实施一系列局部进攻战役，以积极的进攻行动粉碎德军的进攻计划。

希特勒信奉那句至理名言“进攻是最好的防御”，斯大林也同样信奉。他们都认为进攻将给他们带来好运。

No.2 前 景

希特勒为了保证进攻斯大林格勒的右翼安全和解除后顾之忧，决定首先进攻克里木半岛。

克里木位于黑海之滨，它是高加索和顿河的南部屏障。1941年秋天起，它成了苏德争夺的战略要地。克里木半岛上空开始被浓烈的硝烟所笼罩。

整整半年，苏德两军展开拉锯战。先是德军稍占上风，曼施坦因指挥的德第11集团军凭着良好的装备冲破苏军防御。但在攻打塞波斯托波尔要塞时，遇到苏军顽强狙击。苏军依仗要塞严密的防御阵地，击退了德军的进攻。随着冬季来临，苏军由守转攻，把德军赶出刻赤半岛。之后，战场出现胶着状态。苏克里木方面军从1942年2月到4月接连发动3次攻势，都没有突破德军防御。

进攻克里木半岛的行动由曼施坦因指挥，他是德军杰出的指挥官。他指挥作战不靠勇猛取胜，而多以谋略见长。1940年德军曾出人意料地越过固若金汤的马奇诺防线，使巴黎屈膝投降，靠的就是“曼施坦因计划”。1941年夏天，曼施坦因指挥的装甲部队从东普鲁士出发，4天之内横扫200公里，成为苏军最可怕的对手。

曼施坦因给第11集团军制订了代号为“鸨”的进攻计划。第一目标首先是歼灭刻赤半岛上的苏军，然后再转过头来攻击塞瓦斯托波尔的苏军。因为刻赤方面的苏军更容易得到增援，不断构成对第11集团军侧翼的威胁。

苏军在克里木一共有3个集团军，并成立了一个克里木方面军总司令部，就设在刻赤。塞巴斯托堡要塞继续由苏军海岸集团军负责防御，约有7个步兵师、1个步兵旅、2个海军旅的兵力。在刻赤的正面，苏军有第44集团军和第51集团军。在1942年4月底，苏军在刻赤一

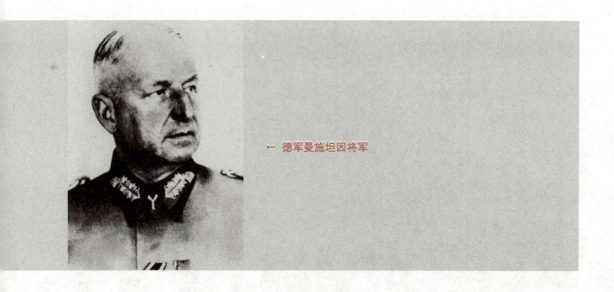

← 德军曼施坦因将军

共有17个步兵师、3个步兵旅、2个骑兵师的2个骑兵旅、4个独立装甲旅。

面对这样强大的兵力，德军所使用的兵力只有5个德国步兵师和第23装甲师，此外还有新到达的罗马尼亚第7军，下辖第19师、第10师和第8骑兵旅。

4月中旬，曼施坦因专程前往元首大本营去晋见希特勒，报告自己在克里木的攻势计划。这是自1940年2月间，曼施坦因作为一个军长把"曼施坦因计划"当面向他陈述之后，第二次谒见元首。在这次会见中，希特勒表现出非常良好的理解力，他很注意听取曼施坦因的意见，不像以前所常有的情形，喋喋不休地引述很多生产数字。希特勒同意他改变优先顺序的做法。

苏军在人数上虽然比德军多，但由于刻赤半岛地形的限制，却不能把所有的防御兵力都用上。而德军的6个师都能一次投入进攻，在局部兵力上，德军还是占优势。

苏军负责防御刻赤半岛的指挥官同时犯了一个判断上的错误，这等于又给曼施坦因提供了一个机会：苏军把兵力的2/3集中在半岛北面，判断德军将会攻击防线北部苏军弧形突出阵地。而在南部，依据其坚固防御阵地，只留1/3的兵力。曼施坦因决定出其不意，把德军主攻方向放在南部，沿黑海海岸向南部进入，攻击苏军官员预料不到的地方。

5月8日，德军发起进攻。在轰炸机掩护下，德军坦克蜂拥而入，很快冲破苏军防线。5月16日，德军占领刻赤，17万苏军被俘，海滩上堆满了苏军的各种车辆、大炮。

斯大林震怒，立即将统帅部代表梅赫利斯、方面军司令员科兹洛夫中将撤职降衔，并于6月4日发出训令，要求各方面军吸取教训："懂得现代战争的性质，必须把部队做纵深梯次配置和建立预备队。"

当斯大林严厉训斥部属时，他是否意识到最高统帅部应负的责任？科兹洛夫忘了防御，甚至在德军进攻的前一天，还在召开军事会议讨论夺取科伊—阿桑的进攻计划，这是否与统

↑ 大量的被俘苏军官兵在去往集中营的路上。

帅部制订的防御中进攻的指导有关呢？科兹洛夫自己说部队按进攻态势布置是为了随时发动进攻。然而他却犯了兵家大忌。攻与守必须根据战场态势而转换，忘了防御的军队哪有不失败的？

　　刻赤半岛失利后，据守塞瓦斯托波尔的苏军陷入困境。曼施坦因集中20余万人马，把要塞围得水泄不通。经过一个多月激战，克里木全境落入了德军手中。德军进攻克里木，是斯大林格勒战役的前奏。

　　战场的态势继续朝着对苏军不利的方向发展。

　　当曼施坦因在克里木频频得手时，苏西南方面军司令员铁木辛哥元帅正挥师向哈尔科夫的德军发起猛攻。这次战役是这位战功卓著的元帅用脑袋担保争取来的。

　　1942年春，他和斯大林一样对战争形势过于乐观。他完全赞同斯大林的判断，既然已判明敌人将对我发动一场攻势，何不先发制人呢？于是他很快制订了在哈尔科夫方向的作战方案，并以急件呈送大本营。

铁木辛哥对哈尔科夫战役充满自信，他对说三道四的怀疑论者说，我用脑袋担保战役的胜利。

铁木辛哥的自信来自对敌情的判断。德军在夏季可能从布良斯克、奥廖尔地域实施突击，并绕过莫斯科，前出至高尔基地域的伏尔加河，进而切断莫斯科与伏尔加河流域和乌拉尔的联系，然后攻占莫斯科。

根据这一判断，苏西南方面军和南方方面军在哈尔科夫实施进攻，一定会打乱德军部署，使苏军前出到基辅、切尔卡瑟、五一城、尼古拉耶夫一线。

铁木辛哥元帅差一点成功。

5月12日，哈尔科夫。

树林中隐蔽着整装待发的苏军坦克。当旭日从雾气笼罩的天边冉冉升起时，铁木辛哥下达了开始进攻的命令。

攻击起初进展顺利。苏军坦克3天内推进了50公里，德国人惊慌失措。冯·博克元帅打电话给希特勒，因为德第6集团军受到猛烈进攻。希特勒动用了克莱斯特集团军以攻对攻，形势突变。苏第9集团军防线被突破，并直接威胁到苏西南方面军突击集群的后方。

1942年春夏之交，希特勒的愿望就是和斯大林在战场南翼决战，只要苏军敢打就行，正好一口把你吞了。铁木辛哥太自信了，当他发动进攻时，他不清楚进攻的正面，德军正囤积着100个师的重兵。当德军反攻时，他又以为是小股部队的骚扰，3天后才作出反应。战机稍纵即逝，保卢斯的第6集团军和克莱斯特军群合围了苏联3个集团军，苏军损失惨重，24万人被俘，成千上万的红军牺牲。壮烈殉国的有方面军副司令员科斯坚科将军、第57集团军司令员彼德拉斯将军和战役集团群司令员博布金将军。

苏西南战区元气大伤。铁木辛哥元帅把这次失败当成了终生耻辱。战役后期，铁木辛哥清醒过来采用且战且退战术，把突围部队带至顿河。不久，西南方面军撤销，铁木辛哥担任新成立的斯大林格勒方面军司令员。但他担任此职只有10天便被免去职务，从此再未被斯大林委以重任。

一场打胜了一半的战役落得如此惨败的结局，终于使斯大林清醒了过来。一招不慎，满盘皆输。

苏军在克里木、哈尔科夫相继失利后，在列宁格勒、沃尔霍夫方向的进攻也接连受挫。希特勒的军队开始步步进逼，装甲部队浩浩荡荡地穿过南方草原，俄国人已无法堵住这股钢铁巨流。

苏军开始不战而退。清醒过来的斯大林明白了不能与德军在不利时机和地点上硬拼乱打，他只得忍下这口气。德军在一个月的围追堵击下，苏军相继后撤了150～400多公里，已经退到了伏尔加河畔了。

1942年7月3日，希特勒离开"狼穴"，乘专机飞往德军东线作战指挥部。他正在考虑要将大本营从"狼穴"迁至乌克兰境内的维尼察，代号"狼人"的暗堡，以便就近指挥第二阶段攻打斯大林格勒战役。

1942年6月28日，德军在北起库尔斯克，南至塔甘罗格的近700公里的战线上发动进攻。不到一周，德军左翼进抵沃罗涅日顿河河岸，然后沿顿河和顿涅茨河之间的走廊带南下，直指斯大林格勒。

不设防的斯大林格勒一夜间成了前线城市。

对斯大林格勒的重要地位，德国人曾作过这样一个比喻：莫斯科是苏联的头脑，斯大林格勒是苏联的心脏。希特勒则直言宣称："斯大林格勒对于我们具有决定性的意义！"

斯大林的眼睛紧紧盯着地图，将手指狠狠地指在斯大林格勒的位置上，斩钉截铁地说："斯大林格勒无论如何要守住，要不惜一切代价阻止德军前进。"

当时在斯大林格勒方向只有第62、第63两个集团军，约16万人、2,000门大炮、400辆坦克、454架飞机。而进攻该城的德第6集团军拥有6个主力军、2个坦克军、27万余人、3,000门大炮、500辆坦克，还得到德第4航空队1,200架飞机的空中支援。于是斯大林做出了命运攸关的决定：组建斯大林格勒方面军，将驻守莫斯科的预备队调往斯大林格勒城。

一道道命令从克里姆林宫发往各地：

7月4日，第5预备集团军司令员接到命令："集团军主力火速进抵顿河东岸，任务是固守顿河东岸。无论如何也不能让敌军渡过顿河，执行情况要及时上报。"

7月9日，驻扎图拉集训的一支后备军被紧急改编为第64集团军，代司令员瓦西里·崔可夫中将奉命率部前往斯大林格勒加强防御。

7月11日零时20分，第62集团军科尔帕克奇接到命令，要求部署在斯大林格勒地区的该集团军火速进抵该市接近地，在克列茨卡亚至苏诺维基诺设置防线。

7月12日，大本营命令组建斯大林格勒方面军，统辖第62、第63、第64集团军及原属西南方面军的第21集团军、第8航空兵集团军。司令员由原西南方面军司令铁木辛哥元帅担任，赫鲁晓夫任军事委员，博金任参谋长。方面军的任务是固守顿河沿岸，从巴甫洛夫斯克至上库尔莫亚斯卡亚500公里长的防线。

7月14日，苏联最高苏维埃主席团通过决议，宣布斯大林格勒进入战争状态。

新组建的方面军在各级指挥员的努力下，开始向指定地域开进。在通向斯大林格勒的大路小径上，出现了一支支由部队、坦克、炮车连成的急流。它们昼夜向伏尔加河奔去，向顿河草原奔去。在开阔的地带，每当天空出现德军飞机，这一股股车流、人流或就地待命、养精蓄锐，或跑步跳跃、加速前进。一走进伏尔加河畔，他们就按照命令，消失在茫茫的顿河草原里。

最先进入阵地的是科尔帕克奇少将指挥的第62集团军。该集团军编成内有6个步兵师、4个团和6个独立团，防守着从顿河大弯曲部的克列茨卡亚至苏罗维基诺约90公里的防线。

科尔帕克奇将军有多年的战争考验，部队一到目的地，他马上组织防御，组织火力系统，对阵地实施观察。科尔帕克奇站在一座小山岗上，通过望远镜观察着周围的地形。他发现由于战线过长，苏军大部分阵地设置在光秃秃的草原上，没有来得及利用周围河流沟谷等天然屏障。这一地形对防守极为不利，却对德国空军和坦克部队开展进攻大有益处。他不由得深深地担忧起来。

一　在前线指挥作战的苏西南方面军司令员铁木辛哥元帅（左）与军事委员赫鲁晓夫

科尔帕克奇不知道，其他部队的准备状况更糟。第64集团军还在由图拉向斯大林格勒进军的途中。

7月17日拂晓，苏第62集团军第192师第676团在顿河草原的普罗宁村与德军第6集团军的先遣部队相遇。两军接火后，德国人的坦克就围了上来。第676团战士依仗地形顽强抵抗，德军投入了增援部队，飞机也前来助威。炮声轰鸣，眼看快被包围，苏军开始向后撤退，潮水般的德军向顿河大弯曲部涌来。

这场规模不大的遭遇战揭开了斯大林格勒大会战的序幕，它很快引起世人瞩目，逐渐演变成影响第二次世界大战进程的一次转折性战役。斯大林和希特勒就是从这一天起，把各自越来越多的部队投入到这场旷日持久的血战之中，并最终决定了双方的命运。

被希特勒当作决战来打的夏季攻势，一直进展顺利。为了最后击溃斯大林，希特勒决定

↑ 德军士兵一路烧杀，所过之处遍地瓦砾。

将他在腊斯登堡的大本营迁往更靠近前线的俄国境内乌克兰行营。

希特勒被一时的胜利冲昏了头脑。他以为苏军已无力进行抵抗，斯大林格勒可以在向前推进中唾手可得，不必在这个方向上使用重兵了。所以，他不顾一些下属的反对，放弃了德军的经典作战原则。

7月23日，希特勒在维尼察召集他的军事将领开会。在仔细研究了前线形势后，希特勒决定加快进攻节奏，让霍特指挥的第4装甲集团军帮助A集团军群进攻高加索。攻打斯大林格勒只需保卢斯集团军就行了，因为俄国人快要完了。

本来，在希特勒的计划中，高加索的战略地位优于斯大林格勒。尽管斯大林格勒是工业城市交通要地，但高加索油田是苏联战时经济的基础。占领高加索等于切除了苏军的战争资源，德军坦克则会得到一直迫切需要的燃料。更重要的是德军越过高加索，德意两军就会携手共同占领英国统治下的中东，并迫使摇摆不定的土耳其对苏作战。高加索的目标关系到轴心国的全球战略。

所以，在1942年4月5日，希特勒发出的第41号训令中，明确规定德军夏季作战的主要目标就是夺占高加索："要把现有的兵力全部集中到南线去进行主要战役，以便将敌人消灭在顿河以西，尔后夺取高加索的油田并越过高加索山脉。"

由于苏军的失误，德军夏季作战出乎意料地顺利。此刻希特勒认为德军能同时实现这两个目标，便兵分两路展开进攻。

高加索和斯大林格勒由最初的主次、先后变为同样重要了。

希特勒发布了第45号训令，这个训令要求A集团军群加速向高加索方向进攻，并认为只需要用第6集团军的兵力，在A集团军群到达高加索山脉之前就可以夺占斯大林格勒。因此，要求B集团军群从北面急速夺取斯大林格勒、阿斯特拉罕，并在伏尔加河地区巩固下来，切断高加索与苏联中部地区的联系。

这个作战计划，使德军分散在多个战役方向。

这样，在斯大林格勒方向，德军只剩下保卢斯率领的第6集团军了。

保卢斯是个勤勉有才干的军官。他所做的大部分工作都是希特勒亲眼看着完成的。希特勒显然很器重他，因为仅在1942年的11个月中，他就由中将迅速晋升为上将。希特勒在即将发动夏季攻势时，对保卢斯说："如果我拿不到迈科普和格罗兹尼的石油，那么我就必须结束这场战争。"

哈尔科夫战役后，第6集团军士气旺盛。攻城拔寨，不到一个月就打到伏尔加河畔。17日在普罗宁村与苏军交火后，由于兵力不足耽搁了两天。等主力一到，苏军立刻溃退了，作战行动又按计划顺利进行。一周内，他的集团军已将顿河弯曲部的苏第62集团军包围，进抵到卡拉奇地区，距斯大林格勒市区只剩150公里了，也许不出几天就能结束战斗。

此时，第6集团军编成内共有5个军，共18个师。其中有2个装甲师、1个摩托化师，这3个师组成了第40装甲军，由施图姆指挥。

7月23日拂晓，顿河右岸的上布律诺夫卡、马诺伊林和卡缅斯基一带响起激烈的枪炮声。德军北部集群以优势兵力向苏第62集团军右翼阵地扑来，苏军第62集团军近卫军第33师、步兵第192师、184师奋起迎战。

在第62集团军近卫军第33师第84团的防御地域内，防坦克枪手博洛托、萨莫伊洛夫、别利科夫和阿列伊尼科夫所在的排，守卫在克列茨卡亚以南的一个山冈，经过残酷的战斗，只有他们4人幸存。

又一次战斗结束了。他们4人整修好工事，隐蔽在阵地前，边吃干粮边交谈着。

"如果没有干粮，我们吃别的东西也能对付活下去。"博洛托掂着手中的干粮说，"可是如果没有炮弹和手榴弹，咱们准得完……"

话还没说完就被一阵坦克的轰鸣声打断了。他们警觉地循声望去，只见一群坦克黑压压地开了过来。

"一共30辆。"别利科夫迅速数完坦克数量，给大家分配了任务，"怎么样，干吧。每个人分7辆，还剩2辆大家一起打。"

他们不动声色，将防坦克枪瞄准了远处的坦克群。德军坦克开始展开队形，准备向山冈发起冲击。身穿黑色军服的德国兵见山冈上没有动静，干脆全都打开坦克顶盖，将半截身子暴露在外面。

坦克越来越近，瞄准镜内的十字线看得十分清楚。博洛托瞄准行进在最前面的一辆，扣动了防坦克枪的扳机。

随着"轰"的一声巨响，坦克颤抖了一下，冒起一股黑烟。

紧接着，别利科夫瞄准第二辆坦克扣动了扳机！枪弹击中油箱，坦克立即燃起大火。

另外2位英雄也是首发命中，各击毁一辆坦克。稍后，博洛托和别利科夫义各瞄准一辆坦克，连开数枪，将2辆坦克打得趴在那里燃烧起来。

德国人发怒了。轰炸机开始轮番轰炸，把小山冈炸得树黑土焦。轰炸一停，阵地前又冒出德国人的坦克。他们这次将暴露的身子缩回到坦克里，向山冈凶猛地扑来。

4位英勇的战士沉着应战，机动灵活，打一枪换一个地方，又连续击毁了数辆坦克。

敌人终于退走了。山冈附近留下15辆燃烧的坦克。

4位战士的英雄事迹立刻传遍前沿，阵地上掀起了杀敌竞赛热潮。这一天，第84团共击毁德军坦克45辆，打退了敌人数十次进攻。

次日，德军加强进攻，终于突破了苏184师、192师的阵地，战斗打得异常激烈。

突然，德军以1个营的兵力出现在第192师司令部。师长扎哈尔琴科上校立即组织参谋人

↑ 苏联战士奔赴斯大林格勒进行增援。

员反击。扎哈尔琴科率领20余位师部参谋边打边退。

这时，一架德国飞机从低空飞来了。扎哈尔琴科端起机枪对空就是一阵猛射，德机被击中油箱凌空爆炸。

这时一颗炮弹落在他的身旁，随着一声爆炸，扎哈尔琴科当场牺牲。这一天苏第192师伤亡过半。

7月24日夜，德军北部集团群突入第62集团军的防御纵深，双方发生激战。德军航空兵对集团军阵地狂轰滥炸。

德军最后突破了第62集团军右翼，并包围了布置在右翼的苏步兵第184、第192师、近卫步兵33师、坦克第40旅和3个炮兵团。

第62集团军司令部位于顿河左岸的卡梅什村。此时，科尔帕克奇少将心急如焚，他与政治委员古洛夫商定后，决定组织力量实施反冲击，恢复集团军整个右翼的原有态势，并向方面军司令部汇报了情况。

苏军战士冒着飞机和炮火的轰炸，向德军发起了英勇的反击。德军凭借飞机和坦克的的优势，突破了第62集团军的防御正面，在卡拉奇以北20公里处的卡缅斯基地区渡过顿河，开始从北面深入纵深包围第62集团军的左翼。科尔帕克奇少将将步兵第196师和坦克第649营调往该地。

第62集团军的处境越来越困难。

此刻，苏军第64集团军同样在困境中抗击着进攻的敌人。

第64集团军7月上旬奉命由图拉南下，7月17日司令部接到斯大林格勒方面军司令员的训令："第64集团军辖步兵第229、第214、第29和第112师，第66和第154陆战旅，坦克第40和第137旅，应于7月18日夜晚进到苏罗维基诺、下索洛诺夫斯基、佩歇尔斯基、苏沃罗夫斯基、波捷姆全斯卡亚、上库尔莫亚尔斯卡亚一线组织防御，以顽强的战斗阻止敌人向斯大林格勒进犯。同时每个师应派出一个团的兵力，并配属有炮兵，组成前进支队，配置于齐姆梁河地区。"

此时，第64集团军才刚下火车，距离斯大林格勒方面军指定的防御地区120多公里，于是连夜奔袭。7月24日，部队才集结完毕。在苏沃罗夫斯基至上库尔莫亚尔斯卡亚地带展开，并立即与德军接上了火。

No.3 不要疑虑，不要后退

1941年7月22日，第38集团军司令莫斯卡连科少将接到命令，将部队改编为坦克第1集团军，下属坦克第13、第28军，步兵131师、2个防空炮兵团，1个反坦克炮兵团和第168坦克旅。

第二天，莫斯卡连科接到方面军的命令，让他两天后向敌发起反突击。接到命令后，莫斯卡连科立即带领部队出发，边走边进行战斗准备。

7月25日，天刚破晓，德军第6集团军北方集群的坦克部队已逼近卡拉奇渡口，离渡口仅剩最后二三公里的路程。

卡拉奇正好处在第62集团军和第64集团军的结合部，如果让德军占领渡口，德军会源源不断渡过顿河，就会将2个集团军分割开来。

在这危急时分，莫斯卡连科带领他的坦克部队赶到了。他指挥部队在行进间向敌人发起进攻。

一场坦克遭遇战开始了。

莫斯卡连科在阵地前举着望远镜观察，只见坑坑洼洼的荒坡上，两股坦克集群在全速前进中猛烈撞击，并不停地喷射着火焰。空中传来飞机引擎的轰鸣声，几架德国飞机赶来俯冲投弹。

莫斯卡连科仔细观察着战场形势，他认为从侧翼突击敌人的有利时机到了。他要通了坦克第28军军长的电话："罗金上校，快组织突击队从侧翼进攻。"

不多时，敌人坦克战斗队形的侧翼出现了十几辆苏军坦克。德军坦克队形立即大乱。

德军开始全面撤退，苏军坦克占领了阵地，并迅速组织防御，准备抗击德军的再次进攻。

在距斯大林格勒150公里的顿河西岸，德军陷入了旷日持久的血战。苏军从卡拉奇地域向西北方向对敌实施的首次反突击，制止了德军沿顿河右岸向南继续发展进攻。

卡拉奇渡口终于转危为安。敌人继续向东推进的行动被阻止了。

华西列夫斯基付出了不少代价，阻止了德军占领卡拉奇，但还没有来得及高兴，他又为第64集团军阵地的安危担忧了。

7月25日，德军以2个步兵师和1个坦克师的兵力攻打第64集团军第229师，该师仅有5个营的兵力，却防守着15公里宽的正面。德军在数量上占绝对优势，但接连发动数次进攻都失败了。

战至中午，阵地上的苏军死伤过半，弹尽粮绝。德军在一次猛攻后终于得手。该师指挥所亦受德军攻击，师长被迫后撤，与部队失去联系。

次日，德军坦克潮涌般地辗过苏军第229师防线，快速向顿河右岸推进。

如果不立即阻止德军的推进，让德军从南面逼近苏军第62集团军的翼侧和后部，苏军的防御将会陷入全面的被动。

朱可夫接到报告后，急调海军陆战第66旅的一个炮兵营前去拦截。

朱可夫站在前沿掩蔽部，面色

↓苏军战士和反坦克炮

焦急，一只手拿着望远镜，另一只手拿着电话筒，扯着沙哑的嗓门喊：

"中尉同志，无论如何得挡住敌人的坦克，你的后方已经没有预备队了。"

炮兵营长达特里耶地中尉带领部队占领阵地后，还没挖好工事，德军的坦克就出现了。25辆坦克在距炮兵发射阵地2公里的地方展开队形，一边向前开进，一边猛烈射击。

坦克离炮兵阵地的距离太远，如果马上开火效果不好。因此，炮手们不管敌人火力有多猛，始终保持沉默，他们在耐心地等待着战机的到来。

有的战友中弹倒下了，有的战友的伤口在流着鲜血。他们看在眼里，记在心上，仍然默默地等待着。

敌人的坦克越来越近了。当还有400米时，营长一声令下，全营的火炮同时怒吼。转眼之间，好几辆德军坦克起火冒烟。

但是，其余坦克吐着火舌，继续向前冲击。

炮兵营的伤亡越来越大。炮手牺牲了，立即由侦察员和通讯员顶上来。

经过1个小时的战斗，德军丢下12辆被击毁的坦克，狼狈地退了回去。

7月28日16时45分，苏联最高统帅部向戈尔多夫将军下达命令：

"鉴于奇尔河口以南第64集团军步兵第214师已撤到顿河东岸，敌人也在这里抵达西

岸，下奇尔斯卡亚至斯大林格勒方向是目前整个战线最危险的方向，因而也是最主要的方向。危险就在于，敌人渡过顿河后，势必从南面向斯大林格勒迂回，并进入斯大林格勒方面军的后方。

"方面军近日的主要任务是：第64集团军各部队、连同抵达卡拉奇及其以南的步兵第204、第321师和坦克第23军，要积极行动，最晚不迟于7月30日粉碎在下奇尔斯卡亚以南抵达顿河西岸之敌，并在这里全面恢复对斯大林格勒地区的防御。"

第64集团军为掩护在顿河作战的第62集团军左翼，朱可夫将军把步兵第112师派往顿河右岸洛戈夫斯基地区，占领奥辛诺夫斯卡亚至上奇尔斯卡亚的防御阵地，将步兵第229师各部调往苏罗维基诺至大奥辛诺夫卡地区。

步兵第112师抵达指定地区后，把德军从第一阵地击退，继而攻到上奇尔斯卡亚车站。步兵第229师掩护着第62集团军右翼。

这样一来，形势有所好转，为组织新的防御赢得了时间。

这样，在第64集团军正面，德军没有达到预期目的。敌军突破第64集团军第一防御地带后，未能继续发展进攻，被迫放弃在该地强渡顿河的打算。集团军各部队充满了阻止和击溃敌人的信心。

德军第6集团军的南部集群被滞留在苏罗维基诺。战线在这一地区稳定下来了。

敌人虽未能像他们指挥部打算的那样，于7年25日占领斯大林格勒，但斯大林格勒方向上的形势仍然是紧张的。

7月底，在顿河大河湾和斯大林格勒方向，激烈的战斗一直在进行着。枪炮声隆隆不断，硝烟弥漫着整个天空。

疯狂的法西斯匪徒与英勇的红军战士争夺着每一寸土地，抢占着每一个顿河渡口。双方都损失惨重、精疲力尽，但双方仍然在进攻和防御。一望无际的草原上热浪滚滚，战斗的激烈程度也像炎热的天气一样，掀起了更大的热潮。战场上弹坑密布、血肉横飞，这越发激起了双方拼死相搏的斗志。

最高统帅斯大林一直在关注着斯大林格勒的局势。这不仅是因为这座以他名字命名的城市不允许受到玷辱和蹂躏，而且是因为这座城市对通贯苏联南北，保障燃料运输至关重要。

死守。斯大林无数次地重复着这个命令。

面对德军的强大攻势，顽强的红军被迫一步步向后撤退，渡过顿河，沿河岸展开新的防御。灼热的尘土伴送着一批批后撤的战士，头顶上成批地落下敌人的炸弹。许多兵团撤退时秩序紊乱，给防御部署带来了新的困难。

由于第1和第4坦克集团军的反突击，第62、第64集团军的艰苦防御虽然暂时稳定了战线，但敌人正在调兵遣将，大规模的进攻仍然要继续，顿河沿岸以至整个斯大林格勒的局势仍然很紧张。德军从第62集团军两翼实施纵深包围，并抵进第64集团军防御的下奇尔斯卡亚地区，出现了从西南方向突向斯大林格勒的威胁。

7月28日，意义重大的第227号命令发布了。命令毫不隐讳地说明了当前局势的复杂性和危险性，要求军人们停止后退，坚决挡住敌人的攻势。

227号命令简而言之归结为以下几条：

1. 无条件地消除退却的情绪。

2. 无条件地撤销听任部队擅自撤离阵地的集团军司令员的职务，并解送大本营交军事法庭审讯。

3. 在方面军中成立1～3个（视情况而定）惩戒营（每营800人），派中级和高级指挥员和相应的政工人员前去任职……

227号命令极大地震动了苏军指战员，对部队的士气产生了巨大影响。

它让每个军人在了解前线面临的严重局势的同时，加深了对这个严厉命令的正确理解。这个命令引起了苏军的强烈反响。每个战士、每个指挥员都深深地感到了对祖国、对人民应负的责任。的确，他们已经无路可退了。

第227号命令鼓舞了前线将士的士气，激发了他们顽强拼搏的精神。德军的突击遭到了更加顽强的抵抗。

第2章
CHAPTER TWO

战火覆盖在
伏尔加河

★正在向高加索全速前进的德国第4装甲集团军奉命停止前进，掉转头向顿河以南推进，越过卡尔穆克草原，配合第6集团军从南面进攻斯大林格勒。一场旷日持久的血战开始了。

★面对训练有素的德军士兵，工人民兵毫无惧色，他们用生命坚守着自己的岗位。在这场战斗中，歼击营的工人共牺牲23人，伤30人。但是，他们终于坚守到援军到来，使这个威胁最大地段的形势开始稳定下来。

No.1 顿河失守

乌克兰，维尼察。

希特勒正翻阅着办公桌上一份份来自苏联方向的电报，眉头皱得越来越紧。

1942年7月25日华西列夫斯基组织的反突击，是希特勒始料不及的。他没想到，溃退的苏军竟然有力量如此凶狠地进行反攻。

看来苏军夏季作战的失利虽然造成战局被动，但俄国的力量并没有枯竭。他看到东线情报处长盖伦上校的一份情报，声称在7月份的1个月内，斯大林就重新组建了54个步兵师和56个装甲师。斯大林现在拥有593个师的兵力，一个月能生产1,000辆坦克。希特勒搞糊涂了，他怎么也不相信俄国人会越打越多。

希特勒立刻把参谋总长哈尔德召来。

哈尔德很快赶来了。看到元首阴沉着脸，他鼓起勇气说：

"元首，俄国人的反攻是暂时的，我们有办法占领斯大林格勒。"

希特勒一听，顿时精神一振！

哈尔德阴险地笑了笑，说：

"现在俄国人正在向斯大林格勒集结重兵，这正是最后击溃俄军主力的难得机会。我们何不将原先处于辅助目标的斯大林格勒变为主要作战方向。"

希特勒高兴地说："对，这是天赐良机。我要改变作战计划，把俄军主力歼灭在伏尔加河畔。"

数小时后，一份从维尼察发出的密电传到霍特将军手里。

正在向高加索全速前进的德国第4装甲集团军奉命停止前进，掉转头向顿河以南推进，越过卡尔穆克草原，配合第6集团军从南面进攻斯大林格勒。

一场旷日持久的血战开始了。

霍特的坦克第4集团军编成内有坦克第48军（坦克14师和摩托化步兵第29师）、步兵第4军（步兵第94、第317师）和罗马尼亚第6军。夏季作战以来，坦克第4集团军连战皆捷，士气正旺。接到希特勒命令后，即刻南下，只用两天时间就驰驱数百公里。7月29日未遭抵抗渡过顿河，出现在斯大林格勒南部。

这一地区由苏第51集团军设防。该集团军只有4个步兵师、2个骑兵师，防线长达200公里。兵力分散，又没有坚固的工事，而德军是坦克、火炮和飞机联合作战，只几个回合，防线就垮了。

第4集团军长驱直入，配合西南方向保卢斯集团军，不顾一切冲杀过来。8月3日，进至阿克赛河；8月5日，向阿勃加涅罗沃、普洛多维托耶推进；8月7日，向第74公里会让站、京古塔车站冲来。

形势万分危急！苏军最高统帅部立即作出反应：

命令第62集团军加强顿河以西阵地防御，挡住保卢斯集团军突击；

↑ 在前线指挥战斗的德国第4坦克集团军司令员霍特（中）

命令第64集团军在霍特集团军突破方向（格罗莫斯拉夫卡、京古塔一带）设置纵深防御；

命令第64集团军副司令员崔可夫中将（7月28日舒米洛夫少将任该集团军司令员）率独立战役集群（步兵第29、第138、157师，坦克第6旅、第154海军陆战旅、2个坦克团）奔赴阿克赛河一带，堵住南部缺口。

斯大林还根据形势变化，调整了苏军指挥系统。将原斯大林格勒方面军分为两个独立方面军：东南方面军由戈尔多夫中将任司令员，管辖第64、57、第51、近卫第1集团军、坦克第3军和航空兵第8集团军；斯大林格勒方面军由叶廖缅科上将指挥，管辖第21、第62、第63集团军、坦克第4集团军、第8军和航空兵第16集团军。

斯大林在给两位方面军司令员的训令中，命令他们要不惜一切代价，粉碎德军从南、西两个方向进攻斯大林格勒的企图。

经过一番调兵遣将，两军在顿河大弯曲部展开了激烈较量。包围与反包围、冲击与反冲击，冲上去、打下来，阵地前的掩体、堑沟、弹坑都成了争夺焦点。无休无止的拉锯战，使顿河上浮现起殷红的鲜血，炮弹爆炸开来，飞溅起血染的水花。

8月5日，在阿克赛河一带，霍特第4集团军在飞机和大炮的掩护下，向苏第138师和第157师扑来。德军在一天内发动十几次进攻，终于冲垮了苏军坚忍顽强的防守，从两个师的结合部深深地楔入数公里。

当晚，崔可夫将两位疲惫的师长从阵地上找来，告诉他们："德军在前面山谷集结了大批坦克。在敌人凌晨发动进攻前，用炮火把山谷里的德军打趴下。"

次日破晓前，第138师和第157师400余门大炮一齐对准了那一片幽幽的山谷。

"开炮！"随着一声令下，万枚炮弹齐发，群山在轰隆的炮声中颤抖着。崔可夫从望

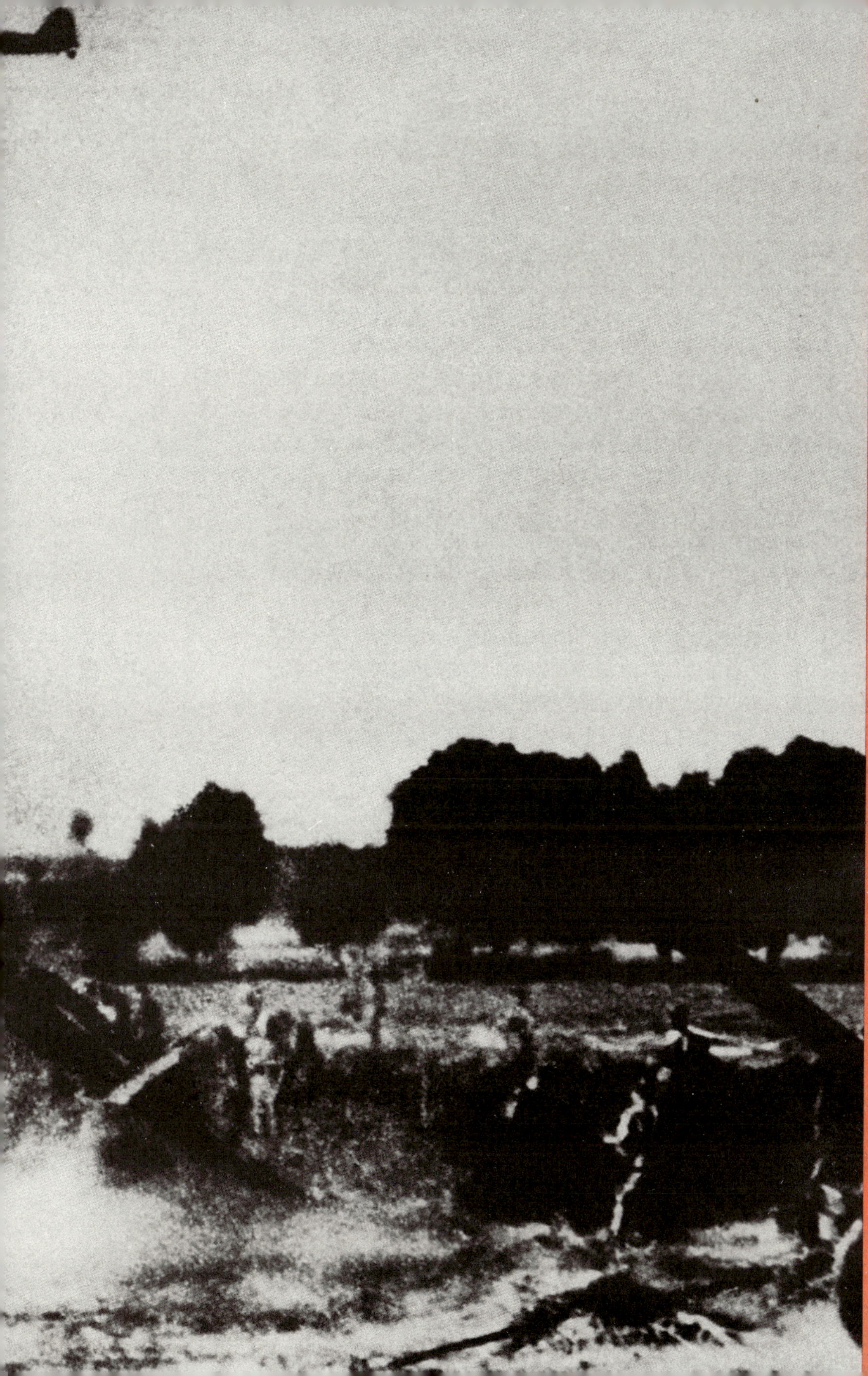

←顿河弯曲部，苏军与德军展开激战。

远镜里看到，山谷里冒起一股股浓浓的黑烟和火焰，数十辆坦克燃烧起来，惊慌失措的德国人正四处溃逃。

苏军的炮火使疯狂的德国人推迟了数小时才发起冲锋。战场上态势依然严峻。

不久，霍特集团军的进攻开始了，德军凭着优势兵力攻破崔可夫集团军防御阵地，向苏64集团军左翼——阿布加涅罗沃和京古塔区域进发。经过两天激战，势单力薄的苏军被击溃，德军占领了第74公里会让站。这样一来，德军在斯大林格勒外围南弧形线地带的一个地段上突破了苏军的防御，距斯大林格勒市区只剩30公里。

叶廖缅科上将立即采取紧急措施，他集中了方面军所有的预备队和兵器，共4个师、1个坦克旅，补充加强了第64集团军，并组织对突破第74公里会让站外围的德军实施反突击。

在第74公里会让站，坦克第133旅表现出色。旅长布勃诺夫少校进攻前对全旅官兵说："弟兄们，我们没有退路了，我们身后就是伏尔加河和祖国。"

他一说完就率先驾驶着一辆ＫＢ式坦克向德国人冲了过去。德军终于被赶出第74公里会让站。战斗中，德坦克14师第36团200多辆坦克只剩24辆，但苏坦克第133旅1,200多人也伤亡近400人。

8月13日，叶廖缅科上将兼任斯大林格勒方面军司令，两个方面军所属各部队全部归叶廖缅科上将指挥。

西面的保卢斯集团军乘霍特集团军节节推进的时机，也发动了攻势。

8月7日晨，德军以两个军的兵力向第62集团军南北两翼发起攻击。第62集团军撤至顿河左岸。

8月12日，华西列夫斯基将军再次飞抵斯大林格勒督战。疲惫不堪的苏军在缺少树木的顿河草原上仓促挖掘战壕，组织新的防线。

15日晨，保卢斯以16个师的兵力对苏第4坦克集团军的防御阵地进行猛烈突击。德军冲破苏军防线后，以坦克部队作为楔子直插顿河，并将苏军第62集团军切割、包围。

苏第192师殊死抵抗。师长茹拉廖夫上校身负重伤。参谋长塔兰采夫、师政治部主任谢列布里亚尼科夫壮烈牺牲。全师3,000余人，除数百人突围外，全部阵亡。

位于顿河右岸的苏第184、第205师亦损失惨重，双方士兵尸体遍布战场。

8月17日，德军以惨重代价占领顿河右岸。历时1个月的顿河弯曲部战斗落下帷幕。在这1个月中，苏军顽强抵御，使德军只推进60～80公里。希特勒只好放弃行进间占领斯大林格勒的计划。

希特勒重新调整了进攻斯大林格勒的计划。决定由德军第6集团军组成北突击集团，第4装甲集团军组成南突击集团。

8月19日，两个突击集团各以9个师的兵力，同时对斯大林格勒展开了强大的钳形攻势。为配合这两个突击集团的行动，德军还以两个师从卡拉奇向东推进。

这次攻势，德军总共动用21万人、2,700门火炮、600辆坦克和1,000架飞机。

德军的强大攻势，给苏军防御带来了极大的困难。

No.2 危急，8月23日

1942年8月23日上午9时，叶廖缅科上将正在与指挥部的参谋人员研究战场情况，作战参谋在巨型军用地图前忙碌着，不断把新的情况用红蓝不同的军队标号标到作战态势图上。

从作战态势图上可以清楚地看到，德军北突击集团主力已渡过顿河，占领了顿河东岸45公里宽的登陆场，并在斯大林格勒以北前出到伏尔加河岸，切断了苏军第62集团军与斯大林格勒方面军其他部队的联系，对市区构成严重威胁。

苏联最高统帅部发来了训令：现在没有援兵，你们只能用现有的兵力消灭突入的德军集团，最重要的是不要惊慌失措，不要惧怕无耻的敌人，要相信我们一定会胜利。

到了下午，形势进一步恶化。

一阵阵凄厉的防空警报在斯大林格勒上空响起。德军出动2,000架次飞机，对斯大林格勒城进行毁灭性轰炸。无数炸弹、燃烧弹从斯大林格勒上空落下。

8月的斯大林格勒酷热异常，当德军轰炸时正刮大风，风助火势，一条条火龙吞噬着一座座房屋、一条条街道。成千上万座建筑倒塌了。斯大林格勒成了一片火海。

在伏尔加河岸上，被炸毁的储油池烟熏火燎，黑压压地连成一片。燃烧着的石油四处流淌，铺成一条条长长的火毯，街道和广场的柏油马路烟雾腾腾，发出一股股臭味。电线杆像划着的火柴一样燃烧着。

石油不断注入伏尔加河，码头也起火了，港口停泊的轮船被烧毁；在熊熊的大火中，不时传来炸弹和炮弹的爆炸声，令人毛骨悚然。濒死的人在呻吟，妇女和儿童在悲惨地哭泣和呼救。灾难和死亡的阴影笼罩着斯大林格勒的每一个家庭。

德军的空袭持续了数小时，晚上斯大林格勒上空被火光照得如同白昼。空袭将苏军通信线路破坏了。那一夜许多部队与指挥所失去了联系，陷入了混乱。

空袭半小时后，斯大林格勒与莫斯科的通信联络中断，机要秘书头戴耳机不停地呼喊，但无论如何也听不到最高统帅忧郁的声音。

指挥部的空气凝固了。从方面军司令员到每个参谋人员，人人都感到了巨大的压力！

叶廖缅科站在电话机旁，焦急地盼望着最高统帅部和部队的声音。但是除了机要秘书的呼喊声，他没有得到任何方面的声音。怎么办？如果不能尽快遏制德军的攻势，斯大林格勒沦陷就不可避免。他与指挥部的其他人紧急商量，迅速拿出了应急方案，派专人将命令送到各部队。

通信联络不通。身在第62集团军的苏军总参谋长华西列夫斯基只好用广播电台与斯大林进行简单的通话。这样的通话，23日一共进行了两次。

根据指挥部的命令，苏军的歼击机几乎全部起飞，与德军飞机在空中展开了激烈的搏斗。大约500门高射炮对德军飞机发出怒吼。一架架德军飞机冒着缕缕黑烟，栽落到地面上，响起刺耳的爆炸声。23日，德军一共有120架飞机从斯大林格勒上空坠落。

共产党员将全体市民——工厂工人、职员、青年、家庭妇女们团结在一起，领导他们扑灭大火，保护工厂及厂内的贵重设备，从火中抢救贵重物资，将儿童和伤员撤出危险地带隐蔽起来。

坦克第23军在斯大林格勒西北郊展开了英勇的防御战。该军的第27、第137、第189旅，前不久刚刚换装了威力巨大的T－34坦克。195辆T－34坦克全部展开，与进攻的德军坦克和摩托化步兵厮杀起来。它们有力地阻止了德军坦克的前进，直到支援的几个步兵师赶来。

拖拉机厂是苏联生产坦克的重要军工厂，如果工厂被毁或落入德军之手，后果将极为严重。厂区的战斗警报拉响了，由工人组成的歼击营迅速集合起来。他们中的绝大多数人是从车间和工作岗位上直接赶来的，不少人手上沾满了机油，连工作服都没来得及换。当知道了面临的危险时，大家面色严峻，默默拿起了武器。

同拖拉机厂工人会合到一起来的还有"衔垒"厂、"红十月"厂和其他企业的工人。在紧急关头，斯大林格勒的人民，首先是工人，纷纷拿起武器，和军队一起，奋起保卫自己的城市。工人们扛起步枪和机枪，驾驶着刚刚从车间传送带上下来的坦克，英勇地驶向战场；他们与坚守在这里的苏军坦克第99旅一起，组成了坚强的防线。

面对训练有素的德军士兵，工人民兵毫无惧色，他们用生命坚守着自己的岗位。在这场战斗中，歼击营的工人共牺牲23人，伤30人。但是，他们终于坚守到援军到来，使这个威胁最大地段的形势开始稳定下来。

小罗索什卡战斗异常激烈。驻守在无名高地的苏62集团军87师179团的33名战士顽强地抗击德军的进攻。

德军出动70辆坦克，以1个营的步兵将高地团团围住。面对占优势的敌人，政治指导员叶夫季费耶夫临危不惧，将手下人召到一起："沉住气，放近了打。"

德军离阵地越来越近。叶夫季费耶夫一声令下，反坦克兵器一齐射向冲在前面的坦克。数辆坦克一下就被击毁了，但其余的仍冲了上来。

德军坦克很快冲到阵地前，卡利塔上士冲出掩体，选好角度将一个燃烧瓶抛了出去，尔后连滚带爬翻进掩体。

德军一辆坦克冒着浓烟，不一会就瘫痪了。卡利塔用这种方法又摧毁了两辆坦克。守在阵地上的苏军信心大增，纷纷拿起了燃烧瓶。最后连5名通信兵也看着眼红，扔起了燃烧瓶。打了一天，33名勇士竟打死了150多名德军，击毁27辆坦克。苏军只有一人负轻伤。

当晚，叶夫季费耶夫接到命令，向冲进苏军阵地的德军实施反击。

反击部队共3个步兵师、1个坦克旅、1个坦克军。任务是对德坦克14军形成的长60公里、宽8公里的走廊实施反击。这条走廊的出现，切断了苏军两个方面军的联系，对苏军极为不利。

当天晚上，伏尔加河畔。淡淡的月光透过硝烟，照在战场上。苏军坦克集群悄悄逼近德军阵地。随着炮声轰鸣，战斗打响了。

德坦克14军穿插速度过快，其两翼步兵未能跟上，在苏军冲击下阵形大乱。但坦克14军很快稳住阵脚。科瓦连科指挥的突击集群兵分两路，一路受挫，另一路进展顺利，于24日凌晨2时冲进了大罗索什卡地域，切断了德14军后勤供应车队。但最后德国人预备队赶到，又恢复了供应。结果双方损失都很惨重，但苏军达到了自己的目的。

8月23日24时，斯大林格勒与莫斯科恢复联系，华西列夫斯基汇报说：

"……城南德军占领了京古塔车站、74公里会让站。城北德军已进抵斯大林格勒北郊。在那里被阻后，向斯大林格勒拖拉机厂进攻。敌人在维尔加契田庄、佩斯特瓦特卡车站地域突破斯大林格勒方面军的左翼防御，并从拉托申卡地域向东突击，已前出至伏尔加河，将我方面军分割为两部分。敌军航空兵猛烈空袭斯大林格勒，城市处在火海之中。伏尔加河水上航道和供应我军给养的铁路线均遭严重破坏。"

汇报结束时，华西列夫斯基强调："形势万分危急，但斯大林格勒仍然在我手中。"

8月23日这一天对于斯大林格勒人来说，总算结束了。

8月23日，是斯大林格勒极为困难的一天。但这一天也表明：苏联人民的顽强精神和英雄气概、沉着坚定和无比勇敢、战斗意志和必胜的信心，是任何力量也战胜不了的。

在后来的几天中，德军从北面不停地向斯大林格勒冲击，但苏军采取有效措施，使这一地段得到了加强。而在西南方向，德军却突破了苏军防御，并进入童杜托沃村地域。苏军经过激烈战斗，才阻止了敌人。

但是，由于德军已经前出到伏尔加河，斯大林格勒的形势极为严重，而且日益恶化。

No.3 胜利的天平如何倾斜

德军突破了顿河防御,成功地把守军分割为两部分。城南德军攻占了阿勃加涅罗沃、京古塔车站,占领了通杜托沃镇;城北德军步步紧逼,已前出至阿卡托夫卡至雷诺克一线的伏尔加河边。德军主力渡过顿河,正向市区推进。

在敌军逼迫下,苏军从斯大林格勒外围撤了下来,守在一条狭长的地带。

1942年8月24日,斯大林格勒方面军军事委员会发布命令,宣布斯大林格勒进入戒严状态。命令要求:维持市内的正常秩序和纪律,对乘机掠夺居民者和抢劫犯可不经侦察审讯就地枪决;对其他严重危害城市公共秩序和社会治安的分子,上交军事法庭审判。

斯大林格勒人动员起来了。他们走上街头,冒着敌人的炮火和枪弹,加入到抗击德寇的行列。

法西斯德军陷入了人民战争的汪洋之中。他们每前进一步,都遇到更加顽强的抵抗。

但是,德军猛烈的突击,火炮和飞机的狂轰滥炸,使斯大林格勒军民付出了巨大的代价。

部队面临越来越大的困难,常常出现这样的情况,印有"急件"字样的命令送到部队时,命令中要求守住的地区已经失守,有时甚至被指定执行命令的部队已名存实亡。

斯大林格勒军民顽强的抵抗虽然暂时阻止了德军的突击,但德军的突破能力依然很强,德军依然掌握着战役的主动权。

两天后,一架利–2飞机从莫斯科中央机场起飞。4小时后,利–2飞机降落在斯大林格勒。朱可夫充满自信地走下飞机,乘坐一辆越野车,很快来到方面军指挥部。

随后,他与华西列夫斯基来到近卫第1集团军指挥所,与等候在那里的斯大林格勒方面军司令员戈尔多夫中将、近卫第1集团军司令员莫卡连科少将一起讨论了战场形势。

由于近卫第1集团军缺乏燃料、弹药和在机动途中迟延,9月2日反冲击的计划不能按时执行。朱可夫大将这一情况向斯大林报告,并提出在9月3日5时转入进攻。

9月3日晨,近卫第1集团军在经过炮火准备后转入进攻,但在斯大林格勒方向总共只前进了2　4公里,给德军造成的损失不大,而且由于遭到德军航空兵的轰炸和坦克与步兵的反冲击,进攻受阻。

9月5日,苏军第24集团军、近卫第1集团军和第66集团军的防御阵地上,一门门火炮对准了德军阵地。

按照反攻计划,他们将在斯大林格勒北面,向包围斯大林格勒的德军翼侧实施进攻。

拂晓时分,所有的火炮一齐向德军阵地发射,苏军航空兵团开始向德军阵地实施火力突击。随后,3个集团军同时发起了冲击。但是,由于火力准备的强度不够,没能给德军以必要的杀伤,冲击受到了德军的强力阻挡。

发起进攻后大约两小时,朱可夫从各部队司令员的报告中得知,在很多地段上敌人以火力阻止了苏军的前进,并以步兵和坦克实施反冲击。德军的航空兵也开始向冲击的部队实施

↑斯大林格勒前线上，经常能看到朱可夫督战的身影。

火力突击。

激战一直持续到晚上。

第2天，3个集团军继续进攻，战斗更加激烈。但由于德军调来了新的预备队，在许多制高点上设置了预伏坦克和火炮，并组成了新的防御支撑点，部队难以向前推进。

从9月6日到9月9日的几天里，双方基本处于一种对峙状态下的火力对射，谁都没能将自己的阵地向前移动。

苏军9月5日的猛烈反击，使保卢斯大吃一惊。

德军凭着优势兵力，好不容易在苏军阵地上站稳脚跟，将苏军赶到内廓（市区）一线。可没等保卢斯松一口气，苏军在北部又出人意料地发起反击，使保卢斯不得不放缓进攻节奏，把市区的部分兵力抽调到郊外应急。保卢斯觉得再这样下去，德军士气会受影响，一定要尽快拿下斯大林格勒。

9月10日晨，保卢斯带着作战计划心情轻松地登上飞机，参加元首召开的大本营会议。临行前，他对送行的施密特说："苏军被打垮了，这一回我们不会让元首再次失望了。"

9月12日中午，希特勒在"狼人"大本营召开军事会议。保卢斯报告了新一轮进攻计划。

该计划决定由第6集团军作为主力分两路突击，进攻斯大林格勒市中心。第一路由步兵第71、第94和第295三个师和坦克24师组成，从亚历山大罗夫卡向东突击。第二路由摩托步兵291师、坦克第141师、罗马尼亚步兵20师组成，从萨多瓦亚向东北突击。两路兵力应分割围歼苏防御正面第62集团军，迅速占领斯大林格勒市。城南和城西北作战的德军任务是钳制与其对峙的苏军。

希特勒对保卢斯的报告很满意，立即批准了他带去的作战计划。

9月12日的情况是：

在第62集团军当面进攻的是敌人坦克第4集团军的数个师以及第6集团军的部分兵力。同时，敌一部兵力此时已经在富诺克镇以北和斯大林格勒以南的库波罗斯诺亚进至伏尔加河。总的看，第62集团军已被德国法西斯军队以马蹄形的强硬阵式从正面和两翼压迫到伏加尔河。

编有9个师的德军的整个集群，以及对第62集团军进攻的"施塔黑尔"集群，得到第4航空队将近1,000架各种作战飞机的支援。这一强大集团的当前任务是：拿下斯大林格勒，进至伏尔加河，即向前推进5～10公里，把苏军赶过伏尔加河。

第62集团军所属各部队的兵力和装备严重不足。集团军的1个坦克旅只有几辆坦克，其余2个坦克旅实际上根本没有坦克，而且很快要撤到伏尔加河左岸去整编。一个混编支队（由各种不同的旅和师编成）有将近200名骑兵，实际上还不到一个完整的骑兵营。与其相邻的步兵第224师（由阿发那西耶夫指挥）的兵力不到1,500人，其中骑兵数量还不足一个满员的骑兵营。步兵第42旅有666人，其中骑兵还不到200人；左翼近卫第35师（由杜比亚思斯基指挥）的骑兵数量不超过250名。其他各兵团和部队的人数也都大致如此。由波波夫将军指挥的坦克第23军所属各坦克旅编有坦克40～50辆，其中30%被击毁，只能被

→ 德第6集团军司令保卢斯

当做火力点使用。只有由萨拉耶夫上校指挥的内务部所属步兵第10师以及3个独立步兵旅建制还比较完整。

第62集团与左右友邻没有横向的通信联结。他们两翼只能依托伏尔加河。德寇的空军每昼夜能出动1,000~3,000架次,而苏军的航空兵却不能相应地对付敌人,所以出动的架次至多只能是敌人的1/10。

敌人占据着空中优势。而苏军的高射炮一部分被敌人摧毁,一部分撤到伏尔加河左岸,在那里掩护河面和沿河右岸的一个狭长地带。留在伏尔加河右岸的高射炮兵已经所剩无几。

因此,德国飞机敢于在斯大林格勒上空、伏尔加河面以及在苏军的头顶上一天到晚不断地盘旋。

在观察德军航空兵活动规律之后,崔可夫发现,法西斯的飞行员投弹技术并不高明。他们轰炸苏军前沿时,只选择双方对峙距离较大的地段,惟恐误伤自己的部队。他认为,要把双方对峙距离尽量缩小,缩小到手榴弹的投掷距离。

9月13日凌晨,第62集团军军事委员会已经拟制出一份作战计划。

计划决定首先保护渡口,以免遭敌人炮击。为此,集团军左右两翼必须坚守防御,把中央拉平。方法是以中央的部队不停地组织反冲击,夺占拉兹古利亚耶夫车站,并从这里沿通往西南的铁路线发展进攻,一直到达铁路的急拐弯处的古姆拉克。这样就可以夺占戈罗季谢和亚历山德罗夫卡镇。为实现这一任务,集团军决定派出坦克军加强步兵部队,同时以集团军的大部炮兵进行支援。定于9月13日部队变更部署,9月14日开始冲击。可是,德军抢在了他们的前面。

第3章
CHAPTER THREE

胶着之战，
艰苦之战

★敌人不顾一切伤亡，硬是杀开一条血路。他们搭乘汽车，搭载坦克，拉开纵队，径直冲向斯大林格勒城。

★车站周围的建筑物已被德军控制，他们躲在厚墙和掩体后面，居高临下，从四面八方射出的密集的枪弹，在苏军前进的道路上织成了一道道火网。

No.1 被突破的斯大林格勒之门

9月13日清晨，德军的炮击和飞机的轰炸声响彻云霄。

6时30分，德军以1个步兵师的兵力在40～50辆坦克的支援下，从拉兹古利亚耶夫卡地域转入进攻。经由机场镇向中央车站和马马耶夫山岗实施突击。

敌人的炮弹和炸弹如倾盆大雨似的落到马马耶夫山岗顶部。崔可夫与克雷洛夫同在一个指挥所进行指挥，一直用望远镜观察着战场。附近有几个掩蔽部已经被敌人摧毁，集团军司令部里出现了伤亡。

电话线时常被切断，无线电枢纽也常常中断工作，有时很长时间不能恢复。为了修复通信设备，通信人员常常要全体出动。9月13日一整天崔可夫与方面军司令员只通过一次话。崔可夫简短地向他汇报了情况，并请求在最近一两天内增援二、三个新锐师。

尽管通信人员全力以赴，可是崔可夫与部队的通信联络几乎全部中断。此时指挥所外面的情况也不很妙。

从北面向奥尔洛夫卡实施进攻的德军一个营虽被步兵第115旅歼灭，但是在集团军中央的部队由于损失严重，被迫向东撤退，撤至巴里卡德镇和红十月镇以西，树林的西边。德军已占领126.7高地、机场镇和一座医院。在左翼，苏混编团放弃了萨多瓦亚以东的机械拖拉机站。其他地段上敌人实施的几次冲击已被击退。

崔可夫决定实施反冲击。为了先敌行动，他将反冲击的时间选在14日凌晨。

截至1942年9月13日，敌人与伏尔加河的最大距离已经不超过10公里。敌人只要再向前推进10公里就打到了斯大林格勒城，首当其冲的就是该城的北部工厂区。

9月14日拂晓，第62集团军指挥所转移到察里津地窟。这是一个大型的隧道式掩蔽部，里面有数十个房间，墙壁全由厚厚的木板镶嵌，8月份这里原是斯大林格勒——东南方面军的指挥所。顶部土层厚度约达10米，成吨重的炸弹才能炸穿其薄弱部位。掩蔽部共有两个出口：下层出口直通察里津河口，上层出口可通普希金大街。

崔可夫与克雷洛夫于9月14日拂晓前从马马耶夫山岗出发。不久他们就到达了目的地，顾不得睡觉和休息，一到就亲自动手干起来，检查通信联络，检查部队进行反冲击的准备。

凌晨3时，苏军开始炮火准备，3时30分开始进行反冲击。崔可夫打电话给方面军司令员，向他报告反冲击已经开始，并请求天亮之后派航空兵进行掩护。方面军司令员答应出动航空兵，并且告诉他一个好消息：大本营预备队准备把近卫步兵第13师配属给他们。

为了迎接近卫师的到达，崔可夫立即派工兵主任图皮切夫上校带领集团军司令部的一个参谋组前往红斯洛博达镇。

战斗开始时，第62集团军中央部队的反冲击取得了一点战果，但至中午2时敌人接着投入了大批步兵和坦克向苏军扑了过来，冲向中央车站，直逼马马耶夫山岗。

敌人不顾一切伤亡，硬是杀开一条血路。他们搭乘汽车，搭载坦克，拉开纵队，径直冲向斯大林格勒城。

↑ 苏军崔可夫将军担负起斯大林格勒守卫任务。

德军进到城来，乐得昏了头脑，个个都像醉汉似的从车上爬下来，狂呼怪叫，吹着口哨在人行道上蹦蹦跳跳。苏军战士、阻击手、防坦克枪手、炮手则冷静沉着地隐蔽在房屋、地下室和土木质发射点里以及房屋的拐角处严阵以待。

德军在大街上成千上万地被击毙，可是新的部队又源源不断地拥了上来。德军的冲锋枪手已经穿插到铁路线以东的城区、火车站以及专家大楼。战斗已经打到距离集团军指挥所不远的地方。

形势十分危急。敌人很可能在近卫步兵第13师到达之前占领火车站，将集团军割裂为二，进而直插中心渡口。

在集团军左翼的米尼纳郊区，战斗也进行得十分激烈。敌人还在右翼不断地进行骚扰。形势不断恶化。

崔可夫手中的预备队这时已所剩无几，只有一个重型坦克旅，全旅总共有19辆坦克。当时该旅配置在集团军左翼之后，靠近南郊大型粮仓的地方。他立即命令该旅派出1个营（共10辆坦克）紧急赶到集团军指挥所。

两小时后该旅赶到，参谋长克雷洛夫当即把司令部参谋人员和警卫连组织起来，编成两个战斗群。第一个战斗群加强6辆坦克，任务是封锁住从火车站通往码头的各条大街。第二战斗群加强3辆坦克，任务是夺回专家大楼。因为德寇占据这里之后，不断动用大口径机枪射击伏尔加河河面以及河岸上的码头。

战斗群出动后果然阻止住了企图夺占中心码头的德军，成功地掩护了运载近卫军部队的第一批渡船。

No.2 英　雄

当晚9时，近卫第13师部队悄悄进抵伏尔加河边。河对岸德军已占据好几座高大建筑物。虽是天阴无月，但离渡口不远，有一艘被炸毁的驳船在燃烧。在火光映照下，河对岸德军不停向河道开枪开炮。

由于情况紧急，13师官兵一上岸就投入到连天的炮

↓德国军队攻入斯大林格勒。

火和呼啸的弹雨之中。他们消失在市中心的大街小巷里，使德军如潮水般的攻势受到阻击。

第62集团军的防御兵力，又一次得到加强。

9月15日晚，崔可夫得到了相互矛盾的报告，他搞不清楚马马耶夫岗究竟是仍在苏军手中还是已被德军占领。马马耶夫岗位置十分重要。在马马耶夫岗高地上，可以俯视整个斯大林格勒市和伏尔加河，控制住这里就能控制一个很大的范围，包括作为斯大林格勒命脉的伏尔加河运输线。为此，崔可夫命令近卫步兵第13师第39团，迅速向马马耶夫岗推进，争取拂晓前占领那里的防线，并不惜任何代价守住山岗上的制高点。

16日拂晓，马马耶夫岗响起了隆隆炮声，浓烟四起，弹片横飞。红色信号弹升起来了，战士们一跃而起。冲在最前面的是政治指导员帕坚科，他在敌人机枪阵地前扔出了几颗手榴弹，与此同时，他也中弹倒了下来。战士们奋勇冲了上去，又有许多人倒了下来，鲜血染红了发烫的土地。

第39团一次又一次的冲锋被打退，但他们不怕牺牲，勇敢地反复冲击，终于冲进堑壕，全歼了防御的敌军。但是，没等战士们站稳，天空中就出现了德军的轰炸机，整个高地被炸弹翻了个儿，笼罩在一片硝烟中。叶林团长发现德机来时，急忙呼叫战士们撤退。

德军当然知道马马耶夫岗的重要地位，因此调动了大量兵力向马马耶大岗冲击，力图再夺回高地。这样，双方就在这个不大的高地上展开了殊死的战斗。一方被击溃后，即组织兵力去攻击占领，占领之后，就开始顽强防守。成吨的炮弹、炸弹，整天不停地落在高地上，把整个地面都翻了过来。与此同时，使用刺刀、手榴弹的白刃战，也无时不在这里进行。

马马耶夫岗的拉锯战激烈地进行着。事实上这场殊死的战斗一直持续到1943年的1月底。

整个62集团军仅有80辆坦克。在这场拉锯战中，39团得不到坦克支援，叶林团长指挥官兵用仅有的几门反坦克炮打击敌人。

炮手们早已把生死置之度外，当德国人成批冲来时，他们沉着地把坦克放到100米以内才猛烈开火。身材魁梧的炮兵狙击兵普罗托季亚科诺夫在17日一天的激战中就让德军10多辆坦克变成废铁。最后，阵地上只剩他一个人了，他仍沉着地操纵一门45毫米加农炮单独战斗。

普罗托季亚科诺夫巧妙地把炮安置在马马耶夫岗山坡的一处凹地里，瞄准敌坦克连续射击。德国坦克手直到坦克被炸才知道附近有苏军。最后德军根据炮声测出了他的炮位。一批密集的炮弹飞来，但大炮却安然无恙。直到把德军打退了，普罗托季亚科诺夫还依然在阵地上收集弹药，准备下一次战斗。

德军并不甘心失败，他们一次又一次地轮番进攻。马马耶夫岗的山顶几易其主，浮土都被炸弹炸遍了。在付出了巨大代价后德军才占领了半个岗。

从此苏德军队各自占据着半个岗对峙着，交战部队换了无数批，一直到会战结束。

中央火车站是市内交通枢纽，它是通向伏尔加河河岸的主要通道，62集团军防线也由此穿插而过。那天晚上崔可夫在街头指挥作战，发现火车站被德军占领后，集团军防线被一分为二，部队处于分割围歼境地。他正焦急时，只见一位个子不高、动作敏捷的战士迎面走来，崔可夫示意他停下。

"报告将军同志，42团1营1连连长德拉甘上尉正带领全连去市中心执行任务。"

"那好，我命令你带领全连占领这个车站。"

"是。"德拉甘接受任务后，迅速拉开队形，在夜幕中冲向车站方向。几分钟后密集的枪炮声在车站上空骤然响起。

车站周围的建筑物已被德军控制，他们躲在厚墙和掩体后面，居高临下，从四面八方射出的密集的枪弹，在苏军前进的道路上织成了一道道火网。

德拉甘决定避开正面突击，采用迂回战术，抄后路攻占车站大楼。他将战士分成若干

小组，借着断壁残垣，悄悄绕到楼后，然后让战士们每人准备好三四枚手榴弹，德拉甘一声大喊，手榴弹冰雹似的砸了过去。乘着硝烟，德拉甘率战士们冲了进去。大楼里敌人猝不及防，不知苏军底细，仓皇出逃。

就这样，苏军顺利地拿下了车站大楼，在德军进攻的主要方向，筑起了一座坚强的堡垒。

然而，这只是一场大血战的前奏。

德军对车站失守大为惊慌。很快查明占领车站的苏军只有一个连，便调集重兵反扑过来。

16日拂晓，猛烈的枪炮声重又响起。

德军俯冲轰炸机几乎挨着对面工厂的烟囱从车站上空呼啸飞来，疯狂地扫射，投下了几百枚炸弹。轰炸之后，炮击又开始了。大火在车站的大楼里熊熊燃烧，房屋倒塌，连钢筋都

↓ 街道的废墟中，每一个角落都在进行着拉锯战。

扭曲了，空气中弥漫着令人窒息的硝烟。

经过狂轰滥炸，德军以为车站里边的苏联人已炸得差不多了，又呼啦啦地拥了上来。等到德军刚接近车站，从断壁残垣中飞来了一阵手榴弹和密集的子弹。双方距离太近了，德国人成了挨打的靶子，一拨拨地倒了下来。战斗持续了一天，车站大楼仍岿然不动。

德军停止了进攻，决定困死他们。全连仅剩19名战士，德拉甘决心把敌人吸引过来，帮助其他部队减轻防御压力。

他们决定在房顶上悬挂起红旗，让法西斯分子知道，他们没有停止战斗。

没有红旗，一位重伤员就脱下血迹斑斑的白衬衣，把它放在正在流血的伤口上染红了。血染的红旗飘扬了起来。

德军开来坦克，准备撞破墙壁消灭他们。反坦克手别尔德舍夫抓起仅有的一支带3颗子弹的反坦克枪，通过暗道躲到拐角处，准备从正面射击敌人的坦克。

可是很不幸，他还没来得及占领阵地，就被德军的自动枪枪手抓住了。

勇士们看到，别尔德舍夫正指手划脚地给德国鬼子说着什么，德国人听了他的话后，改变了原来的进攻方向，又重新开始了进攻，而进攻的地段正好在勇士们惟一的一挺重机枪的射界内。

很明显，别尔德舍夫蒙骗了敌人。

勇士们故意停止了射击，德国人以为他们没有子弹了，变得猖狂起来，他们大声喧嚷着，挺着身子从掩体里走了出来。

这时，重机枪突然响了起来。最后一条弹链的250发子弹一股脑儿射向敌人。德军倒下一大片，活着的又惊慌失措地逃回掩体。

很快，勇士们看见，敌人把别尔德舍夫推到瓦砾地上，对他连开数枪。

法西斯分子暴怒了，他们拖来大炮对着勇士们防守的房子猛轰。

房子倒塌了，勇士们全部被埋在里面。

崔可夫彻夜不眠睁大眼睛注视着集团军阵地的态势。集团军右翼，从雷诺克至马马耶夫岗形势稳定，德军的几次进攻都被击退了。在中央防线，马马耶夫岗仍然是争夺的焦点，双方各自对峙着，呈胶着状态；中央车站守军陷入了围困。德国人开始向伏尔加河中心渡口突击。防线左翼，在德军4个师兵力的进攻下，驻守该地的巴特拉科夫独立第42坦克旅被迫退向察里察河北岸一线。

形势在恶化，由于不断遇到德军炮火袭击，崔可夫把集团军指挥所从察里津河谷迁往缺少防御的伏尔加河一段陡峭的岸边。

崔可夫预计德军攻势还将增强，而他手上已没有预备兵力，请求方面军火速增援。

援兵来了。坦克第137旅派往近卫13师右翼，步兵第92旅则护卫该师左翼，阻止德军沿察里察河扑向伏尔加河。

新锐部队的到来减缓了近卫13师的压力。尤其是第92旅，在察里津河以南设立了一个个据点。他们防守着一排排高耸的粮仓。德军虽然把粮仓炸坏烧毁了，但这些粮仓从底仓到顶层，每一层都由苏军层层把守着，德国人无法将其夷为平地，反而丢下了一批批尸体和烧毁的坦克。

但保卢斯的军队仍不顾一切地向市中心和城南进攻，把整团、整师的部队投了进来。

9月19日，苏军实施了突击，经过两天的残酷战斗，虽然德军所有的阵地都守住了，但德军的主要力量在关键时刻被钳制在了市中心。

当日，苏步兵第92旅在进攻工农大街时将德军赶出了斯大林格勒2号车站，并前出到粮库。被德军包围的步兵第42旅也突出了包围圈。

突击达到了一定目的。但到了当日下午17时，城内德军力量增强了，双方展开遭遇战。

20日，罗季姆采夫的近卫13师形势恶化，近卫35师亦严重减员，无法组织起有效的攻击。马马耶夫岗仍处于恶战之中。

← 苏62集团军司令员崔可夫（左二）与参谋长克雷洛夫（左一）、军事委员古洛夫（左三）及近卫13师师长罗季姆采夫研究下一步作战方案。

午后，德军再次对近卫13师发起进攻。德军小股部队已悄悄渗透到苏军稀疏防线，来到伏尔加河中心渡口。罗季姆采夫赶紧派叶林团增援。叶林团途中遭到飞机轰炸，迟迟未能到达指定地域。

21日深夜2时，崔可夫有过一小会儿心情舒畅。他接到方面军司令员电话，通知他斯大林格勒方面军的一个坦克旅已从北面冲过德军阵地，将与62集团军会师。

崔可夫狂喜，立刻把睡下的司令部人员叫起来，大家守着电话机不时与前沿部队联系，整整一晚上却毫无音讯。第二天消息传来，希德贾耶夫上校指挥的坦克第67旅在敌防线纵深处陷入重围，全部阵亡。

这时又传来了中央车站失守的消息，近卫13师42团1连已全军覆没。崔可夫这才预感到德国人将涌向中央码头渡口，第62集团军已被切割成两半，处于危急之中。

即使在形势最危急的时刻，崔可夫也没想到要撤退。

一天，集团军军事委员古洛夫悄悄告诉他，为防万一，他已为集团军军事委员会留了几条船。崔可夫说："这与我毫无关系，我不会撤到伏尔加河左岸去。"

　　古洛夫激动地紧紧拥抱了他。参谋长克雷洛夫在一旁建议道，在最后时刻，"我们将一起清洗好自己的手枪，把最后一粒子弹留给自己的脑袋。"

　　为了稳定部队情绪，他们经常离开指挥所，到前沿部队去，为的是让战士看一看集团军首长没有离开他们，与他们同生死共患难，部队士气更加高涨。

　　大批德军突破近卫13师防线，第一次来到伏尔加河边，向中心码头挺进。这一招颇出乎崔可夫预料。他立刻意识到，敌人如果占领了中心码头，就会控制伏尔加河，切断第62集团军可提供增援和补给的生命线，并将威胁城北工厂区。崔可夫当即命令巴秋科师沿伏尔加河向中心码头反攻，同时罗季姆采夫师也得到了2,000兵员的补充。

　　激战持续了两昼夜，终于挡住了德军进攻的势头。崔可夫舒了一口气，对第62集团军来说，危机暂时已经过去，他也用不着为自己留一颗子弹了。苏军虽然损失很大，但在大街上也趴着几十辆燃烧着的德国坦克和数以千计的德国士兵的尸体。

　　一个月前东线的胜利似乎已成定局。在高加索，李斯特的部队已占领了迈科普的油田，他的坦克大军正打算向固阿普谢和苏呼米港进军；中央战线上，陆军元帅冯·克鲁格集团军刮起的"旋风行动"进展顺利，德军像一把锋利的尖刀直插苏希尼契，希特勒盼望他再来一次哈尔科夫式的大捷。北方的列宁格勒也已陷入德军重围，曼施坦因这位塞瓦斯托波尔的征服者想故伎重演，在城外集结了1,000门大炮，富有想象力地要组织一次自凡尔登以来未曾有过的大炮重奏曲。伏尔加河畔的战役也逐渐取得进展，苏军的防线已越缩越小。

　　但是，战局很快发生了戏剧性的变化。先是在高加索，李斯特的军队在穿越崇山峻岭途中遭到了苏军顽强抵抗；过山的路只有一条，而且狭窄险要，德军装甲车无法大范围迂回穿插，眼睁睁看着庞大的集团军被阻挡在一道道山谷隘口间难以动弹。俄国人甚至动用了3,000多架飞机进行轰炸。到8月末，李斯特的攻击力减退了。那不可逾越的道路、毁坏的吊

244

桥、浓浓的大雾、强烈的暴雨、大雪和俄国人的殊死抵抗，把这个剽悍蛮横的日耳曼元帅击垮了。

冯·克鲁格的"旋风行动"也遇到了麻烦。本来克鲁格对元首组织的这次战役就抱有成见，现在他的军队面对的是一片沼泽地和雷区，德国士兵的伤亡出人意料地严重。

现在轮到了曼施坦因。他想用大炮把一座城市夷平的奇招，被俄国人识破了。他们早有防备，几十万工人一听到炮响就扔下工具，拿起步枪，涌到战壕、工事里去了。大炮把城市大部分建筑毁坏了，可要占领它，德军要被迫在街道和杂乱的瓦砾间展开巷战，所需的兵力远远超出他的第11集团军范围，他不得不推迟了对列宁格勒的进攻。

惟独伏尔加河边出现了一线曙光。经过两个多月血战，保卢斯终于撕开了苏军顽强的防线，冲向了市区。里希特霍芬的第4航空大队每天把1,000吨炸弹扔向这座城市。从飞机上望下去，地面情况令人胆寒，到处是熊熊烈火，战场上空弥漫的灰尘有两公里。希特勒现在把希望都寄托在保卢斯身上了。他对将军们说，只要占领了这座城市，其他战线的战局势必打破，到时候，战争也就百分之百打赢了。

9月13日，对斯大林格勒有计划的进攻开始了。希特勒对身边的人说，他要保卢斯把这座城市中男性公民"处理"掉，把妇女运走。

9月中旬，德军的坦克隆隆驶进斯大林格勒市区后，遭到了苏第62集团军的顽强狙击。离开了顿河辽阔的草原，德军机动作战的优势减弱了。当坦克进入残破建筑物之间的狭窄街道后，很容易遭到在它们头顶上发射出的反坦克枪和手榴弹的袭击。

保卢斯改变了战术，把部队拆成小股，整营整营地向四面八方投入兵力，去争夺每一条街，每一个坍塌的建筑物，每一寸毁坏的城区。苏军的战术变得高明起来。在优势敌人的冲击下，苏联人开始或两三人一组，或独自作战。他们隐蔽在地下室、被炸毁的瓦砾里，甚至弹坑中，出其不意地向德军射击。当德军摆开阵势围攻时，要么久攻不下，要么对手已消失了。结果形成这样一种格局：德军可以凭借优势的兵力占领一个大的区域，但区域中总有几座建筑物被苏军士兵占据着。在另一些地方，德国人的楔形攻势将小股部队渗透进了苏军防线，并建立了稳固的"滩头阵地"。而有些地方的争夺更为激烈，在一栋大楼里、在一条街道内、在一座山岗上，双方各据一半互相对峙着，谁也无法如愿地消灭对方。

进入巷战的斯大林格勒已无战线可言，城市的每一条街，每一栋楼甚至每一楼层每一房间都成了两军交战的场所。斯大林格勒城60万老百姓和苏军与几十万德军陷入了一场真正的大混战之中。

斯大林格勒战况令希特勒烦躁不安，难以忍受。俄国人竟然一次次地阻缓了第三帝国士兵的进攻，简直不可思议。

希特勒知道，德军面临着巨大的困难。担负进攻任务的两个集团军群已精疲力竭，但他还坚持要他们尽最大努力继续前进。他决意要把整个斯大林格勒都拿下来，并占领高加索油田和高加索地区。由于攻势全线都已停止，他决定发动一系列小规模进攻以便把整个攻势再度带动起来。

第4章
CHAPTER FOUR

退无可退的
战争

★德航空兵对苏军阵地猛烈轰炸，从前沿一直突击到伏尔加河岸。戈里什纳师在马马耶夫山岗预部构筑的支撑点，已被敌人的轰炸和炮击彻底摧毁。

★守卫"红十月"厂的是古里耶夫少将指挥的近卫第39师。这个师把工厂的各个车间都变成了攻不克的堡垒，而工人们竟然在密集的枪声中坚守着岗位。

↑ 保卢斯（中）在前线指挥战斗。

No.1 斯大林格勒在燃烧

　　德国大本营的命令很快传到第6集团军司令部。保卢斯看着电文，感到肩上的担子太沉重了，他明白眼下已到攻城的最后关头。

　　1942年9月13日德军突入斯大林格勒城区后，战斗就变得异常激烈。敌我双方为争夺每一座房屋、车间、水塔，甚至为争夺一堵墙、一个地下室、一堆瓦砾而展开激烈交战，其激烈程度是开战以来所未有过的。

　　经过13天的血战，德军终于占领了该城城南和市中心大部分区域。本来保卢斯打算让参战部队休整一下，补充弹药和人员再继续作战。岂料大本营一再催促，口气一次比一次严厉，甚至把对斯大林格勒作战持不同看法的总参谋长哈尔德上将的职务都免除了。保卢斯意识到大本营把此项战役看作关系到第三帝国的整个战局，已容不得有丝毫闪失。

　　但是，要重新进攻必须补充兵力，保卢斯向大本营提出了要求。大本营决定从其他战线陆续抽调部队开往斯大林格勒，同时将霍特第4坦克集团军的两个师调拨给他，又给他增派6个师的兵力。

　　保卢斯心情亢奋起来，他立刻调兵遣将，对战线作了重大调整。除了攻占马马耶夫岗外，将进攻重点转向城市北部，摧毁仍在源源不断生产坦克、大炮的"红十月"厂，拖拉机厂、"街垒"厂，将苏第62集团军彻底消灭。

从9月27日到10月上旬，德军精心准备的新一轮攻势打响了。

崔可夫一直观察着德军的行动，德军在拉兹古利亚耶夫卡和戈罗季谢一带的大量集结立刻引起他的警惕。他判断保卢斯的意图是要将战斗重点转向城北。

崔可夫开始为马马耶夫岗忧虑起来。当时马马耶夫岗顶部由苏第95师控制，而其南坡和西坡则在德军手里。这些天，德军已加强了在马马耶夫岗的兵力，崔可夫想，与其坐以待毙，莫如先敌下手。

9月26日下午18时，他给守军下达了反击命令。次日清晨，苏军集中了150门大炮和3个火箭炮团，对马马耶夫岗南坡施行猛烈炮击。尔后，戈里什纳上校指挥第95师发起冲锋。战斗进行得很顺利，只用一个小时就把德军赶出了山岗西坡和南坡。

上午10时30分，德军开始转入了进攻，集中了新到的轻型步兵第100师和第389补充师以及加强了坦克的第24师，以便攻占红十月街和马马耶夫山岗。

德航空兵对苏军阵地猛烈轰炸，从前沿一直突击到伏尔加河岸。戈里什纳师在马马耶夫岗顶部构筑的支撑点，已被敌人的轰炸和炮击彻底摧毁。

第62集团军的指挥所也接连遭到敌机的轰炸。附近的油箱烧起熊熊大火。从戈罗季谢地域进攻的敌人坦克，不顾一切地穿过了地雷场，敌人的步兵跟在坦克后面一股股地冲上来。到了中午，集团军同各部队的通信联络中断。无线电台出了故障。

由于集团军与部队不能经常保持通信联络，指挥所虽然与前沿最大距离只有两公里，可是仍然不能准确地掌握前面的情况。为了及时了解战斗过程，他们不得不一再把指挥所向前推。有时，崔可夫等只好带上通信参谋，亲临火线。

至9月27日日落前，苏军残部尚能防守梅切特卡河大桥、巴里卡德镇以西2.5公里处、巴里卡德镇的西南部、红十月镇西郊和班内冲沟地区。敌人已经占领沙赫特大街、热杰夫大街、107.5高地。

苏95师已被迫撤离马马耶夫山岗顶部。该师各战斗分队虽已残缺不全，但仍然续继顽强地组织防御，占领山岗的东北坡。

在集团军其他各地段上，敌人的进攻均已被击退。

在这一天的战斗中，德军被击毙不下200人，损失坦克50余辆。苏军也遭到重大损失，特别是坦克军的各部队以及第95师，损失更加严重。

在莫斯科，斯大林望着地图上标出的苏军日益缩小的防区，陷入忧虑之中。这一天他与崔可夫、华西列夫斯基讨论了前线形势，作出了影响战局的两项决策：第一，迅速向被包围的苏第62集团军增派部队；第二，改组斯大林格勒战区的指挥系统。

以后的日子崔可夫是在焦虑不安和期待中度过的。苏军的顽强抵抗和源源不断的援军使他松了口气，对战局日益充满信心。从9月27日夜到10月2日，短短6天，最高统帅部派来了5个师的兵力。它们是9月27日夜参战的步兵第193师，9月30日参战的近卫第39师，10月2日参战的步兵第308师和近卫第37师。苏军的顽强抵抗和援军的到来，终于遏制住了德军狂潮般的进攻势头。

斯大林格勒的指挥系统也得到显著改善。9月28日，最高统帅部命令：将正在保卫斯大林格勒的东南方面军更名为斯大林格勒方面军，叶廖缅科上将继续任方面军司令员，编成内有第62、第64、第57、第51和第28集团军。原斯大林格勒方面军改名为顿河方面军，含第63、第21、第24、第66和近卫第1集团军，由罗科索夫斯基中将任司令员。各方面军直接受大本营指挥。同时指派副最高统帅朱可夫大将、总参谋长华西列夫斯基上将作为统帅部代表亲临前线指挥。这次改组，为苏军一个月后的反攻打下了基础。

9月29日，德坦克16师、步兵389师和"施塔赫尔"突击集群向防守在该地区突出部的苏步兵第115旅、第149旅和摩托步兵第2旅发起进攻。在德军强大攻势面前，守军陷入重围，德军原以为很快会结束战斗，没料到竟打了7天7夜。

以奥尔洛夫卡山谷之战为例，苏115旅第3营被德军围了整整6天，但他们仍一次次击退德军进攻，最后在弹尽粮绝的情况下才被迫突围，全营400余人只剩下20多人。

保卢斯为一举清除奥尔洛夫卡山谷付出了重大代价。苏军的兵力虽然比较薄弱，但在该地段上牵制了德军坦克第16师的近百辆坦克以及步兵第389师和"施塔赫尔"集群。

第62集团军整个防御正面上都在进行激战，马马耶夫以北战斗更加激烈。军事委员会分析了集团军整个防线上的情况后认为，敌人下次的强大突击将指向斯大林格勒拖拉机工厂、"巴里卡德"工厂和"红十月"工厂。敌人已把重兵从斯大林格勒南郊调到了这个方向。

崔可夫利用从维什涅瓦亚长形凹地至伏尔加河岸之间4~5公里的地区，组织了纵深梯次的防御，把若卢杰夫少将的近卫第37师部署在第二梯队。此外，还给工人支队补充了武器，使他们与部队之间建立了协同通信联系。原先工人支队只是修复被破坏的火炮和坦克以及其他兵器，如今他们必须拿起武器与第62集团军的战士们并肩保卫自己的工厂了。

萨拉耶夫师的一个团，作为预备队，被调到伏尔加河的左岸。

集团军的中央地段上，即红十月镇和巴里卡德镇一带，战斗一直进行得十分激烈。古尔季耶夫师于10月2日实施了反冲击，遭敌阻击后，被迫暂时停止，于日落前终于攻占了硅酸盐工厂的一部分以及巴里卡德镇的西北郊。至此，再无力向前发展。

斯梅霍特沃罗夫师正与沿图书馆大街和卡鲁谢利大街进攻的敌人优势兵力展开战斗。激烈的战斗有时发展到白刃格斗。这天结束时敌人进至采霍夫斯基大街和圣经大街。

9月底10月初的日子里，苏第62集团军的防线上，到处进行着激烈的交战。德军占领了奥尔洛夫卡后，就对靠近伏尔加河边的"红十月"厂、"街垒"厂和拖拉机厂发起进攻。

守卫"红十月"厂的是古里耶夫少将指挥的近卫第39师。这个师把工厂的各个车间都变成了攻不克的堡垒，而工人们竟然在密集的枪声中坚守着岗位。

德国人的进攻开始了。密密麻麻的炮弹把工厂围墙轰塌了，但德国士兵一接近工厂区就遭到苏军猛烈炮火的还击，战斗呈胶着状态。几天后德军发现在"红十月"厂和"街垒"厂之间，有一条从伏尔加河一直向西延伸的冲沟，沟里堆满了炉灰渣。他们打算利用

冲沟发起进攻。

其实，苏军早已发现了冲沟的秘密，波得·扎伊采夫中尉率领一个机枪排守卫在冲沟后面。当德军悄悄逼近时，扎伊采夫用准确的点射回敬他们。

偷袭不成，就来强攻。德军的炮兵压得阵地后的苏军抬不起头，但炮火一停德军开始冲锋时，苏军的机枪就响了起来。忽然，一位机枪手被炮火击中倒下了，列兵叶梅利扬诺夫立刻冲上去，用机枪不停地扫射着。

这一天德国轮番冲锋数十次。扎伊采夫受伤了，排长也倒在机枪旁，身后是卡拉肖夫中士指挥作战。黄昏时，那条沟里躺着400多具德军尸体。

10月初，整个斯大林格勒像一座熊熊燃烧的大火炉。城北作战异常激烈，市中心枪炮声也从未停止。经过不停地轰炸，城市建筑早已倒坍。但行进在瓦砾间的德军依然心惊肉跳，每前进一步都要付出流血的代价，他们不知什么时候会从什么方向射出一串子弹。即使是德军完全占领的区域，也总有几座楼房成为德军难以攻克的堡垒，消耗着德军力量。保卢斯不得不分散力量，去对付来自四面八方苏军的威胁。德军的进攻也就从开始的狂潮怒涛，渐渐变成平缓的细流碎浪，最终走向枯竭。

No.2 德军消耗殆尽

斯大林格勒守军最艰苦的日子来临了。

城内展开着激烈的巷战，冲锋和反冲锋、突破与反突破、包围与反包围混作一团。双方交战阵势犬牙交错，为争夺每一条大街、每一幢房屋、每一个广场、每一家工厂而奋力拼杀着、搏斗着，鲜血染红了城市的每一寸土地。但是，在10月上旬的日子里，德军凭着人多势众，逐渐掌握了战场上的主动。

德军占领了城南和市中心，他们插入城北叶尔曼区、捷尔任斯基区、红十月区、街垒区和拖拉机厂区的楔形攻势在不断地扩大，隐蔽在河边的机枪不断地朝伏尔加河左岸扫射。德军轰炸机从日出到日落不停地向大地俯冲着，发出低沉的怪叫，连续不断地轰炸着苏军阵地。躲在战壕里的苏军战士脑中在闪现着一个令人心悸的念头：我们的条状防御地带会不会被德军冲破呢？

这一念头也在崔可夫的脑中闪现。这几天，他焦虑地发现，指挥所地图上标示战线的位置变化很大，蓝色铅笔标着的战线在持续推进，红铅笔标着的苏军防线在逐渐缩小，变得越来越窄。

从10月3日起，德军向"红十月"厂、"街垒"厂、拖拉机厂发起猛攻。守卫这一地域的苏近卫第37师、近卫第39师和步兵第308、第95、第195师奋起反击。德军在进攻前，先以飞机狂轰滥炸。在拖拉机厂区战斗异常激烈。从9月底起，德机每天出动飞机数百架次对拖拉机厂不停轰炸，工厂已陷入一片火海。

10月5日，第62集团军决定将斯大林格勒各工厂的工人武装总队编入集团军，发给武器和给养，与士兵协同作战，保卫自己的工厂。

　　工人们表现得十分勇敢，他们虽然是第一次拿起武器，但对炮轰和空袭早已习惯了。几个月来，他们一直在密集的枪炮声中坚守着工作岗位。现在他们在车间里已听得见德国人皮靴的声音，听得见口令和喊叫声，甚至子弹上膛的声音。他们立刻拿起武器，埋伏在锅炉旁、机器旁，瞄准着德军射击。

　　工厂成了战场，成了堡垒，不时有火光闪动，空气中弥漫着呛人的硝烟，忽而又传来阵阵爆破声。

　　然而，德国人还是一步步向前推进。

　　10月8日，德军开始准备新的进攻。希特勒已经向他们的仆从国许下诺言，要在近日内拿下斯大林格勒。

　　10月14日，希特勒向德军下达命令，在整个苏德战场上转入战略防御，而在斯大林格勒方向发动更猛烈的进攻。

　　黎明开始的强大航空兵和炮兵的火力准备是这次进攻的前奏。德军飞机出动次数一天内达到3,000架次。

　　爆炸声震耳欲聋，万物被烧焦，尘土飞扬，烟雾滚滚。5米之内，什么也看不清。

　　在经过5个多小时昏天黑地的轰炸之后，保卢斯调集了5个步兵师和2个装甲师向城北工厂区只有5公里深的狭长防线猛扑过来。

　　清晨8时，德军在拖拉机厂、"街垒"厂发起进攻。守卫该地域的近卫第37师、步兵第95、第308师在10月初的激战中减员严重，德军以优势兵力发起攻击。

　　在近卫第37师第109团阵地上，德军的3次进攻都被击退了，阵地前有20余辆被击毁的坦克，300多具德军尸体。但德国人在进攻被击退后，又不顾一切地冲了上来。德军的大炮压的第109团苏军抬不起头。

　　10时整，第109团阵地被德国人夺占了。但战斗没有结束，苏军士兵钻入地下室和残破的楼房内。

　　德国人看到街道上空无一人，就大摇大摆行进在一座座倒塌的建筑物上。突然，他们遭到迎头痛击，手榴弹、燃烧瓶从瓦砾堆里飞了出来。最后德军使用喷火器，烧一段攻一段，苏军一边还击，一边撤退。经过4个小时激战，37师防线被突破。

　　这一天，崔可夫指挥所一片忙乱。电话员们向各通信线路拼命呼叫着，通信参谋在向集团军参谋长报告不断收到的战况，打字机也在劈劈啪啪响着，掩蔽所上空炮弹和炸弹呼啸着，棚屋上的尘土不停洒落下来。久经沙场的崔可夫也有些沉不住气了，他打电话给空军集团军司令员赫留金将军，请求他设法让德国人的飞机安分点。赫留金回答说，实难从命，德军已封锁了苏军各个机场。

　　接下来是一连串不幸的消息：

　　11时，德军突破近卫第27师和步兵第112师左翼阵地。

→ 德军士兵隐藏在废墟中，向苏军疯狂开火。

11时50分，德军占领拖拉机厂的体育场，守军一个营与敌陷入混战。第37师报告：被敌包围的第114团固守在楼房和废墟里，阿纳尼耶沃营6连官兵全部阵亡。

12时，无线电传来近卫第117团报告："团长安德烈耶夫牺牲，敌人包围了我们，我们宁死不降。"

12时10分，步兵第308师报告："敌人的坦克从西面向我阵地实施冲击。战斗十分激烈。炮兵对敌坦克进行直接射击。我们已遭受损失，特别是敌人的航空兵，对我们的威胁更大，请求拦击法西斯空中强盗。"

12时30分，敌人的俯冲轰炸机轰炸近卫第37师指挥所。掩蔽部坍塌，师长若卢杰夫将军被封在里面。外界与他的通信联络中断。集团军司令部当即接替了对该部队的指挥。通信线路和无线电均已超过负荷。

这一天62集团军防线被德军再一次拦腰切断，德国人在拖拉机厂和"街垒"厂间打通了一条约105公里的走廊。从15日 18日，德军继续向苏军猛攻，战斗转向了"街垒"厂和"红十月"厂。守卫这两个厂的苏军殊死抵抗，使德国人的元气也渐渐丧尽。到10月底，进攻已停顿下来。

"危机过去了。"崔可夫向方面军司令员叶廖缅科将军汇报战况，并分析说敌人在11月初已无力组织像14日那样的重大进攻，叶廖缅科同意崔可夫的判断。

两天后，保卢斯发动了对斯大林格勒守军的最后一次进攻。此刻，他想或许苏军真的山穷水尽，这一次他大概能旗开得胜、大功告成了。

11日6时30分，马马耶夫岗和城北工厂区又响起激烈的枪炮声。德军的炮火猛烈轰炸着苏军阵地，大批助攻的飞机也飞临上空，从腹部不断抖落出重磅炸弹、燃烧弹，城北陷入火海中。

参加进攻的德军有5个步兵师、2个坦克师，还有从后方调来善打巷战的工兵营。

11时30分，德军击破了苏戈里什纳师的防线，包围了柳德尼科夫师，第62集团军的防御被切割成3个孤立的

↑德军使用各种武器向苏军阵地狂轰乱炸。

部分：雷诺克至斯帕尔塔诺夫卡、"街垒"厂东部和"红十月"工厂至码头。到了16日，第62集团军的形势恶化。德军已把守军赶至伏尔加河边。

远在文尼察的希特勒密切关注着伏尔加河畔的这场激战。从地图上看，苏62集团军已被分割成孤立的3块，4个月来的血战总算到了尽头。这位狂妄的独裁者太需要这一场胜利了。如果让第三帝国的旗帜插在这座以斯大林名字命名的城市，就等于向世人宣告他希特勒征服世界的计划是任何人也无法阻挡的。他的心中早已被这幅美妙的图景所吸引和陶醉，早就迫不及待地向国人暗示斯大林格勒即将陷落。岂料前线传来的报告总是闪烁其辞地暗示战斗异常激烈和残酷，他已经在那里陆续投入了100多万兵力，现在已看到了曙光。然而此刻却传来了德军攻打"红十月"厂受挫的报告。他感到不可思议，那些微不足道的溃败之敌竟然在重重围困中，带着伤痕和病痛，怀着不可动摇的信念，担起了残酷战斗的重担，让进攻的帝国士兵难以越雷池一步。

苏军的顽强抵抗激怒了希特勒，他只有严令保卢斯不顾一切地进攻、进攻，用猛烈的炮火将苏军防线瓦解于一片废墟中，连同苏军战士的生命一同消失。

然而，4个多月的血战已使德国人用尽了最后一点力气，他们把崔可夫的部队赶到了伏尔加河边，再往下赶却无能为力了。

战场的力量对比开始发生变化。德军先后调来50多个师的兵力，但始终未能实现其战略企图。德军在进攻斯大林格勒的作战中遭受了巨大损失，死伤近70万人，损失火炮和迫击炮2,000多门、坦克1,000多辆、战斗机和运输机1,400多架。希特勒要保卢斯不顾一切地进攻，德国第6集团军的侧翼防线变得薄弱了。德军完全被苏军钳制在斯大林格勒城下，陷入被苏军半包围的态势。

在巷战中德军已耗尽了最后一支预备队，这就为斯大林的反攻创造了条件。就在希特勒发布命令两天之后，一场风暴席卷斯大林格勒。斯大林已悄悄集结了100多万部队，从这座城市的北部和南部发起战略反攻，从而决定了这场会战的命运，也决定了第三帝国走向衰亡。

第5章
CHAPTER FIVE

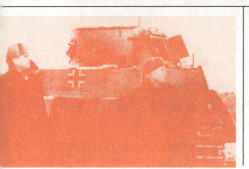

坚固之城

★最高统帅部大本营决定，关于这次进攻的准备工作，西南方面军和顿河方面军，由副最高统帅朱可夫领导，斯大林格勒方面军，由总参谋长华西列夫斯基领导。随后，他们两位便各自赶到自己所在部队去。

★在德军的将领中，最坚持从斯大林格勒撤军的要数蔡茨勒了。为了说服希特勒，他不厌其烦地去向希特勒建议，甚至好几次与希特勒争吵了起来。但是，希特勒每次总能找出他的理由反对撤军。

No.1 斯大林格勒迎来"阳光"

早在1942年9月中旬，苏军大本营和总参谋部就开始着手拟制一个极为机密的作战计划。

到9月底，在华西列夫斯基和朱可夫的努力下，这项工作已经基本完成。斯大林亲自给这次空前的大战役取定了一个名字："阳光"进攻计划。后经最高统帅部大本营和国防委员会批准审核，决定参加这次战役的共有下列部队：

1. 西南方面军，即打算新建立的那个部队。它的指挥机关为：司令员瓦图京、军事委员热尔托夫、参谋长斯捷利马赫；

2. 顿河方面军，即原斯大林格勒方面军。它的指挥机关为：司令员罗科索夫斯基、军事委员捷列金、参谋长马利宁；

3. 斯大林格勒方面军，即原东南方面军。它的指挥机关为：司令员叶廖缅科、军事委员赫鲁晓夫、参谋长瓦连尼科夫。

此后，制订详细计划的工作便交给了总参谋部。总参在具体编制工作中，还吸收了各兵种司令、后勤部长、总军械部长及各方面军的司令和参谋长。他们的任务是，就共同实施"阳光"进攻战役提出自己的详细意见。

最高统帅部大本营决定，关于这次进攻的准备工作，西南方面军和顿河方面军，由副最高统帅朱可夫领导；斯大林格勒方面军，由总参谋长华西列夫斯基领导。随后，他们两位便各自赶到自己所在部队去。

10月间，根据华西列夫斯基和朱可夫的建议，又经与斯大林格勒地域各方面军首长们商量，最高统帅部大本营和总参谋部联合提出要求：各部队的反攻准备工作，应在11月初结束，最后一批兵团和发起战役所必需的一切物质，至迟应于11月15日前集中完毕。

11月13日，莫斯科又是一个晴朗的日子。一大早，朱可夫与华西列夫斯基就来到克里姆林宫。

当天，华西列夫斯基代表总参谋部向联共（布）中央政治局和大本营报告了经过核实的"阳光"进攻计划。在政治局和大本营会议上，他着重谈到了下述诸点：

1. 德军兵力基本没有变化，第6集团军和坦克第4集团军的主力仍被牵制在市区的持久战斗中。在该两集团军侧翼（即我军进行突击方向）

的仍是罗马尼亚军队。近期未发现有敌预备队由内地开往斯大林格勒方向，该方向敌军亦未表现出任何重要的部署变更。

2．据已掌握的材料看，在进攻开始前，敌我双方在斯大林格勒地域的兵力大体相等。在我军即将突击的各方向上，由于增加大本营预备队和次要方向的部队，在兵力上对敌已有绝对优势。现各突击集群已经建立完毕，完全有把握使突击成功，并相信定能取得胜利。

3．在战役初期，按预定计划由西南方面军担任主攻。它已拥有完成这个任务所必须的一切。

4．在战役的第3天日终或第4天凌晨，西南方面军和斯大林格勒方面军所属的坦克部队与机械化部队将在卡拉奇地域会师。这次会师应当完成对斯大林格勒地域的敌军主力集团的合围。

5．按要求，西南方面军和顿河方面军必须在11月19～20日开始进攻，斯大林格勒方面军必须在11月20日开始进攻。

为了使这次精心策划的伟大战役不致因任何小小的疏忽而遭受损害，根据斯大林的指示，华西列夫斯基还要求总参谋部发布了专门训令，制订隐秘工作措施，以防止泄漏关于反攻规模、实施时间、主要突击方向及行动方式等消息。比如，来往函件和电报通话绝对禁止谈及有关反攻的事情；命令都必须采用口头传达方法，而且只传达给直接执行者；最高统帅部大本营预备队的集中和方面军的部署变更，只准在夜间进行，等等。

战役进攻发起前，华西列夫斯基与朱可夫又向斯大林提出了一项新建议：为了不使希特勒和德国统帅部在斯大林格勒战役危急时刻从维亚兹马以北地区抽调部队来增援敌南部集团军群，苏军必须在维亚兹马以北的莫斯科中央方向发起一次迅猛的诱攻性战役，顺便也好一举吃掉一直威胁首都的尔热夫突出部地域的德军。

斯大林对此也十分感兴趣，他很快就同意了这个建议，并要求他俩中派出一人来负责这个诱攻任务。最后，朱可夫被派到了那里，因为他此前曾担任过西方方面军司令。这样，华西列夫斯基便成了南部战线斯大林格勒地域战斗的总负责人。

随后，朱可夫便奉命去了西线，而华西列夫斯基则直接到了斯大林格勒前线。

由于担任此次战役突击任务的西南方面军把司令部设在了绥拉菲莫维奇市。为了方便协调指挥，总参谋部便在这里也给华西列夫斯基准备了一个协调三军（西南方面军、顿河方面军和斯大林格勒方面军）的指挥所。

1942年11月19日清晨，进攻开始了。

这一天，注定要成为斯大林格勒会战中最重要的日子。

7时30分，沿西南方面军和顿河方面一线，3,000多门苏军大炮开始轰鸣，炮击持续了80分钟，在罗马尼亚第3集团军阵地上倾泻了上百吨炸弹。

8时50分，步兵和坦克兵团投入战斗。尽管强大的炮火破坏了罗军的防御，但敌人没有束手就擒，而是拼死抵抗。直到下午，苏军波浪式的进攻，才导致罗军的溃败。与此同时，在顿河方面军进攻的方向，德军的防线也被突破。战斗在广大地域上展开，罗马尼亚集团军

←苏军的火炮向德军阵地猛烈进攻。

第4军被消灭了，罗马尼亚第11骑兵师被分割包围，失去了与罗马尼亚第3集团军的联系。

苏第5坦克集团军从谢拉菲莒维支西南30公里处的高地发起进攻，突破了罗马尼亚方面军第2军的阵地，迅速向南挺进，在中午时占领了别列拉佐夫斯卡娅以北的高地。苏军坦克军和骑兵转向东南，于傍晚抵达卡尔梅科夫，插入罗马尼亚第3集团军纵深达60公里。

经过一昼夜激战，两个方面军重创了敌军，一切按计划进行。20日拂晓，集结于斯大林格勒南部卡尔梅草原的斯大林格勒部队也转入进攻。

在当天晚上，华西列夫斯基向最高统帅汇报了当天的战果。至此，斯大林心里的石头才落了地。

No.2 希特勒的冥顽不灵

苏军在斯大林格勒地区的反攻，使德国将军们大吃一惊。

他们感到这是一个不祥的预兆！

11月19日22时，德B集团军群司令冯·魏克斯男爵才发出命令：

鉴于罗马尼亚第3集团军正面出现的局势，迫使我们采取坚决的措施，以便迅速腾出兵力来掩护第6集团军的翼侧，并保证利哈亚（卡缅斯克—沙赫京斯基以南）、奇尔河地段铁路沿线的安全（集团军靠它进行补给）。为此，我命令：

1. 立即停止在斯大林格勒的一切进攻作战，各侦察分队的行动除外。这些分队的情报对于组织防御是必不可少的。

2. 第6集团军立即从所属编成中抽出2个摩托化兵团、1个步兵师，并尽可能再抽出1个辅助摩托化兵团，将这些部队归属坦克第14军司令部；此外，还要抽出尽可能多的反坦克武器，并将这些集团梯次集结在你部左翼，以便向西北或向西实施突击。

保卢斯接到了冯·魏克斯的命令，但直到第二天中午，仍没察觉即将到来的这场灾难会有多大。

保卢斯没有来得及撤消他11月20日下达的进攻命令。他还在进攻！

11月20日下午，保卢斯才在司令部会议上第一次谈到局势的危险性。他警告说，可能会出现危机局面。他仍沉得住气。但德国的将军们却陷入一片混乱中，在通信联络中断，对他们来说一切都是生疏的形势下，简直晕头转向。

直到当天黄昏，保卢斯才接到关于罗马尼亚军队和德军预备队被全歼的通报。保卢斯转移了指挥所。

保卢斯在尝到苏军打击的威力之后，已开始意识到这场灾难的严重程度，但在遥远的德国大本营里，希特勒还陶醉在他不可战胜的梦幻中。

11月20日，希特勒下达命令，成立了一个新的"顿河集团军群"，由曼施坦因担任总司令，负责协调对斯大林格勒两侧地区德军的指挥。

保卢斯开始慌张了。苏军还未完成合围，而保卢斯在11月22日18时就向B集团军群司令部发电：

集团军已被合围……燃料储备即将耗尽，坦克和重型武器将无法开动，弹药已发生危机。食粮只能维持6天。

保卢斯在叙述第6集团军所处的困境的同时，请求在决定是否留在斯大林格勒的问题上，拥有自主权。

希特勒对保卢斯的这一个企图立即做出反应。他回答说："第6集团军就地占领环形防御，等待从外面进行解围。"

11月23日，苏军对德军斯大林格勒集团的合围已经形成。当日18时45分，德军B集团军群司令魏克斯上将给希特勒发电："如果第6集团军能在西南方向突围，将对整个局势产生有利影响。"

看到魏克斯的电报，希特勒极为恼火，他不能容忍他的高级将领在这时候有撤退的想法。他立即下达了一个命令：

"兹令陆军元帅曼施坦因立即接管有待新建的包括斯大林格勒地区在内的顿河集团军群。"就这样，魏克斯被免职了。

在德军的将领中，最坚持从斯大林格勒撤军的要数蔡茨勒了。为了说服希特勒，他不厌其烦地去向希特勒建议，甚至好几次与希特勒争吵了起来。但是，希特勒每次总能找出他的理由反对撤军。

11月24日，蔡茨勒为了说服希特勒，再次来到希特勒的住处，阐述必须撤退的理由，但希特勒与戈林坚持要求以装甲师和新式"虎"式重型坦克发起攻击，以此来扭转局势，突破俄军包围。但蔡茨勒却认为："虎"式坦克的样品性能良好，这是千真万确的。但是还不清楚这种坦克是否适应俄国冬天的寒冷条件，而且它们还没有受过战火的考验。到目前为止，所有的新武器在第一次用于实战时都会出现一些预想不到的缺陷。而要消除这些缺陷，总是要费很多功夫。"虎"式坦克不可能从一开始就会百分之百地完美无缺。此外，数量上也还不够。孤零零的一个营可以突破俄军防线和第6集团军建立联系，但是它决不可能打开一条通道。而且，当新坦克投入战斗时，德军主力离斯大林格勒守军会比今天远得多，即使能够马上用新坦克发动进攻也由于要通过的距离过大，使这一行动更加困难，效果如何，也更值得怀疑。由于拟议中的援救第6集团军的行动没有取得成功的可能，他要求希特勒必须命令该集团军边战边撤。这道命令必须立刻下达，因为最后时刻已经来到。

蔡茨勒的话激怒了希特勒，他叫嚷着："我绝不离开伏尔加！"最终蔡茨勒仍然没有改变希特勒要求坚守的主张。

第6章
CHAPTER SIX

挣　扎

★11月24日，这一天恰好是曼施坦因的55岁生日，曼施坦因率领东拼西凑的顿河集团军群司令部参谋人员，到达了原德军B集团军群的司令部——他将代其行使对这个战区的指挥权。

★斯大林发现这次胜利进攻，已影响了全国战局。它不仅消除了斯大林格勒方面军和顿河方面军防区的缺口，崔可夫集团军已转危为安，而且减轻了全国其他战线苏军的压力。更重要的是人们心头那种焦虑不安、被包围的感觉消失了。

No.1 希特勒的新任命

　　1942年11月21日，曼施坦因在中央集团军群的费特布斯克地区，接到了陆军总部关于组建顿河集团军群的正式命令，命令的内容如下：

第11集团军司令官曼施坦因元帅：

　　为了使正在斯大林格勒西方和南方从事于激烈防御战斗的各集团军，能有比较严密的协调，从即日起，陆军总司令特命第11集团军司令部升格为顿河集团军群总司令部，曼施坦因元帅领顿河集团军群总司令之职，并指挥德军第4装甲集团军、第6集团军和罗马尼亚第3集团军。原B集团军群芬克上校领导的后勤机关负责对顿河集团军群除空运之外的补给。顿河集团军群的当前任务，就是使苏军的攻势停顿，并夺回之前失去的阵地。

德国陆军总司令阿道夫·希特勒

1942年11月21日

　　当斯大林格勒出现危机时，希特勒十分自然地想到了曼施坦因。

　　曼施坦因对于出任顿河集团军群总司令，也是有所顾虑的。希特勒过分地自信于他对现代武器装备的了解，所以经常自以为是地干涉德国武器装备的发展，如原子武器和火箭的推进发展都受到了他的干涉。希特勒对于德国技术资源的重要性估计过高，甚至在某种需要大量部队方能有成功希望的事情上，他却相信少数的突击炮和新式的"虎"型坦克就足以应付。换言之，他缺少的是以经验为基础的军事能力，这是他的"直觉"所不能代替的。

　　希特勒这颗活跃的心对于一切足以勾起其幻想的目标，都无一不充满兴趣。这样同时追求几个目标而这几个目标在战场上又相距甚远，就使德军的实力逐渐消耗殆尽了。

　　希特勒对于新成立的顿河集团军群的战争指导也是如此。他从集团军和下属集团军的报告中，对前线上的情况是有清楚的了解的。此外他还经常召见刚从前线回来的军官，所以他不仅明白德军前线部队取得的成就，而且也知道这些一线部队的难处。也许是这个原因，使得希特勒从不接受曼施坦因的劝说，去接近最前线。

　　尽管曼施坦因对重任在肩顾虑重重，但他接到命令后并不敢怠慢，带上在第11集团军的老作战处长布西上校一路风尘赶赴前线。

　　直到11月24日，这一天恰好是曼施坦因的55岁生日，曼施坦因率领东拼西凑的顿河集团军群司令部参谋人员，才到达了原德军B集团军群的司令部——他将代其行使对这个战区的指挥权。

　　当日，曼施坦因率领司令部到达了设在斯塔罗比尔斯克的德军B集团军群总部。B集团军群总司令魏克斯上将和参谋长热情接待了曼施坦因一行，并向他们详细介绍了当前的情况。

　　原来在5天之前，也就是在11月19日，经过一阵巨炮掩护射击之后，苏联红军攻击了德

↑ 曼施坦因在前线视察。

军第6集团军所属第11军的左翼，同时苏军还对霍斯上将率领的德军第4装甲集团军发动了一次强烈的攻击。德军第6集团军两面的罗马尼亚军队都为苏军所击溃，强大的苏军坦克部队从罗马尼亚军队防御阵地突破口涌入，11月21日清晨，已经在第6集团军后方的卡拉奇会师。

到目前为止，苏军已经切断了对德军第6集团军补给起决定性作用的顿河上的桥梁。从11月21日上午起，德军第6集团军已处在被苏联红军合围的状态。同时，霍斯上将的第4装甲集团军中的一部分德军和罗马尼亚军队，也从南面被挤入对第6集团军的包围圈中。

在斯大林格勒被包围的德军中，包括5个德国军共22个师、2个罗马尼亚军，还有大量的陆军炮兵和工兵。集团军总部都不知道被围德军的确切总数。第6集团军自己报告说有20万～27万人——这是要求发给口粮的人数。考虑到其中还有部分罗马尼亚人员和本地的志愿人员、战俘，曼施坦因判断包围圈中的德军不会超过22万人。

被围的德军第6集团军包括第4、第8、第11和第51等4个军和第14装甲军。第48装甲军在苏军合围点附近的顿河桥头阵地充任预备队。在苏军合围时，曾经发动了一次反攻，但并没有成功。其2个师也都被包围，正奉命向西突围。军长赫曼将军已被希特勒撤职查办，经过戈林主持的军法审判，被判处了死刑。

判处赫曼将军死刑，引起了陆军将领的反对。后来又经过了法庭调查，赫曼将军被赦免，原因是他当时的兵力太弱，根本不足以执行阻挡苏军合围的任务。他这个军内所管辖的2个罗马尼亚装甲师，根本没有战斗经验；仅有的一个德军的第22装甲师，装备也达不到技术要求。

按照B集团军群司令部的判断，被围困在斯大林格勒的德军第6集团军，最多只有2天的弹药和6天的口粮，空运的数量只能满足该集团军弹药和燃料要求的1/10——德国空军已经许诺用100架"容克"式飞机执行空运，每天约有200吨数量的补给送入包围圈。

22日中午，在德第6集团军举行的会议上，有人建议向西南方向突围。

"不行。"参谋长施密特说，"燃料不够，如强行突围，结果必然会重蹈拿破仑覆辙。我们不得不打'刺猬'防御战。"

下午，由于情况严重恶化，施密特对自己的论点开始产生怀疑。就在此时，保卢斯收到了新的命令：就地坚持、待命。

保卢斯转身对参谋长说："现在我们有时间去考虑怎么办了，你们分头考虑吧。1小时后再来见我，看两人的结论是否相同。"结论是一模一样的：朝西南方向突围。

No.2 "指环" 与 "土星"

此时，希特勒正在返回"狼穴"途中。撤退，这是他无法接受的。当晚，他以私人的名义致电保卢斯："第6集团军必须明白，本人正在尽力援助你。要原地等待解围，我将迅速发布命令。"

德国第6集团军几十万人占据着1,500平方公里的地盘，东西最长不过70 80公里，南北宽约30 40公里，内有大量构筑完好的工事，明碉暗堡形成密集的火力网。阵地前沿还有阻挡坦克的桩塞、障碍物及大片的雷区。

保卢斯看看地图，一丝自信的微笑浮上了他的嘴角。他转身对施密特说："命令各部队坚守阵地，惊慌失措者按军法处置。"

斯大林以万分欣喜的心情注视着苏联3个方面军南北夹击、在卡拉奇胜利会师，将德国第6集团军合围起来。从19日反攻至今，短短5个昼夜，战场上的变化，都是按照苏方大本营的设想进行的。如此大规模的战役，进程竟与计划完全一致，这不能不说是军事史上的奇迹。

23日，当合围成功的消息传来，大本营里充满欢乐，人人脸上堆满笑容。

这也是斯大林渴盼已久的。斯大林发现这次胜利进攻，已影响了全国战局。它不仅消除了斯大林格勒方面军和顿河方面军防区的缺口，使崔可夫集团军转危为安，而且减轻了全国其他战线苏军的压力。更重要的是人们心头那种焦虑不安、被包围的感觉消失了。相反，现在轮到德国人品尝被包围的滋味了，眼下一定要乘胜追击，扩大战果。

正在西南方面军指挥作战的华西列夫斯基，终于定了下一步作战计划。

苏军的作战计划兵分两路，一路主要由斯大林格勒方面军和顿河方面军承担，围歼被围德军，兵力安排是：顿河方面军第24、第65、第66集团军从北面突击；斯大林格勒方面军第62、第64、第57集团军从东面和南面突击；西南方面军第21集团军由西向东挺进；三路人马以德军第6集团军指挥部所在地占姆拉克为中心，实施向心突击。将保卢斯军队分割、围歼。

这次战役代号为"指环"。为了保障战役实施，在合围对外正面上，布置西南方面军近卫第1集团军、坦克第5集团军在克里瓦亚和乔尔河沿岸设防，从西南方向堵住德军退路；斯大林格勒方面军近卫骑兵第4军和第51集团军防守在南面格罗莫斯拉夫卡—阿克萨伊—乌曼采沃一线。

另一路筹备"土星"战役，由西南方面军和沃罗涅日方面军从南面和西面向意大利第8集团军和德国"霍利特"部队发起进攻，尔后向罗斯托夫进军。这次战役预计紧接着"指环"作战，在12月中旬展开。

24日午夜，华西列夫斯基向西南方面军、顿河方面军、斯大林格勒方面军发出了进行"指环"作战的动员令。几个小时后，在被围德军的四面八方升起了进攻的红色信号弹，顿时，顿河和斯大林格勒南郊炮声隆隆，杀声四起。斯大林格勒会战掀开了它最为辉煌的一页。

各方面军所属部队开始按照既定部署向合围圈内的敌军发起攻势。然而，这次攻势未达

↑斯大林在后方听到德军被围困，倍感欣慰。

到预期目的，相反在各个方向都遭到了强大敌军集群的反冲击。

原来，分析最新的敌情，苏军前线总指挥机关才知道，他们从行进间消灭被合围敌军的计划所依据的对敌兵力的估计出现了严重差错：当初，他们认为敌保卢斯指挥的集群只有8.5万~9万人，可是实际却有30万人。所差之多，实在令人为之咋舌。之所以造成如此严重的误差，是因为他们没有把敌第6集团军和坦克第4集团军在进攻和防御中补充得到的兵力算进去，也未估计到合围圈内大量的特种部队和其他辅助部队，这些部队的官兵多数补进了作战部队。

No.3 曼施坦因刮起"冬季风暴"

1942年11月26日，经过长途跋涉，曼施坦因的顿河集团军群司令部终于到达了设在新齐尔卡斯克的新总部。在这个地区周围，已经不再有能调用的德军部队担任集团军群司令部的警卫工作，曼施坦因只好命令征用当地的一营哥萨克志愿部队。这些哥萨克兵，是苏联人中的败类。他们对苏联的布尔什维克制度有着刻骨的仇恨，乐于为德国人所用。他们甚至恬不知耻地认为，能为德军一个集团军群司令部站岗是他们的荣誉。

就在曼施坦因到达集团军群司令部新址的这一天，斯大林格勒包围圈内的德军第6集团军司令保卢斯将军派了一位军官乘飞机从包围中飞出来，带了一封信给他的新上级曼施坦因元帅。

在这封冗长的信中，保卢斯详细介绍了包围圈内德军的兵力部署情况，描述了德军由于供给不继，士兵们无衣无食的惨状。最后他强调说，他要求应有在紧急情况中行动的自由，因为向西南部立即实行突围的机会也许随时都可能发生。

基于这种情况，曼施坦因决定立即接应第6集团军突围，不再等候救援部队完全到齐。

11月28日，作战处长向曼施坦因报告，在新成立的顿河集团军群的作战地区内，已经发现了苏军143个师和装甲旅的作战单位。看来苏军的胃口不小，想吃掉斯大林格勒包围圈内的几十万德军。

而此时，曼施坦因指挥下的顿河集团军群兵力，从书面的编制表上，有如下单位：

德军第6集团军，司令保卢斯将军，已经在斯大林格勒被围，总计有20个非常疲惫的德国师和2个罗马尼亚师。

德军第4装甲集团军，司令官霍特将军，其一部分兵力也被挤进了斯大林格勒的包围圈，只有在待重新补充兵力之后，才能使用。

2个罗马尼亚集团军的残部，一部分溃散，一部分被包围，还残留一些军和集团军的建制。

曼施坦因所拥有的最好的兵力是德军第16摩托化师，迄今尚未与苏军正面接触。这个师担任掩护A集团军群的任务，不能移动。另外还有4个完整的罗马尼亚师。

德军第6集团军的地位比较特殊，它名义上是属于顿河集团军群指挥，实际上一直受陆

↑指挥部里：曼施坦因俯首桌案，制订着作战计划。

军总部和希特勒的直接控制。希特勒在第6集团军司令部中还设立了一个联络组，用以对第6集团军直接的控制。

因此，在被围初期，第6集团军突围尚有一线机会的时候，希特勒就已经得知突围的意图，于是就明确下令不准突围。由于元首已经明令不许第6集团军突围，第6集团军的直接指挥者——集团军这一级，也就不能再命令其突围。

曼施坦因本来可以不接受对第6集团军这个名义上的指挥权，但考虑到更便于被围部队和援军的合作，所以接受了有名无实的对第6集团军的指挥权。

经过与顿河集团军群作战参谋人员对斯大林格勒双方态势的分析，曼施坦因通过电话将自己的意见告诉了陆军参谋总长：

目前为止，第6集团军仍然有向西南突围的可能，由于弹药和燃料的缺乏，加之补给的困难，该集团军不宜再死守在斯大林格勒。但在目前营救突围的德军部队尚未完全到位的情况下，似不宜即刻突围。突围行动最好等到援军赶到再实施。

根据现行的军队移动速度，发动营救作战的时机似应选在1942年12月初为宜。在救援作战发起之前，对包围圈内的第6集团军充足的空运补给是必不可少的，其数量至少应该比目前多一倍，应达到每天400吨。这400吨还只是对车辆所需燃料和弹药的补给，并不包括食品。待食品用完之后，基本最低量应达到550吨。

很快，德国陆军总部给顿河集团军群司令部下达了一个关于营救第6集团军的计划，这个计划的核心就是准备用霍特上将的第4装甲集团军杀进重围，执行救援的主要任务。第4装甲集团军将得到从德军A集团军群调来的第57装甲军（下辖第6、第23两个装甲师）和第15空军野战师的补充。这些兵力预定在12月3日到达。

另外霍特在罗马尼亚第3集团军地区中，成立了一个新的救援兵团，叫做何立德兵团，下辖第62、第294、第336等3个步兵师，主力为德军第8装甲军，军长克罗贝尔斯多夫将军，下辖第11、第22两个装甲师；另外还有德军第3山地师，第7、第8空军野战师，这个兵团于12月5日完成准备工作。

这样，营救被围困德军所用的兵力总额为4个装甲师、3个步兵师、1个山地师和3个空军野战师。

但是，曼施坦因认为，这一计划救援第6集团军，未必能奏效。他又给希特勒本人送去了一个报告，指出包围第6集团军的苏军单位有143个之多，并详细说明了第6集团军因缺乏油料和弹药而失去其机动性的可怕后果。

曼施坦因主张，不必等全体援军的到达，第4装甲集团军应先采取行动。只要能在苏军的包围圈中切开一条走廊来补充第6集团军的燃料与弹药，以恢复第6集团军的机动性，便可里应外合，冲出包围圈。

曼施坦因在报告中特别提醒元首希特勒，当苏联红军沿着几百公里的正面上充分享有行动自由的时候，德军只把兵力钉死在一个极其狭小的地区，这是非常不可取的。应该赋予第6集团军的行动自由，而不必令其死守斯大林格勒。

希特勒对曼施坦因的这个报告迟迟不作答复，而陆军总部答应给的援军又迟迟不到，预定加入57装甲军的第15空军野战师，至今没有编成，指定由A集团军群提供的炮兵，除了一个炮兵团以外，其余毫无消息。拨给何立德集团军的7个师中，2个步兵师早已经用在罗马尼亚第3集团军的防线上，如果把这2个师放出，罗马尼亚第1军和第2军的防御正面马上就有崩溃的危险。

更使曼施坦因气恼的是，原本预定拨给顿河集团军群的德军第3山地师，一下火车，其中的一半就被陆军总部交给A集团军群使用，另一半留在了中央集团军群。实际上，在陆军总部计划中的2支援军，只有第57装甲军（辖2个装甲师）和第48装甲军（一个装甲师和一个步兵师）能用。

时间不等人。12月1日，曼施坦因于顿河集团军群司令部下达了代号为"冬季风暴"的作战命令，决定在12月8日以后，开始救援行动。

从11月24日 30日，苏军的进攻十分缓慢。

战斗异常激烈。依仗着有利地形的德军拼死阻挡着苏军如潮的攻势。或许是预感到无路可退，德国人即使被包围了也决不弃阵而退。阵地前一拨拨的苏军倒了下来。

从耶尔佐夫卡往奥尔洛夫卡突击的苏军第66集团军，原本打算与第62集团军会师，但受到德军坦克16师、24师顽强阻击，未能达到预期目的。

斯大林格勒方面军进展也不大。顿河方面军第65集团军稍好一些，他们从韦尔佳奇、佩斯科尔特卡发起进攻，遇到德军殊死抵抗。德军在韦尔佳奇一带构筑了强大的工程防御体系，但在苏军炮火的轰炸下，土崩瓦解了。

保卢斯集团军久攻不下，使华西列夫斯基火上心头。德军的疯狂抵抗，大大出乎苏军大本营的预料。苏军越向内挤压，德军反抗越激烈。德国人现在龟缩在一块狭小的地带上，如同摊开的手掌握成了拳头，切不开、割不断，出现了本不希望出现的长时间对峙的局面。冷不防地，保卢斯还反突击一下，阵地上出现了胶着状态。几天来，敌人防地缩小了一些，但苏军损失很大。吃，一下子吃不了，拖，又没法拖，该如何是好呢？

进退两难的华西列夫斯基埋头于地图上苦思良策。12月初，经过准备和调整，苏军又对德第6集团军组织了一次分割性突击消灭的作战，但仍无显著战果。德军对合围他们的苏军对内正面仍然不断进行远不是没有活力的反冲击。了解到这种局面后，斯大林非常着急。

第7章
CHAPTER SEVEN

被终结的
"冬季风暴"

★电话中，斯大林担忧地说："近卫第2集团军到达叶廖缅科处尚需4天 5天路程，告诉叶廖缅科，拿出守卫斯大林格勒的劲头，在援兵到来前一定要顶住德军进攻。"

★13日夜间，斯大林作出一项重要决定，修改了"土星"作战计划，将原突击方向改为东南，设想苏军在击溃了意大利集团军后，将锋芒指向曼施坦因，抄其后路，并全歼之。这次作战，代号"小土星"。

No.1 回天乏术的曼施坦因

到1942年12月10日左右，曼施坦因麾下的德军顿河集团军群已经占领了从维申斯卡亚到马内奇河的正面。在它目前编成的大约30个师（不包括合围圈内的敌第6集团军和坦克第4集团军）中，有17个师横在了苏西南方面军正面；另外13个师则与斯大林格勒方面军的突击第5集团军和第51集团军相对峙。其中仅在苏军第51集团军对面就有10个师之众的强大德军部队。这样，两军的敌我力量对比是相当悬殊的：德军7.6万人，坦克500辆，火炮和迫击炮340门；苏军只有3.4万人，坦克77辆，火炮和迫击炮147门。由此可见苏军第51集团军处境之艰难。

12月13日，苏军最高统帅部大本营终于批准了华西列夫斯基的请求，决定把马利诺夫斯基的近卫第2集团军由顿河方面军划归斯大林格勒方面军指挥，并决定暂时放弃原来拟议中的"土星"战役。

"土星"作战在11月底已形成初步方案：它是由西南方面军和沃罗涅日方面军进攻在顿河中游防守的意大利第8集团军和奇尔河及托尔莫辛一带的德军"霍利特"战役集群，尔后向罗斯托夫发动总攻。为了这次作战，大本营给2个方面军增派了大量精锐部队，预计在12月12日发起攻击。后来战役虽一再延期，但却为击退曼施坦因进攻起了关键作用。

到了12月上旬，围歼保卢斯作战依然进展缓慢。华西列夫斯基不得已改变作战计划，决定组建由波波夫中将指挥的第5突击集团军，分阶段歼灭被围德军。计划分两个阶段实施。第一阶段由顿河方面军在罗索什卡河、沃罗波诺沃歼灭敌西部和南部集群；第二阶段，顿河和斯大林格勒方面军发起总攻，歼灭斯大林格勒西面和西北面敌军主力。战役预计在12月18日开始。

11日零时20分，斯大林批准了经修改的"指环"计划。然而，30个小时后，"指环"作战被推迟了。曼施坦因指挥的德军霍特集群在科捷利尼科沃发起了进攻。

12日凌晨，顿河集团军群总司令曼施坦因元帅向霍特将军下达了进攻命令：

"沿季霍烈沃克—斯大林格勒铁路一狭窄地段实施突击，一周之内突破苏军合围。"

酝酿半个多月的"冬季风暴"作战终于打响了。

霍特集团军群在一阵猛烈炮火之后，对坚守着科捷利尼科沃—斯大林格勒铁路线的苏步兵第302师、第126师发起进攻。耀武扬威的坦克轰轰震颤着从三面围迫过来，坦克后的士兵一步步向前冲，头上飞机呼啸着，大炮轰鸣着，战火仿佛把时间缩短了。

那一天，德军突破了苏军前沿阵地，进至阿克赛河南岸。总参谋长华西列夫斯基上将在德军进攻开始后，就穿梭般地来往于方面军指挥所和各师前沿。事前他和叶廖缅科虽然对德军进攻科捷利尼科沃有些预感，但对德军进攻规模之大和投入兵力之多仍感到吃惊。在这一带主要有苏51集团军把守，约3.4万人、坦克77辆、火炮147门，而德军兵力和火炮都高出一倍以上，约7.6万人、500辆坦克、340门大炮，空中还拥有大批德机支援。

华西列夫斯基从前沿回来，心情沮丧。由于兵力单薄，弹药不足，第51集团军已处在危急之中。经过与叶廖缅科协商，华西列夫斯基决定设法将方面军预备队派往前线，抽调1个师、1个旅前往增援。

第二天，德军依然保持凶猛的进攻势头，增援的部队如杯水车薪，无法阻挡德军进攻。黄昏时分，德军坦克出现在阿克赛河的登陆场，并向上库姆斯基进发。

起初，最高统帅斯大林对科捷利尼科沃的战斗并不在意，他把全部注意力投入到"土星"作战筹备和对保卢斯集团军的围歼上，认为顿河方面军近卫第2集团军已将保卢斯几个疲惫之师围困住了，不出几天就可以消灭它们。所以，当12日午夜，华西列夫斯基向他汇报战况，并提出要迅速调集部队增援时，他不同意把近卫第2集团军抽走："你查一下斯大林格勒方面军还有没有预备队，能否靠自己对付这场危机？"

"方面军已山穷水尽，再不增援，苏军合围圈将被突破。"

显然，斯大林不相信事态已如此严重。直到第二天他才着急起来。14日22时30分，华西列夫斯基接到最高统帅命令，"指环"战役暂缓实施，近卫第2集团军前往增援。

电话中，斯大林担忧地说："近卫第2集团军到达叶廖缅科处尚需4 5天，告诉叶廖缅科，拿出守卫斯大林格勒的劲头，在援兵到来前一定要顶住德军进攻。"

从14日起，上库姆斯基地域的战斗异常激烈。这里是由南向北通往斯大林格勒的咽喉，也成为双方争夺的焦点。迎战德军的是沃尔斯基将军的机械化第4军，战斗持续了3天，后被德国历史学家称为"第二次世界大战坦克会战规模最大和最激烈的一次"。

现在我们很难想象当时坦克会战情景。那一定是炮火连天，整个大地为爆炸的旋风所席卷。地平线上出现了黑压压的坦克，它们翻过山丘，密密麻麻布满了整个草原。坦克在咆哮、在奔驰、在射击、在碰撞、在翻滚。滚滚浓烟遮天蔽日，烈焰腾腾的坦克如一堆堆巨大的篝火，又似一条条吞没一切的火龙，场面十分悲壮和惊心动魄。

16日，德军占领了上库姆斯基。德坦克16师立即向梅什科瓦河冲击，德军在行进间夺占了沿途桥梁，距被围的保卢斯集团军只剩48公里了。

形势到了千钧一发的时刻。

霍特的部队在白雪覆盖的大地上稳步向前推进，积雪下面的大地冻得僵硬，对这支装甲部队来说，一切似乎都很顺利，突破了上库姆斯基后，一路上除了遭到小股苏骑兵部队骚扰外，还未遇上重大威胁。这支钢铁巨流昼夜不停向前驱驰，它的后面尾随一支由各种车辆组成的行动迟缓的运输车队，车上装着3,000吨被围的第6集团军急需的物资。一旦霍特装甲车队冲开一条血路，身后的车队就全速驶入斯大林格勒。到那时，经过输血的第6集团军就会发疯似地冲出重围，消失在顿河茫茫的草原上。

此时，曼施坦因脑海里已不止一次出现与第6集团军会师的情景。他在战后的回忆录里，把这次救援行动称作是与苏军的生死竞赛。尽管曼施坦因全力以赴地投入了这场生死竞赛中，但是这场竞赛的主动权仍掌握在苏方手中。斯大林这时下了一招高明的棋，使曼施坦因连日来的努力都白白断送了。

战后苏联学者曾长篇宏论探析斯大林这一招棋，连他的敌手德国人也赞扬为这是"致命

↓苏军T-34坦克在风雪中一往无前。

的一招”，具有“深刻的战略洞察力”。

斯大林在德国霍特集团军长驱直入时，决定动用重兵攻打顿河中游的意大利军队，进而威胁霍特集团军后方。

13日夜间，斯大林作出一项重要决定，修改了“土星”作战计划，将原突击方向改为东南，设想苏军在击溃了意大利集团军后，将锋芒指向曼施坦因，抄其后路，并全歼之。这次作战，代号“小土星”。

16日，苏军第6集团军和近卫第1集团军向顿河桥头意大利第8集团军发起攻击。在一阵猛烈炮火轰炸后，伴着战场上的弥漫硝烟，450多辆苏制T－34坦克隆隆碾过厚厚的冰层。意大利人惊慌失措、乱作一团。苏军士兵几乎未遇真正的抵抗就在意军阵地上撕开了许多缺口。

苏军的进攻像一个巨大的楔子，在沃罗涅日南面向西挺进。与此同时，苏军在下奇尔斯卡亚也发动了另一场进攻，把德军从那里的桥头堡中逐出，驱回到河对岸。

德军在顿河和奇尔河上长达340公里的阵线被击溃，苏西南方面军向前推进150　200公里。形势危急。德国人不得不将第48装甲军去堵出现的缺口，原定让第48军协同霍特军队进攻斯大林格勒的计划只得放弃。

“小土星”作战，不仅击溃了意大利集团军，而且对德军顿河集团军群左翼实施纵深包围，甚至威胁到远征南方富饶的高加索地区的德军。

意大利集团军的垮台，使曼施坦因意识到，要救援陷入围困中的城中德军，惟一办法是让保卢斯在霍特部队在外围发起冲锋时，也集中全力从内向外突破苏军包围。

18日，曼施坦因再次派他的集团军情报处长艾斯曼少校飞入斯大林格勒包围圈，把接应突围的德军部队最新的情况，对保卢斯作了如下通报：

德军第4装甲集团军由于受到了苏军的强烈抵抗，加之整个顿河集团军群和A集团军群都受到了苏军的攻击，因此顿河以东的营救作战，只能持续一个极为有限的时间。德军第4装甲集团军还不能肯定冲到包围圈上，因为苏军正把有生力量不断投入。留给第6集团军的机会已经不多，现在突围是最好的机会。

在集团军“冬季风暴”作战命令中，曼施坦因分配给第6集团军的任务是准备向西南突围，以求与前去接应的第4装甲集团军会合。艾斯曼少校受集团军群司令官委派，向第6集团军司令官指明，尽管集团军已经尽了最大的努力，但是不相信对被围德军的空运状况会有所改善。

12月19日，斯大林格勒包围圈内德军的情况似乎有所好转，保卢斯在对待突围的问题上，又变得犹豫起来。德军第4装甲集团军所属的第57装甲军，已经推进到距离南面包围圈48公里以内。

假如第6集团军此时开始行动，虽然不一定能突出重围，但与前去营救的部队建立接触是足够的。第6集团军可以通过这次接触，获得足够的燃料、弹药和食品。为了这个目标，顿河集团军群总部已经集中了一支运输纵队，装载了3,000吨的上述物资，紧随在第4装甲集团军的后面，并且还携带了牵引车以便营救第6集团军的炮兵。只等开出一条道路之后，冒险把物资送进去。

12月19日的中午时分，集团军用电动打字机向最高统帅部提出了一个紧急呼吁，要求元首希特勒允许德军第6集团军撤出斯大林格勒，并立即向西南突围与第4装甲军会合。

当日18时，曼施坦因又直接命令霍特的第4装甲集团军，在"冬季风暴"攻击的第一个阶段之后，还应续之以第二阶段的作战，这就是代号为"雷鸣"的行动。当接到"雷鸣"的代号命令之后，第6集团军即应向西南的第4装甲军突击方向前进，并逐渐撤出斯大林格勒。第4装甲集团军作好接应的一切准备。曼施坦因又电告保卢斯，当"雷鸣"的命令发出之后，突围和放弃斯大林格勒的一切，均与第6集团军无关。一切责任当由顿河集团军群司令部负责。

这是最后一次机会！

最后还是因为燃料问题，保卢斯决定反对突围。他报告他所有的燃料，只够使其坦克（大约有100辆左右）最多行驶32公里的距离。除非能够保证供应其适当的燃料和口粮，或者是第4装甲集团军能够进到距离包围圈32公里以内的地方，否则他无法开动。

曼施坦因计算了一下，要达到他们所提的要求，起码要有4,000吨的燃料。空运这样大的数量，事实上是绝对不可能的。

曼施坦因对这次救援行动的企图是让德军装甲部队尽量从苏军阵地中打开一条走廊，解除保卢斯之围，然后让保卢斯迅速带部队撤离斯大林格勒。如果把第6集团军钉死在一个狭小的地域里，这在战略上是愚蠢的，而且也很难设想它在苏军重围中能安然度过冬季。希特勒的计划不仅要曼施坦因用可怜的一点兵力去解救保卢斯，而且命令保卢斯不能放弃斯大林格勒地域，待来年春天作为新一轮攻势的桥头堡。

这种异想天开的计划，注定了曼施坦因的救援行动会变得毫无意义。但在救援行动开始前，曼施坦因暂时搁置了他与元首的分歧，除了从科捷利尼科沃迅捷地插入苏军腹地外，其他问题可以不考虑。但斯大林军队从顿河中游击垮意大利人，使霍特军队后方受到威胁，而且，霍特军队遇到的阻击也日益增大。从17日起，苏军的援兵已纷纷抵达。"冬季风暴"到了最后抉择的关头。

在过去的几天里，斯大林格勒方面军司令员叶廖缅科紧张而忙碌。在一天大部分时间里，他在指挥所与前沿阵地保持频繁联系。他研读着前线每一份电文，眼睛注视着地图上德军步步进逼的蓝色箭头，这些不祥之兆的箭头已穿过了阿克赛河，在上库姆斯基停顿了一会，又指向了梅什科瓦河一带。焦虑中的叶廖缅科筹划着把他手中仅有的一点兵力派到最需要的地方，又思考着怎样在尚未被察觉的方向出其不意地发起进攻。

身为统帅者，叶廖缅科最擅长于打这一类狙击战。3个月的斯大林格勒巷战，使他对这一类作战得心应手，知道什么时候动用预备队，或投入主力，火候掌握得恰到好处。

当17日德军付出惨重代价逼近了阿克赛和梅什科瓦河一带时，叶廖缅科及时地将机械化第4军派了上去，就显示了胜敌一筹的谋略。

时间对德军来说显得十分重要。当霍特指挥部队不顾一切向梅什科瓦河一带挺进时，他没料到在一望无垠的茫茫雪地里，苏机械化第4军正埋伏在溪谷沟堑中严阵以待。行进间的

↑ 苏军战士借助掩体，向德军坦克还击。

德军遭到了苏军迎头痛击，德军立刻扩散成战斗队形，涌浪般地向苏军发起冲击。

坚守在146．9高地上的反坦克炮第20旅在布勃诺夫上校指挥下，一天内打退了德军7次进攻。17日晨，德军坦克席卷而来，隐蔽在战壕里的苏军沉着应战。他们把坦克放到距离100米处，用反坦克枪瞄准炮塔或履带射击。

横冲直撞的坦克被击中后顿时燃起熊熊烈火，后面的坦克却依然逼进。有时苏军让德军坦克在掩体上像熨斗一样压过去，等坦克压过掩体一瞬间，早有准备的战士将集束手榴弹或炸药包塞进坦克履带里，然后就地打滚隐蔽起来。行进中的坦克过了掩体后就摇摇晃晃地爆炸了。

这么做要冒很大风险，在战士跃出掩体一瞬可能会被枪弹击中。战斗进行得异常激烈，黄昏时分，第20旅伤亡惨重。

第二天，德军攻克了146．9高地。

17、18、19日是战斗最激烈的3天，也是叶廖缅科最难熬的3天。直到19日黄昏，近卫第2集团军经过180公里的急行军赶到，叶廖缅科才定下心来。危机过去了，他可以挡住德军的进攻。

这时，尽管觉察到了战场形势出现逆转，曼施坦因还是没有放弃救援计划。一方面他敦促元首同意第6集团军突围，一方面命令霍特继续进攻。

到12月23日，虽然曼施坦因集群的另一路前锋部队已经冲到了距被合围的保卢斯集团只有35～40公里的地域，但却再也不能前进一步。他们确实时运不济，苏第51集团军和突击第5集团军的迅猛反突击，苏空军第8集团军令人胆寒的空中轰炸，终于给近卫第2集团军的展开赢得了不可缺少的宝贵时间。待到该集团军全部展开之后，希特勒援救保卢斯集团的计划便破产了。因为，此后不久，该集团军和其他苏军部队便在这里展开了对曼施坦因集群的大规模反击。结果，曼施坦因连同他的企图全都失败了。

曼施坦因回天乏术，不得不痛苦地面对现实："冬季风暴"宣告终结。

No.2 终结，曼施坦因

12月23日晚，近卫第2集团军指挥所灯光昏暗，烟熏火燎。司令员马利诺夫斯基伏在密密麻麻标满记号的地图上。他那张坚强的、被草原上的风吹得粗糙的脸，就好像用石头雕成的一样。军事委员会委员拉林少将、副司令员科赖泽尔少将、作战部长格列佐夫上校、炮兵副司令员克拉斯诺佩采夫少将都集中在这间农舍里。在过去几个月的枪林弹雨中，这间小木屋奇迹般地幸免于战火的洗劫。现在，近卫第2集团军用它作了指挥所。

司令员马利诺夫斯基打开方面军的战斗命令，近卫第2集团军的指挥员们围拢过来。他们庄重地将作战命令慢慢展放平整，地图上面标明了方面军司令员对进攻战的最后决定。

马利诺夫斯基眼光在地图上停留了一会儿，然后严峻地扫视了大家一眼，说：

"同志们，总参谋部已批准了我们的反攻计划，明晨（24日）10时我们要转入进攻了。"

接着，兵种司令员和主任汇报了兵团和部队的进攻准备情况。司令员马利诺夫斯基默默地听着，只是有时明确一下那些最主要的地方。在同敌人决战前的最后一次会议中心议题结束时，他才挺起他那不高但很结实的身子，直截了当地问：

"怎么样？同志们，让我们收拾一下这位曼施坦因元帅吧。"

"早该教训教训这个恶棍了。"拉林将军随声附和道。

"参谋长，你是怎么考虑的？"司令员转身问参谋长比留佐夫，"不会有什么障碍吧？"

"我看曼施坦因的末日到了。"比留佐夫十分爽快地回答。然后，他站起身，拿着指挥棒面对地图扼要地阐述了这次作战计划：

根据最高统帅部的要求，在科捷利尼科沃方向进行一次围歼霍特集团的战役。华西列夫斯基和叶廖缅科命令，近卫第2集团军担任战役主攻任务，第51集团军在侧翼配合作战，作战分两个阶段：

第一阶段：近卫第2集团军4个军在第51集团军2个军的协同下，将德军挤压至阿克赛河，消灭德军坦克17师，23师，并顺利渡河。

第二阶段：从右面突击科捷利尼科沃，同时从西面和西南面将科捷利尼科沃德军围歼。

直到最后一刻，曼施坦因还在期待着奇迹发生。他几次三番与保卢斯联系要求他向西南突围，为此他还派集团军群情报处长飞临包围圈内与保卢斯磋商。

艾斯曼少校作为曼施坦因的全权代表与保卢斯、施密特通报了突围计划。

保卢斯将军最后下了决心。突围是一次巨大赌博，成功了固然使第6集团军获救，但如果军队陷在半途中，而霍特的装甲部队又无力前行，那第6集团军命运就不堪设想。还不如坚守在"刺猬"阵地，等待时机。

发起进攻的第一天早晨，草原上正刮着暴风雪，狂风怒吼，大雪掩埋了道路。

但是，奇迹出现了，一小时内风雪停了。10时整，几百门火炮、迫击炮齐鸣，烈火和钢铁向德军防线倾泻。

交战开始了。在苏军强大的进攻面前，德军防线开始溃退。德军机枪打完了最后几梭子弹后，哑然无声，炮兵阵地上的炮手也逃之夭夭。

德军开始后撤。撤退中德军飞机起了很大作用。"容克"飞机密集地向苏阵地轰炸，尔后在坦克掩护下逐渐后撤。一路上，德国人烧毁了阿克赛河上的各种桥梁；在浅滩和岸边埋设地雷，敌主力逐渐向科捷利尼科沃地域靠拢。

霍特中将怀着莫大耻辱撤离上库姆斯基、梅什科瓦河带。

他在接到撤退命令当天，向曼施坦因司令官提出异议。他内心的强烈愿望是要冲进合围圈与第6集团军会合。

他与第6集团军有着深厚的感情。想起7月末他奉命挥师南下，配合第6集团军攻打斯大林格勒，与保卢斯一样，把它看成是立功受勋的良机。岂料4个多月来，战斗越来越残酷，

11月中旬苏军反攻，竟使他蒙受了战败耻辱。

霍特咽不下这口气。当曼施坦因召集他为保卢斯解围时，他二话没说，一路上冲锋陷阵，心想无论如何要把重围中的德军解救出来。

结果，他尽了最大努力，还是功亏一篑。他觉得这是军人的耻辱，为了这次解围，他的集团军又损失了近万人，他感到回去无法向死去士兵的亲属交待，不如与保卢斯一起战死沙场。

然而，前线的德军开始溃退了。战况的发展，使霍特终于明白再不撤退就要全军覆没了。

12月26日，圣诞节后的第一天，斯大林格勒包围圈中的第6集团军司令保卢斯上将（此时希特勒已经把保卢斯晋升为陆军上将），派人把一份言词凄惨的电报，送达顿河集团军群司令部曼施坦因元帅手中。曼施坦因马上命令通信处长立即将这封信转呈陆军总部。保卢斯的电报全文如下：

流血的损失、寒冷和不适当的补给，最近已经使邮集团军所属各师的战斗力大受影响。我应该报告下述各点：

1．本集团军仍能继续击退苏军小规模的攻击和应付局部危机，维持这一能力的时间，取决于补给条件能否继续改善，补充的人员能否尽量迅速飞入。

2．假如苏军从霍斯的第4装甲集团军方面，或者在其他方面抽调大量的兵力，用来对斯大林格勒要塞发动一个大规模的攻势，则我们就不能再长期支持下去了。

3．除非先打通一个走廊，使本集团军获得必要的人员和物资补充，否则本集团军决不可能执行突围作战。

所以我要求向最高当局表示，除非全盘的情况迫使本集团军有牺牲之必要，否则应立即加速援救行动。本集团军自应竭力坚守，直到最后一分钟为止。

我同时也必须报告，在今天只飞入770吨的物资，有些部队已经开始断粮了。所以现在必须要采取紧急的措施。

德军第6集团军司令保卢斯
1942年12月26日

当苏近卫第2集团军发起反攻时，曼施坦因感到：第6集团军已彻底完蛋了，最后的一次突围机会被保卢斯葬送了。

马利诺夫斯基将军的进攻，只是一场大规模攻势的前奏。进攻第4天，近卫第2集团军坦克第7军已从北面威逼科捷利尼科沃城，守城的德军殊死抵抗。28日，苏军攻占科捷利尼科沃西南一机场。负隅顽抗的德军见大势已去，弃城而逃。霍特部队残部向罗斯托夫退却。

战斗意外地顺利。科捷利尼科沃被攻克后，盘踞在托尔莫辛地区的德军孤立了起来。马利诺夫斯基转换方向，向托尔莫辛进军。

托尔莫辛是德军的重要基地，它不仅供应奇尔斯卡亚德军的粮食和弹药，而且也直接威胁着苏军交通线，离被围保卢斯集团军距离40多公里。过去苏德双方在这一带集结重兵，战斗呈僵持局面。现在科捷利尼沃丢失后，托尔莫辛德军三面被围。

12月30日，决定性的时刻到了。近卫第2集团军在炮火掩护下发起进攻。黄昏的寂静被成百上千人强劲而猛烈的"乌拉"声打破。连成一片的苏军波浪般地冲向敌阵。枪炮齐鸣，杀声四起。战壕里传来了刺刀撞击声和德军哀嚎声。他们还没来得及从这猛烈袭来的狂澜中清醒过来，就成百成千地倒下了。幸存下来的只得乖乖地举起双手。

31日，托尔莫辛被攻占了。

远在莫斯科的斯大林在这一夜整夜没合眼，他兴奋异常。曼施坦因的解围企图破产了。叶廖缅科的部队现在已推进到上鲁别日内—托尔莫辛—茄科夫斯基—科米萨罗夫斯基—格鲁博基一带。在科捷利尼科沃战役中，罗马尼亚第4集团军被全歼，霍特的坦克第4集团军遭到重创，顿河集团军群残部已逃至马奇河，远离斯大林格勒城。

这一夜使斯大林难以入眠的好消息接踵而来。"小土星"作战也取得了重大进展。西南方面军和沃罗涅日方面军在歼灭了意大利集团军后，从12月下旬起又直插德军后方。尤其是巴达诺夫指挥的坦克第24军进展神速，5天内推进200多公里，如一把尖刀插进德军重镇塔钦斯卡亚。机场上停留着300多架飞机还未起飞就被苏军缴获了。

德军已惊慌失措，希特勒不断派兵增援，但兵败如山倒。到12月31日，苏西南和沃罗涅日方面军已向纵深推进200多公里，挺进到新卡利持瓦—威索奇诺夫—别洛沃茨克—伊列英卡—切尔内什科夫斯基一线，解放了1,246个居民点。全歼意大利5个师、3个旅，击溃6个师。德军4个步兵师和2个坦克师遭到重创。苏军俘虏敌军官兵6万余人，缴获飞机368架、坦克176辆、火炮1,927门。

斯大林想，希特勒已无力恢复伏尔加河战线了。歼灭被围困在斯大林格勒城下的保卢斯集团军的时机已经成熟了。

↓ 德军装甲部队撤退。

第8章
CHAPTER EIGHT

无法逆转的战局

★最终确定的方案是苏军由西向东突击，支解被围德军。消灭包围圈西南突击部德军为战役第一阶段。第二阶段苏军继续分割被围德军，将其各个击破。

★10日早晨越来越猛烈的炮声使司令部的人惊恐不安，这意味着苏军的总攻开始了。保卢斯明白他的部队无法抵挡这样猛烈的攻势。但他仍然强作镇静，命令集团军全体官兵在战斗中用他们血肉之躯去阻挡正滚滚而来的苏制坦克。然而，奇迹并没有发生。

↑曼施坦因与手下将领商讨计划，以应对苏军的合围。

No.1 希特勒疯狂"打补丁"

1942年12月27日，希特勒召开了一次军事会议。会上，戈林为空军空运遭到惨败百般辩解；曼施坦因则打来电报指责意大利人溃退使他被迫停止"冬季风暴"；而总参谋长蔡茨勒将军则三番五次劝说希特勒撤军。

但是希特勒是个不见棺材不掉泪的人。尽管德军防线已千疮百孔，他还想着进攻。他规定A集团军群从高加索撤退时不可后撤太多，还要不时突击苏军；顿河集团军群要为解救第6集团军创造条件，某些关键地段，无论如何要死守；保卢斯集团军仍然留在斯大林格勒，等候来年春天德军卷土重来。

新年前夕，斯大林在莫斯科召开军事会议，审议歼灭合围圈中保卢斯集团军的"指环"作战计划。

"指环"作战在11月底就开始筹备了，后因曼施坦因刮起的"冬季风暴"而被迫推迟。12月底，苏军击退了曼施坦因的进攻，苏西南和沃罗涅日方面军在顿河中游又重创了意大利集团军。这样斯大林格勒下的德国第6集团军已无被解救的一丝希望，成了瓮中之鳖。

"指环"作战任务主要由顿河方面军承担，为此，苏最高统帅部将原属斯大林格勒方面军的第62、第64、第57集团军也划归顿河方面军。之后，斯大林集思广益，对"指环"作战作了重大修改，以命令形式下发给顿河方面军：

你们提交的"指环"计划的主要缺点是：主要突击和辅助突击方向不够集中。两股突击力量不可能会师，以致使人感到战役胜利的把握不大。

按照最高统帅部大本营的意见，战役第一阶段，你们的任务是分割和消灭克拉夫措夫、巴布尔金、哥里诺夫卡、卡尔波夫卡地区内被困敌军的西部集团，使我军的主要突击从德米特里耶夫卡、一号农场和巴布尔金地区转向南方的卡尔波夫斯卡亚车站地区，而第57集团军的辅助突击从克拉夫措夫、斯克利亚罗夫地区接应主要突击，这样两支突击力量应在卡尔波夫斯卡亚车站地区会师。

与此同时，应该组织第66集团军经奥尔洛夫卡向"红十月"居民区方向实施突击。第62集团军也实施突击，接应第66集团军的突击，以使两军会合。将工厂区的敌人同敌主要集团拦腰切断。

……

在总结第一阶段战果的基础上，请于1月9日前将战役第二阶段的计划经总参谋部呈报上来。

沃罗诺夫和罗科索夫斯基接到大本营命令后，立刻修改了计划。1月4日，计划被批准。

最终确定的方案是苏军由西向东突击，支解被围德军。消灭包围圈西南突击部德军为战役第一阶段。第二阶段苏军继续分割被围德军，将其各个击破。

"指环"作战定于1943年1月10日开始。为避免不必要流血，炮兵司令沃罗诺夫上将和顿河方面军司令罗科索夫斯基中将在进攻前两天向保卢斯发出最后通牒。1943年1月8日清晨，顿河方面军司令部参谋斯梅斯洛夫少校作为军使，在翻译佳特连科大尉协同下，穿越德军阵地，将最后通牒交给了前沿德军军官，让他转交保卢斯本人。

古姆拉克，德第6集团军司令部。

保卢斯在办公室不停地走来走去，从1942年7月中旬攻打斯大林格勒，至今不过半年光景，竟落到如此下场，是他始料未及的。

保卢斯将苏军最后通牒向大本营作了汇报。现在答复刚刚收到，全文如下：不许投降，集团军每坚守一天，对整个前线都是一个支援，可牵制苏军几个师的兵力。保卢斯命令："立刻将大本营来电，通过无线电晓谕全军。第6集团军全体同仁，一定要振奋精神，为军人的荣誉而战，为第三帝国而战。"

曼施坦因得知希特勒反对投降的命令后，他召集了所属集团军和各军的指挥官，在集团军群司令部接受训示。在整个集团军群中，总有或多或少的人暗地同情保卢斯，认为投降也不失为万全之策。

此时，希特勒发布了元首第2号命令补充件：

1．为解救第6集团军，将于2月中，在哈尔科夫东南地域集结由坦克兵团组成的重兵集团。为此，从西面正在迅速调遣党卫队3个师，及中央集团军群的"伟大的日耳曼"师。与此同时，还将在基辅以南地域集结3个从西面撤下来的步兵师。他们将在快速集群后面，从这里沿铁路开往前线。

2．定下决心：根据天气情况，从2月中大约在顿河以南向斯大林格勒方向发动进攻，目的是解放第6集团军。此项任务将由坦克集群和从A集团军群、顿河集团军群调来的其他快速兵团执行。

3．顿河集团军群和B集团军群，应为快速集群和保障投入战斗所需创立最好的条件。

阿道夫·希特勒

受过多年普鲁士军国主义教育的曼施坦因元帅环视着在座的诸位将领：

"诸位想必已经知道俄国人招降之事，想必也知道元首对此事的态度。我在这里重申我的看法，请诸位牢记：任何军队只要有战斗力余留，就绝对不许投降！如果放弃这种精神，军人作为一种职业也就结束了。只要有战争，这种军人的荣誉观念就必须维持，即使是毫无希望的战斗，也不能作为投降的理由。

如果身为前线的一个指挥官，只要认为他的处境毫无希望时就马上投降，那么谁也不会赢得一场战争了。保卢斯将军的第6集团军在它未被完全歼灭之前，必须尝试尽可能地牵制苏军的兵力。这种牵制的时间越长，对整个战争的贡献也就越大。"

曼施坦因随手拿出情报处长为他早已经准备好的纸条，上面列满了数字：

"去年12月初，我们在第6集团军的包围圈上，共发现了苏军60个师或装甲旅的番号。到了现在，整个顿河集团军群所面对的259个苏军战斗单位中，有90个是用来包围第6集团军的。假如第6集团军在1月9日就投降了，苏军的这90个大单位，就会像潮水一样释放出来，于是本集团军的处境就不堪设想了。"

曼施坦因认为，既然不同意贸然突围，又不同意投降，看来德军第6集团军只好在斯大林格勒准备坟场了。

No.2 总 攻

1943年1月10日晨，离总攻还有1小时。

湛蓝的天空下，皑皑白雪在阳光下闪烁着耀眼的光芒。65集团军集结在那一片树林中，那里没有枪炮声，也没有鸟飞禽鸣，呈现一种特有的宁静。

顿河方面军司令罗科索夫斯基知道，那里潜伏着一排排望不到尽头的炮兵阵地。为这次进攻，他调给第65集团军25个加强炮团、8个近卫迫击炮团和4个重炮旅，在部队突击正面，大炮密度达到每公里338门，这在1942年的战场上是少有的。

8时零5分。

"为了祖国！"巴托夫雄浑的声音通过电话传遍前沿，大地被数千门大炮雷鸣般的轰击震得颤抖。炮击闪射汇成的橙红的弹幕，在空中织成一片蔚为壮观的奇景。敌军前沿霎时浓烟滚滚，遮天蔽日。硝烟里，空中的太阳也变成灰蒙蒙的。

9时，炮火向德军阵地纵深延伸。田野里响起成千上万人震天动地的"乌拉"声，步兵开始冲锋。

指挥的电话铃不停地响着。

德军第一道堑壕已被攻占，苏军正向纵深推进。

日终前，第65集团军已深深楔入敌防御阵地1.5　4.5公里，其他集团军也突破了德军主要地带的防御。

11日、12日两天，苏军继续扩大战果，第65、第21集团军已前出至罗索什卡河西岸和卡尔波夫卡一带。在南部作战的第57、第64集团军，虽遭到德军疯狂反扑，但亦进抵卡拉瓦特卡山谷和切尔夫连纳亚河南岸。皮托姆尼克机场已陷入了苏军围困之中。

莫斯科，斯大林用满意的目光看着桌上红蓝线不断变化的地图。他吩咐工作人员准备庆功用的演说词、嘉奖令，他要大范围地嘉奖和晋级作战有功者。

德军第6集团军司令部乱成一团。

10日早晨越来越猛烈的炮声使司令部的人惊恐不安，这意味着苏军的总攻开始了。保卢斯明白他的部队无法抵挡这样猛烈的攻势。但他仍然强作镇静，命令集团军全体官兵在战斗中用他们血肉之躯去阻挡正滚滚而来的苏制坦克。然而，奇迹并没有发生。

保卢斯在地图前犹豫再三，已答应派兵救援，但部队在哪里呢？预备队早已没有了，现在各个防线都吃紧，抽调都不行。再说，部队缺弹药、燃料，怎么去增援？大炮不能肩扛，坦克又开不了。士兵也早已饿得半死不活，让他们拿着轻武器上阵，岂不是送死？保卢斯把最后一份表达绝望心情的报告，送到了顿河集团军群总部曼施坦因司令手中。曼施坦因匆匆浏览了一下这封电报，命令通信人员立即把这一报告送到陆军总部。

保卢斯的电报这样写着：

尽管我的部队曾经作英勇的抵抗，但是最近几天来的激战已经让苏军作了深入的穿透。

已经没有预备队，而且也无法再编成。

重兵器现在已经丧失了机动性。

严重的损失，再加上严寒，已经使德军部队的抵抗力相当地低。假如敌人继续用现有的兵力进攻，则我军的防御正面至多只能支持几天，以后的抵抗将只不过是局部的行动而已。

天气似乎也在帮苏联人的忙。德军不仅无法对包围圈中空运弹药，而且德国空军的俯冲

轰炸机也不能起飞支持德国守军的战斗。

当日夜间,保卢斯又发来一份情况补充报告,请求曼施坦因再派几个营,机降在包围圈内,则还有希望继续抵抗下去。这份补充报告不禁使曼施坦因与他的参谋长和司令部人员面面相觑:顿河集团军群总部自己也没有必要的补充兵员了。而且自从德军第4装甲集团军停止救援行动以来,也就再没有把增援兵力送入围城的理由了。为了提高被包围德军的士气,曼施坦因已经说服第6集团军的多名指挥官和参谋人员,在休假届满之后,纷纷飞回城内。其中的很多军官出身名门,如"铁血宰相"俾斯麦的后人。

保卢斯的电报送到大本营后,答复很快传来,没有提供任何援助和措施,却一味指责、训斥:

第6集团军司令:
无论如何也要保住齐边科、卡尔波夫卡、罗索什卡。竭尽全力保住皮托姆尼克,不让俄国人占领。要想方设法夺回齐边科。集团军司令官要上报采取反攻的措施,并要讲清楚,是在什么情况下,未经陆军参谋总部允许,放弃齐边科的。

← 顿河方面军司令员罗科索夫斯基在前线指挥战斗。

但是，德军阵地除陆续丢失外已无能力再夺回来。第6集团军已逃不脱覆灭的命运。

苏军的进攻也遇到过德军的抵抗。13日，苏近卫第15师第44团在向切尔夫连纳亚河东岸的德军进攻时，遭到德军顽强阻击。德军依据岸边陡峭地形，用机枪疯狂扫射苏军前进通道。

第2营奥西波夫中尉和别雷赫少尉身先士卒，抢在全排前面把一捆手榴弹缚在腰上，匍匐着向敌火力点爬去。全排战士用机枪扫射掩护着他们。奥西波夫和别雷赫利用河岸边的石块迅速前行，一个侧身滚分别来到德军2个火力点前沿，举起手榴弹扔了过去，敌军机枪哑了，但两人也中弹牺牲了。

苏军战士正要冲锋，德军第3个火力点又喷出凶猛的火焰。机枪手谢尔久科夫勇敢地冲上前去，迅捷地扔去两捆手榴弹，硝烟四起。但敌机枪架在两块巨石凹瘪处，仍肆无忌惮地扫射着。不能再犹豫了，英勇的壮士谢尔久科夫起身扑向敌机枪，用身负重伤的身体堵住了正吞噬战友生命的机枪眼。苏军趁机发起冲锋，把暗堡中的德军一个个射死。"为谢尔久科夫报仇！"烈士用生命谱写了一首不朽的壮歌。德军溃败已难以挽回了。苏军占领了大罗索什卡、巴布尔金和阿列克谢耶夫斯基一线，占领了皮托姆尼克机场。溃败的德军丢下了毁坏的大炮、坦克、汽车，还有许多掠夺来的货物。在德军占领的地方，他们把商店和住宅都洗劫一空，临走时还企图带走这些货物，只是愈益逼近的枪炮声使他们只顾逃命。

保卢斯开始吓唬他的士兵不许投降，在一份命令中他威胁道：

如果部队停止抵抗，我们将受到什么样的威胁？我们中的大部分人不是被敌人子弹击毙，就是在西伯利亚可耻的俘虏营中饿死、冻死或者被折磨死。但有一点是清楚的：谁要是投降，谁就永远看不见自己的亲人。我们的出路只有一条：在严寒和饥饿中打尽最后一颗子弹，战斗到最后一息。

具有讽刺意味的是，没过多久，这位司令官就主动当了俘虏，并没有履行他自己下达的命令。

No.3 保卢斯的最后抉择

从苏军总攻的那一刻起，保卢斯就明白他的部队已无法在伏尔加河上继续战斗了。德军在夏季取得胜利的那些条件，无论是战术、心理条件，还是武器装备或气象条件都已不复存在了。

但他还存着一丝侥幸，他期望他的部队能尽量拖到2月，等到元首援兵到来。

然而，7天来，他的希望之火终于渐渐熄灭了。

苏军进攻越来越猛，包围圈也越收越紧。

大罗索什卡丢了。

齐边科丢了。

卡尔波夫卡丢了。

皮托姆尼克机场也丢了。

德军不战自溃。仅一周，德军的袋形阵地已缩小一半，保卢斯感到大难临头了。

第6集团军司令部被迫从古姆拉克撤往斯大林格勒城内。他的部下又开始烧毁公文，然后分乘几辆幸存的汽车出发了。一路上，看见一群群饿得面黄肌瘦的德军士兵和伤员，他们像幽灵一样缓慢地往前移动。苏军坦克正在逼近，保卢斯明白这些人不是倒毙于途中就是被苏军俘虏。但他现在已自顾不暇，只能带着司令部随员逃窜。这一次保卢斯对他的下属已没有任何怜悯，因为他明白他也逃不远。最终等待他的仍然是西伯利亚的战俘营。

已经意识到抵抗毫无意义的保卢斯，生的欲望使他再一次向大本营发出请求：

"粮食、燃料和弹药发生了灾难性的困难，部队战斗力急速下降，1.6万名伤员得不到任何护理，精神崩溃已在士兵中产生。我再次请求给予行动自由。趁现在还有继续战斗的可能，就继续抵抗下去；如果没有可能，就停止不可能再进行的战斗。"

然而，希特勒没有丝毫怜悯之心，他给保卢斯回电：

"不许投降。部队要执行自己的历史任务，抵抗到最后一刻，以便促进在罗斯托夫及其北面建立新的战线，以及高加索集团军群撤出。"

1943年1月23日，当苏军再次建议保卢斯投降被拒绝后，发起了最后的进攻。22公里突击面集结了4,100门大炮。炮群发出了惊天动地的怒吼。天地间充溢着轰轰烈烈的巨响，瓦砾、铁丝网被掀到空中，德军阵地被轰坍了。罗科索夫斯基从望远镜里看见德军们正惊慌失措地弃阵而逃，高兴地对身旁的沃罗诺夫说：

"怪不得斯大林称你们炮兵是战争之神啊。"两人发出一阵畅快的笑声。

4天后，顿河方面军向斯大林报告："苏军进攻顺利，已向前推进10 15公里，占领了古姆拉克、亚历山大罗夫卡、戈罗季谢等，敌人死伤达10万人。现德寇被包围在不足100平方公里的狭小地带，并分割成两部分，南部被钳制在市中心，北部被压缩在'街垒'工厂和拖拉机厂地区。预料几天内，'指环'作战即可顺利结束。"

1月24日，保卢斯再次向希特勒请求：

"部队弹尽粮绝……继续抵抗毫无意义，请即刻允许我们投降。"

远在东普鲁士的希特勒打算让第6集团军为第三帝国殉葬了。第二天，回电来了：

"不许投降！部队应该固守阵地，要战斗到最后一个人，最后一颗子弹。"

在元首的命令下，德国第6集团军一步步走向坟墓。

保卢斯军队已被分割成南、北两块。城北德军有3个坦克师、1个机械化师和8个步兵师的残部；城南德军只剩下6个步兵师、2个机械化师和1个骑兵师的残部。保卢斯任命步兵第71师师长罗斯凯少将为南部集群司令，第11军军长施特列盖尔将军为北部集群司令。

肃清残敌的战斗打响了。德军士气沮丧，开始成批成批地缴械投降。

1月20日，布尔马科夫上校指挥的摩步第38旅在向"阵亡战士"广场进军中，从一个俘房口中得知，德第6集团军司令部设在附近一座百货公司的地下室。苏摩步38旅立刻将百货

公司大楼包围，并切断了通向德第6集团军司令部的所有电话线。

此刻，在昏暗的地下室，保卢斯坐在一张行军床上，神思忧伤。

参谋长施密特少将走了过来，交给他一张纸条，轻声对他说："祝贺你荣升元帅。"他获得了帝国最高勋章——骑士十字勋章。

希特勒用一把德国军人梦寐以求的元帅节杖"行贿"，用它来换取保卢斯的忠诚。因为历史上还没有一位德国陆军元帅投降过，现在他把一支手枪塞在保卢斯手里。保卢斯果然"英勇无比"起来，回电称：为了元首和祖国，他将"坚守自己岗位，打到最后一兵一卒，一枪一弹"。

希特勒把保卢斯和几十万德军都当作了圣徒和殉难者，为鼓励他们尽快走向圣坛，希特勒对第6集团军采取的最后一次实际行动，是把远程战斗机派到斯大林格勒上空，对濒临死亡的德军一再广播他在国内的演讲："在这场战斗中，上帝在我们这边。我们不害怕流血，有朝一日，每一块新的土地将为倒下去的人而开满鲜花。我们条顿国家，我们日耳曼民族，一定会胜利。"作为回报，31日上午7时30分，保卢斯发出了最后一份电报：

"我们在掩体里聆听元首的公告。我们向国歌敬礼，也许这是最后一次了。"紧接着他补充一句，"俄军就在门外，我们正在被歼灭，请不要联络，我正在毁坏电台。"电讯中断了，千里之外的元首大本营沉浸在悲伤之中。

事实上，最后关头并没有发生血战。当一群苏军出现在地下室门口时，保卢斯命令下属举起了白旗。

元帅投降了。

2月1日，莫斯科宣布了保卢斯和施密特投降的消息。在中午的例会上，蔡茨勒不相信这是真的。希特勒却坚信不疑：

"他们正式投降了。绝对是这样！否则，他们会集合起来，聚集在一起，然后用残存的子弹，集体自杀。"

蔡茨勒依旧不相信保卢斯已经投降。也许他已身受重伤，躺在某处？

"不，是真的投降了。"

希特勒说："他们会直接被带至莫斯科，交给克格勃处理。他们还会不假思索地发布命令，让北方战区投降。"他继续漫无边际地说下去，称赞朝自己脑袋上开枪解决自己的军人。

"这样做多简单！一支手枪便把它变得轻而易举了。要是怕这个，那是多大的怯懦。吓！还不如被活埋！像这样的情况，他非常清楚，他的死能为邻近战场的官兵树立一个榜样，如果树立这样一个榜样，怎么还想让别人继续打下去。"

他继续大骂保卢斯："最令我痛心的是，我把他提升为元帅。我本想让他最后满足一下。这是我在这次战争中提升的最后一位元帅。你们切不可卵未孵化先数鸡。我一点儿也不明白。当一个人看到这么多人死去后——我真的要说：这是多么容易……"他语无伦次了，"……那他是不可能想到的。荒唐可笑，做那种事，这么多人不得不死去。他本可以超脱尘世，名垂千古，为世人垂青。但他却宁愿去莫斯科。这是什么选择呀？简直毫无道理！"

1943年2月2日16时，统帅部代表沃罗诺夫炮兵元帅（1月18日晋升元帅）和顿河方面军司令员罗科索夫斯基上将（1月15日晋此衔）向最高统帅斯大林发报：

"顿河方面军执行了您的命令，完成了击溃和消灭斯大林格勒方面被围的敌军集团的任务……斯大林格勒城内和斯大林格勒地区的战斗已告终结。"

此时，全世界都在倾听着莫斯科的广播："今天，2月2日，顿河方面军部队彻底肃清了被包围在斯大林格勒北部的敌军的反抗，迫使其放下武器，最后一个抵抗基点被粉碎了。具有历史意义的斯大林格勒大会战以我军的完全胜利而告结束。"

历时180天的斯大林格勒大会战结束了。

在斯大林格勒战役中，德军共损失兵力150万人，坦克3,500辆，火炮1.2万门，飞机3,000架。第6集团军残存的9万人，包括总司令保卢斯元帅和23名将军，都当了俘虏。

从此，苏军由战略防守转入战略进攻，斯大林格勒战役是苏德战争的转折点。

从此，德国一步步走向衰亡，斯大林格勒战役也是整个第二次世界大战的转折点。